KB107392

他打対待代第題炭短談着注柱丁帳調追定庭笛鉄転都度投豆島湯登等動童
平返勉放味命面問役薬由油有遊予羊洋葉陽様落流旅両緑礼列練路和愛案
官管関観願岐希季旗器機議求泣給孝漁共協鏡競極熊訓軍郡群径景芸欠結
司試児治滋辞鹿失借種周祝順初松笑唱焼照城縄臣信井成省清静席積折節
仁伝於灯働特徳栃奈梨熱念敗梅博阪飯飛必票標不夫付府阜富副兵別辺変
連老労録圧囲移因永営衛易益液演応往桜可仮価河過快解格確額刊幹慣眼
咸故個護効厚耕航鉱構興講告混査再災妻採際在財罪殺雑酸賛士支史志枝
制性政勢精製税責積接設絶祖素総造像増則測属率損貸態団断築貯張停提
武復複仏粉編弁保墓報豊防貿暴脈務夢迷錦輸余容略留領歴胃異遺域宇映
恩敬警劇激穴券絹権憲源厳己呼誤后孝皇紅降鋼刻穀骨困砂座済裁策冊蚕

일본어 한자
기초
1026자

정현혁 저

제이앤씨
Publishing Company

머리말

　본 교재는 일본에서 학습하는 한자 중에 가장 기초적인 한자인 교육한자 1026자를 다룬 것이다. 일본에서 교육한자라고 하면 초등학교 1학년부터 6학년까지 필수적으로 배워야 하는 한자로 일본의 국어교육에서 반드시 쓰고 그 음과 훈을 읽을 수 있도록 한 것이다. 현재 일본의 교육한자인 1026자는 2017년 고시된 초등학교학습지도요령[小学校学習指導要領]에서 개정되어 2020년 4월 1일 시행된 것이다. 기존의 1006자에서 추가된 20자는 일본의 행정구역[都道府県]명에 사용된 한자로 4학년까지 학습할 수 있도록 한 것이다. 1026자의 학년별한자배당표를 보면 1학년 80자, 2학년 160자, 3학년 200자, 4학년 202자, 5학년 193자, 6학년 191자로 이루어져 있다.

　본 교재는 이 교육한자를 일단 학년별로 나눈 가운데 그 한자의 음에 따라 あいうえお 순으로 배열하여 제시하고, 한 과는 학습자의 부담을 덜어주기 위하여 4개의 클립으로 나누어 구성하였다. 특히 교육한자는 반드시 쓸 줄 알아야 하는 한자이므로 이 교재에서는 모든 한자의 쓰는 순서를 구체적으로 제시하여 쓰는 연습을 철저히 하도록 하였다. 한자의 읽는 부분은 일본의 상용한자 음·훈표에서 지정한 음과 훈을 제시하여 외울 수 있도록 하였으며 여기에 제시된 음과 훈이 들어간 단어 형태도 제시하여 학습에 도움을 꾀하였다. 쓰기연습을 위하여 제시한 한자는 한국인 학습자를 위하여 그 한자에 해당하는 한국어의 뜻과 음, 총획수, 부수, 부수명, 구자체까지 제공하고 있다. 각 클립의 마지막에는 평가하기를 두어 각 클립에서 학습한 한자를 어떻게 읽는지를 최종적으로 점검할 수 있도록 하였으며, 각 과의 마지막에는 점검하기를 두어 4개 클립에서 학습한 내용을 재점검할 수 있도록 하였다. 특히 본 교재는 일본어를 배움에 있어서 한자학습에 어려움을 느끼는 학습자들에게 가장 필요한 정보만을 간략하게 제시하여 학습자의 부담을 줄이려고 노력하였다.

　본 교재가 저자의 의도대로 사용되어 일본어에 있어서의 한자학습에 크게 기여하기를 바란다. 끝으로 이 교재가 출판되기까지 많은 배려와 노고를 아끼지 않으신 도서출판 제이앤씨의 윤석현 사장님께 이 자리를 빌어 감사의 말씀을 드린다.

2023년 3월
이문동 연구실에서

차례

한자 차례

10

散 흩어질 **산**	248	節 마디 **절**	259	奈 어찌 **나**	278	約 약속할 **약**	292
残 나머지 **잔**	248	説 말씀 **설**, 달랠 **세**	260	梨 배나무 **리**	278	勇 날랠 **용**	293
氏 성 **씨**	248	浅 얕을 **천**	260	熱 더울 **열**	278	要 필요할 **요**	293
司 맡을 **사**	249	戦 싸울 **전**	260	念 생각 **념**	279	養 기를 **양**	293
試 시험할 **시**	249	選 뽑을 **선**	260	敗 패할 **패**	279	浴 목욕할 **욕**	293
児 아이 **아**	249	然 그러할 **연**	268	梅 매화나무 **매**	279	利 이로울 **리**	294
治 다스릴 **치**	249	争 다툴 **쟁**	268	博 넓을 **박**	279	陸 육지 **륙**	294
滋 맛 **자**	250	倉 창고 **창**	268	阪 비탈 **판**	280	良 좋을 **량**	294
辞 물러날 **사**	250	巣 새집 **소**	268	飯 밥 **반**	280	料 헤아릴 **료**	294
鹿 사슴 **록**	250	束 묶을 **속**	269	飛 날 **비**	280	量 헤아릴 **량**	295
失 잃을 **실**	250	側 곁 **측**	269	必 반드시 **필**	280	輪 바퀴 **륜**	295
借 빌릴 **차**	251	続 이을 **속**	269	票 표 **표**	284	類 무리 **류**	295
種 씨앗 **종**	251	卒 마칠 **졸**	269	標 표시할 **표**	284	令 명령할 **령**	295
周 두루 **주**	251	孫 손자 **손**	270	不 아닐 **불**	284	冷 찰 **랭**	296
祝 빌 **축**	251	帯 띠 **대**	270	夫 사내 **부**	284	例 보기 **례**	296
順 순할 **순**	252	隊 무리 **대**	270	付 줄 **부**	285	連 이을 **련**	296
初 처음 **초**	252	達 이를 **달**	270	府 관청 **부**	285	老 늙을 **로**	296
松 소나무 **송**	252	単 홀 **단**	271	阜 언덕 **부**	285	労 일할 **로**	297
笑 웃을 **소**	252	置 둘 **치**	271	富 부자 **부**	285	録 기록할 **록**	297
唱 노래부를 **창**	256	仲 중개할 **중**	271	副 버금 **부**	286		
焼 불사를 **소**	256	沖 빌 **충**	271	兵 군사 **병**	286	**5학년(193자)**	
照 비출 **조**	256	兆 조짐 **조**	272	別 다를 **별**	286	圧 누를 **압**	306
城 성 **성**	256	低 낮을 **저**	272	辺 끝 **변**	286	囲 둘레 **위**	306
縄 새끼줄 **승**	257	底 밑 **저**	272	変 변할 **변**	287	移 옮길 **이**	306
臣 신하 **신**	257	的 과녁 **적**	272	便 편할 **편**, 변 **변**	287	因 의지할 **인**	306
信 믿을 **신**	257	典 책 **전**	276	包 쌀 **포**	287	永 길 **영**	307
井 우물 **정**	257	伝 전할 **전**	276	法 법 **법**	287	営 다스릴 **영**	307
成 이룰 **성**	258	徒 무리 **도**	276	望 바랄 **망**	288	衛 지킬 **위**	307
省 살필 **성**, 줄일 **생**	258	努 힘쓸 **노**	276	牧 기를 **목**	288	易 바꿀 **역**, 쉬울 **이**	307
清 맑을 **청**	258	灯 등불 **등**	277	末 끝 **말**	288	益 더할 **익**	308
静 고요할 **정**	258	働 일할 **동**	277	満 찰 **만**	288	液 즙 **액**	308
席 자리 **석**	259	特 특별할 **특**	277	未 아직 **미**	292	演 펼 **연**	308
積 쌓을 **적**	259	徳 덕 **덕**	277	民 백성 **민**	292	応 응할 **응**	308
折 꺾을 **절**	259	栃 상수리나무 **회**	278	無 없을 **무**	292	往 갈 **왕**	309

11

12

13

湖向筆港号被祭血仕元使始指歯詩火事持式実写者王守取酒受州拾終習集住重宿所著功昭消商軍
想息遠族他打対待代第題炭短談着注柱丁帳調追定庭笛鉄転都度投豆島湯登等勤童農波配倍箱火
部服福物平返勉放味命面問役薬由油有遊予羊洋葉陽様落流旅両緑礼列練路和愛案以衣位茨印英
名学渇完官管閲観願岐希李旗器機議求泣給挙漁其協鏡競極能訓軍郡群径景芸欠結建健験固功女
産散残氏司試見治滋辞麗失借種周祝頌初松笑唱塊照城縄臣信井成省清静席積折節説浅戦選然軍
低底的英仁枝於灯働特徳栃奈梨熱念敗梅博阪飯飛必票標不夫付府阜富副兵別辺変便包法望牧札
類令冷例連老労録圧困移因永営衛易益液演応往桜可仮価河過快解格確額刊幹慣眼紀基寄規喜札
乱卵児減故個護効厚耕航鉱構興講告混査再災妻採際在財罪殺雑酸賛士支史志枝師資飼示似諸軍
常情織職制性政勢精製税責積按設祖素総造像増則測属率損貸態団断築町張停提程適統堂銅軍
評軍式復複仏粉編介保墓報豊防貿暴脈務夢迷錦輪余容略留領歴胃異遺域宇映延沿恩我灰拡軍
絵等系敬警劇激穴券絹権憲源厳己呼誤后孝皇紅降鋼刻穀骨困砂座済裁策冊蚕至私姿視詞軍

제1과
초등학교 1학년 교육한자

Clip 01
초등학교 1학년 교육한자

학습내용

☐ 초등학교 1학년 교육한자 20자의 音, 訓 학습
☐ 해당한자와 관련된 단어학습과 쓰기연습

一右雨円王音下火花貝学気九休玉金空月犬見

학습목표

☐ 초등학교 1학년 교육한자 20자의 音, 訓 학습하여 이해할 수 있다.
☐ 해당한자와 관련된 단어학습과 쓰기연습을 통해 일본에서의 실생활에 활용할 수 있다.

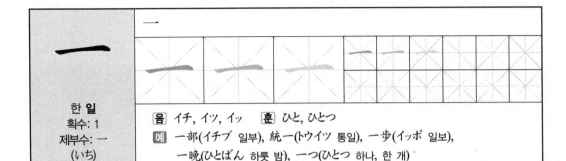

一	

한 일
획수: 1
제부수: 一
(いち)

음 イチ, イツ, イッ 훈 ひと, ひとつ
예 一部(イチブ 일부), 統一(トウイツ 통일), 一歩(イッポ 일보),
一晩(ひとばん 하룻 밤), 一つ(ひとつ 하나, 한 개)

ノナナ右右

오른 우
획수: 5
부수: 口
(くち)

음 ウ, ユウ 훈 みぎ
예 右折(ウセツ 우회전), 左右(サユウ 좌우), 右(みぎ 오른쪽)

一厂厂厅币币雨雨雨

비 우
획수: 8
제부수: 雨
(あめ)

음 ウ 훈 あめ, あま
예 雨季(ウキ 우기, 비가 많이 오는 시기)
雨(あめ 비), 雨戸(あまど 비바람을 막는 덧문)

丨 冂 冂 円		圓

둥글 원
획수: 4
부수: 冂
(けいがまえ)
구자체부수: 口
(くちがまえ)

음 エン 훈 まるい
예 円卓(エンタク 원탁)
円い(まるい 둥글다)

제1과 초등학교 1학년 교육한자

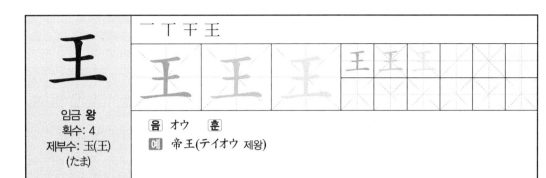

王

임금 **왕**
획수: 4
제부수: 玉(王)
(たま)

一 丁 干 王

음 オウ　훈
예 帝王(テイオウ 제왕)

音

소리 **음**
획수: 9
제부수: 音
(おと)

丶 亠 产 立 音 音 音 音 音

음 オン, イン　훈 おと, ね
예 発音(ハツオン 발음), 母音(ボイン 모음)
　音(おと 소리), 音色(ねいろ 음색)

下

아래 **하**
획수: 3
부수: 一
(いち)

一 丁 下

음 カ, ゲ　훈 した, しも, もと, さげる, さがる, くだる, くだす, くだる, おろす, おりる
예 下降(カコウ 하강), 下車(ゲシャ 하차)
　下(した 아래), 川下(かわしも 하류), 足下(あしもと 발 밑), 下げる(さげる 내리다),
　下がる(さがる 내려가다), 下る(くだる 내려가다), 下す(くだす 내리다, 하달하다),
　下さる(くださる 주시다), 下ろす(おろす 떨어뜨리다), 下りる(おりる 내려오다)

火

불 **화**
획수: 4
제부수: 火
(ひ)

丶 丷 少 火

음 カ　훈 ひ, ほ
예 火力(カリョク 화력)
　火(ひ 불), 火影(ほかげ 불빛, 등불에 비치는 그림자)

花	一 十 十 ++ + 花 花 花

花花花 花花花

꽃 **화**
획수: 7
부수: 艸
(くさかんむり)

음 カ　훈 はな
예 花瓶(カビン 화병, 꽃병)
　 花嫁(はなよめ 신부, 새색시)

貝	l 冂 冂 目 目 貝 貝

貝貝貝 貝貝貝

조개 **패**
획수: 7
제부수: 貝
(かい)

음 　훈 かい
예 貝(かい 조개)

学	、 ゛ ゛゛ ゛゛ 学 学 学 学　　學

学学学 学学学

배울 **학**
획수: 8
부수: 子
(こ)

음 ガク　훈 まなぶ
예 学問(ガクモン 학문)
　 学ぶ(まなぶ 배우다)

気	ノ 丶 气 气 気 気　　　氣

気気気 気気気

기운 **기**
획수: 6
부수: 气
(きがまえ)

음 キ, ケ　훈
예 気候(キコウ 기후), 気配(ケハイ 기색)

九	ノ九
아홉 **구** 획수: 2 부수: 乙 (おつ)	 음 キュウ, ク　훈 ここの, ここのつ 예 九万(キュウマン 구만), 九九(クク 구구(법)) 　九日(ここのか 구일, 아흐레), 九つ(ここのつ 아홉 개)

休	ノ イ 仁 什 休 休
쉴 **휴** 획수: 6 부수: 人 (にんべん)	 음 キュウ　훈 やすむ, やすまる, やすめる 예 休憩(キュウケイ 휴게) 　休む(やすむ 쉬다), 休まる(やすまる (심신이)편안해지다), 休める(やすめる 쉬 　게 하다, 휴식시키다)

玉	一 丁 干 王 玉
구슬 **옥** 획수: 5 제부수: 玉 (たま)	 음 ギョク　훈 たま 예 玉体(ギョクタイ 옥체) 　玉(たま 옥, 구슬)

金	ノ 人 今 合 合 全 余 金 金
쇠 **금**, 성 **김** 획수: 8 제부수: 金 (かね)	 음 キン, コン　훈 かね, かな 예 金銭(キンセン 금전, 돈), 金堂(コンドウ 금당) 　金(かね 돈), 金具(かなぐ 쇠 장식물)

空

ノ 宀 宀 宍 空 空 空 空

空 空 空 | 空 空 空

하늘 공
획수: 8
부수: 穴
(あなかんむり)

[음] クウ　[훈] そら, から, あく, あける
[예] 空港(クウコウ 공항)
空(そら 하늘), 空箱(からばこ 빈상자), 空く(あく 비다), 空ける(あける 비우다,
(틈, 시간)을 내다)

月

ノ 刀 月 月

月 月 月 | 月 月 月

달 월
획수: 4
제부수: 月
(つき)

[음] ゲツ, ガツ　[훈] つき
[예] 月末(ゲツマツ 월말), 正月(ショウガツ 정월)
月(つき 달)

犬

一 ナ 大 犬

犬 犬 犬 | 犬 犬 犬

개 견
획수: 4
제부수: 犬
(いぬ)

[음] ケン　[훈] いぬ
[예] 愛犬(アイケン 애견)
犬(いぬ 개)

見

l 冂 冂 目 目 見 見

見 見 見 | 見 見 見

볼 견
획수: 7
제부수: 見
(みる)

[음] ケン　[훈] みる, みえる, みせる
[예] 意見(イケン 의견)
見る(みる 보다), 見える(みえる 보이다), 見せる(みせる 보여주다)

평가하기

1. 一晩 _____

2. 左右 _____

3. 雨季 _____

4. 円卓 _____

5. 帝王 _____

6. 音色 _____

7. 下車 _____

8. 火影 _____

9. 花瓶 _____

10. 貝 _____

11. 学問   _____

12. 気配   _____

13. 九九   _____

14. 休憩   _____

15. 玉体   _____

16. 金具   _____

17. 空箱   _____

18. 正月   _____

19. 愛犬   _____

20. 意見   _____

Clip 02

초등학교 1학년 교육한자

[학습내용]

☐ 초등학교 1학년 교육한자 80자 중 20자의 음, 訓 학습

☐ 해당한자와 관련된 단어학습과 쓰기연습

五 口 校 左 三 山 子 四 糸 字 耳 七 車 手 十 出 女 小 上 森

[학습목표]

☐ 초등학교 1학년 교육한자 80자 중 20자의 음, 訓을 학습하여 이해할 수 있다.

☐ 해당한자와 관련된 단어학습과 쓰기연습을 통해 일본에서의 실생활에 활용할 수 있다.

一 丁 开 五

五 五 五 | 五 五 五

다섯 오
획수: 4
부수: 二
(に)

| 음 | ゴ | 훈 | いつ, いつつ |

예 五輪(ゴリン 오륜, 국제올림픽의 속칭)
　五日(いつか 오 일), 五つ(いつつ 다섯 개)

丨 冂 口

口 口 口 | 口 口 口

입 구
획수: 3
제부수: 口
(くち)

| 음 | コウ, ク | 훈 | くち |

예 口述(コウジュツ 구술), 口伝(クデン 구전)
　口(くち 입)

校

一 十 才 朩 朽 朽 朽 枋 校 校

校 校 校 | 校 校 校

학교 교
획수: 10
부수: 木
(きへん)

| 음 | コウ | 훈 | |

예 校閲(コウエツ 교열)

一 ナ 左 左 左

左 左 左 | 左 左 左

왼 좌
획수: 5
부수: エ
(たくみ)

| 음 | サ | 훈 | ひだり |

예 左折(サセツ 좌회전)
　左(ひだり 왼쪽)

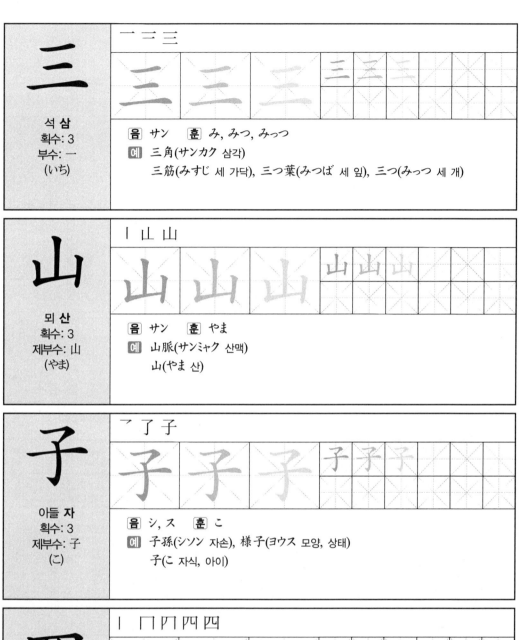

三

석 **삼**
획수: 3
부수: 一
(いち)

一 三 三

음 サン **훈** み, みつ, みっつ
예 三角(サンカク 삼각)
三筋(みすじ 세 가닥), 三つ葉(みつば 세 잎), 三つ(みっつ 세 개)

山

뫼 **산**
획수: 3
제부수: 山
(やま)

丨 山 山

음 サン **훈** やま
예 山脈(サンミャク 산맥)
山(やま 산)

子

아들 **자**
획수: 3
제부수: 子
(こ)

フ 了 子

음 シ, ス **훈** こ
예 子孫(シソン 자손), 様子(ヨウス 모양, 상태)
子(こ 자식, 아이)

四

넉 **사**
획수: 5
부수: 口
(くちがまえ)

丨 冂 冂 四 四

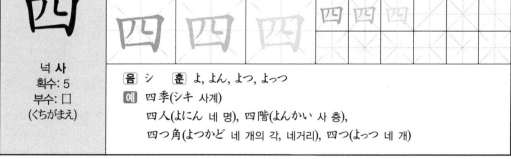

음 シ **훈** よ, よん, よつ, よっつ
예 四季(シキ 사계)
四人(よにん 네 명), 四階(よんかい 사 층),
四つ角(よつかど 네 개의 각, 네거리), 四つ(よっつ 네 개)

糸	` ⺯ ⺯ 幺 糸 糸
실 사 획수: 6 제부수: 糸 (いと)	
	음 シ　**훈** いと **예** 原糸(ゲンシ 원사) 　　糸(いと 실)

字	` ⺌ 宀 宀 字 字
글자 **자** 획수: 6 부수: 子 (こ)	
	음 ジ　**훈** あざ **예** 活字(カツジ 활자) 　　字(あざ 町, 村보다 작은 행정구역)

耳	一 丁 厂 斤 斤 耳
귀 **이** 획수: 6 제부수: 耳 (みみ)	耳 耳 耳　耳 耳 耳
	음 ジ　**훈** みみ **예** 耳鼻科(ジビカ 이비인후과) 　　耳(みみ 귀)

七	一 七
일곱 **칠** 획수: 2 부수: 一 (いち)	七 七 七　七 七 七
	음 シチ　**훈** なな, ななつ, なの **예** 七面鳥(シチメンチョウ 칠면조) 　　七色(なないろ 일곱 가지 빛깔), 七つ(ななつ 일곱 개), 七日(なのか 칠 일)

一 厂 丙 丙 亘 亘 車

車 車 車 | 車 車 車

수레 차
획수: 7
제부수: 車
(くるま)

음 シャ 　 훈 くるま
예 車庫(シャコ 차고)
　車(くるま 차)

一 二 三 手

手 手 手 | 手 手 手

손 수
획수: 4
제부수: 手
(て)

음 シュ 　 훈 て, た
예 選手(センシュ 선수)
　手(て 손, 일손, 수단), 手綱(たづな 고삐)

一 十

十 十 十 | 十 十 十

열 십
획수: 2
제부수: 十
(じゅう)

음 ジュウ, ジッ 　 훈 とお, と
예 十五夜(ジュウゴヤ 십오야, 음력 보름날 밤), 十進法(ジッシンホウ 십진법)
　十(とお 열), 十重二十重(とえはたえ 이중 삼중, 겹겹)

｜ 十 中 出 出

出 出 出 | 出 出 出

나갈 출
획수: 5
부수: 凵
(かんにょう)

음 シュツ, シュッ, スイ 　 훈 でる, だす
예 提出(テイシュツ 제출), 出発(シュッパツ 출발), 出納(スイトウ 출납)
　出る(でる 나가다), 出す(だす 내다)

女	く 女 女
여자 **녀** 획수: 3 제부수: 女 (おんな)	 음 ジョ, ニョ, ニョウ　　훈 おんな, め 예 女子(ジョシ 여자), 天女(テンニョ 선녀), 女房(ニョウボウ 마누라, 아내) 　 女(おんな 여자), 女神(めがみ 여신)

小	亅 小 小
작을 **소** 획수: 3 제부수: 小 (しょう)	 음 ショウ　　훈 ちいさい, こ, お 예 縮小(シュクショウ 축소) 　 小さい(ちいさい 작다), 小切手(こぎって 수표), 小川(おがわ 작은 내)

上	丨 卜 上
위 **상** 획수: 3 부수: 一 (いち)	음 ジョウ, ショウ　　훈 うえ, うわ, かみ, あげる, あがる, のぼる, のぼせる, のぼす 예 上旬(ジョウジュン 상순), 上人(ショウニン 지덕을 갖춘 고승) 　 上(うえ 위), 上履き(うわばき 실내화), 上半期(かみはんき 상반기), 上げる 　 (あげる 올리다), 上がる(あがる 오르다, 상륙하다), 上る(のぼる 오르다, 상경하다), 　 上せる(のぼせる 올리다, (글을 써서)책에 싣다), 上す(のぼす のぼせる의 문어)

森	一 十 オ 木 木 杢 森 森 森 森 森 森
나무 빽빽할 **삼** 획수: 12 부수: 木 (き)	음 シン　　훈 もり 예 森林(シンリン 삼림) 　 森(もり 수풀)

1. 五日 　　　　 _____

2. 口述 　　　　 _____

3. 校閱 　　　　 _____

4. 左折 　　　　 _____

5. 三筋 　　　　 _____

6. 山脈 　　　　 _____

7. 樣子 　　　　 _____

8. 四人 　　　　 _____

9. 原系 　　　　 _____

10. 活字 　　　　 _____

11. 耳鼻科 　　　＿＿＿＿＿＿＿＿＿＿＿

12. 七色 　　　　＿＿＿＿＿＿＿＿＿＿＿

13. 車庫 　　　　＿＿＿＿＿＿＿＿＿＿＿

14. 手綱 　　　　＿＿＿＿＿＿＿＿＿＿＿

15. 十重二十重 　＿＿＿＿＿＿＿＿＿＿＿

16. 出納 　　　　＿＿＿＿＿＿＿＿＿＿＿

17. 女房 　　　　＿＿＿＿＿＿＿＿＿＿＿

18. 小切手 　　　＿＿＿＿＿＿＿＿＿＿＿

19. 上履き 　　　＿＿＿＿＿＿＿＿＿＿＿

20. 森林 　　　　＿＿＿＿＿＿＿＿＿＿＿

Clip 03
초등학교 1학년 교육한자

☐ 초등학교 1학년 교육한자 80자 중 20자의 音, 訓 학습
☐ 해당한자와 관련된 단어학습과 쓰기연습

人水正生青夕石赤千川先早草足村大男竹中虫

☐ 초등학교 1학년 교육한자 80자 중 20자의 音, 訓을 학습하여 이해할 수 있다.
☐ 해당한자와 관련된 단어학습과 쓰기연습을 통해 일본에서의 실생활에 활용할 수 있다.

人	ノ人							
	人	人	人	人	人	人		

人
사람 **인**
획수: 2
제부수: 人
(ひと)

음 ジン, ニン　**훈** ひと
예 人格(ジンカク 인격), 人形(ニンギョウ 인형)
　　人(ひと 사람, 남)

水	ノ ォ ォ 水							
	水	水	水	水	水	水		

水
물 **수**
획수: 4
제부수: 水
(みず)

음 スイ　**훈** みず
예 水分(スイブン 수분)
　　水(みず 물)

正	一 丁 下 正 正							
	正	正	正	正	正	正		

正
바를 **정**
획수: 5
부수: 止
(とめる)

음 セイ, ショウ　**훈** ただしい, ただす, まさ
예 正義(セイギ 정의), 正直(ショウジキ 정직)
　　正しい(ただしい 올바르다), 正す(ただす 바로잡다),
　　正に(まさに 바로, 확실히, 틀림없이)

生	ノ ト ╪ 牛 生							
	生	生	生	生	生	生		

生
날 **생**
획수: 5
제부수: 生
(うまれる)

음 セイ, ショウ, ジョウ
훈 いきる, いかす, いける, うまれる, うむ, おう, はえる, はやす, き, なま
예 生活(セイカツ 생활), 生涯(ショウガイ 생애, 평생), 誕生日(タンジョウビ 생일)
　　生きる(いきる 살다, 생생하다), 生かす(いかす 살리다, 살려두다), 生ける(いける 살리다,
　　꽃꽂이하다), 生まれる(うまれる 태어나다, 생기다), 生む(うむ 낳다, 만들어내다), 生い立ち
　　(おいたち 성장한 내력), 生える(はえる 돋아나다), 生やす(はやす 기르다, 자라게 하다),
　　生地(きじ 본바탕, 원단), 生卵(なまたまご 날계란)

青	一 十 圭 主 丰 青 青 青
푸를 청 획수: 8 제부수: 青 (あお)	青 青 青 青 青 青
	음 セイ, ショウ　훈 あお, あおい 예 青年(セイネン 청년), 緑青(ロクショウ 녹색의 유독성 녹) 青色(あおいろ 청색, 푸른 색), 青い(あおい 파랗다)

夕	ノ ク 夕
저녁 석 획수: 3 제부수: 夕 (ゆうべ)	夕 夕 夕 夕 夕 夕
	음 セキ　훈 ゆう 예 一朝一夕(イッチョウイッセキ 일조일석) 夕方(ゆうがた 해질 무렵)

石	一 ア 不 石 石
돌 석 획수: 5 제부수: 石 (いし)	石 石 石 石 石 石
	음 セキ, シャク, コク　훈 いし 예 岩石(ガンセキ 암석), 磁石(ジシャク 자석), 石高(コクダカ 곡식의 수확량) 石(いし 돌)

赤	一 十 土 圥 方 赤 赤
붉을 적 획수: 7 제부수: 赤 (あか)	赤 赤 赤 赤 赤 赤
	음 セキ, シャク　훈 あか, あかい, あからむ, あからめる 예 赤外線(セキガイセン 적외선), 赤銅色(シャクドウイロ 적동색) 赤子(あかご 젖먹이, 갓난아기), 赤い(あかい 빨갛다) 赤らむ(あからむ 불그레지다), 赤らめる(あからめる 붉히다)

千	´ 二 千
	千　千　千　千　千　千
일천 **천** 획수: 3 부수: 十 (じゅう)	**음** セン　**훈** ち **예** 千字文(センジモン 천자문) 　　千代(ちよ 천년, 영원)

川	ノ 川 川
	川　川　川　川　川　川
내 **천** 획수: 3 제부수: 川 (かわ)	**음** セン　**훈** かわ **예** 河川(カセン 하천) 　　川端(かわばた 냇가, 강가)

先	ノ ト 牛 生 先 先
	先　先　先　先　先　先
앞 **선** 획수: 6 부수: 儿 (ひとあし)	**음** セン　**훈** さき **예** 先入観(センニュウカン 선입관) 　　先程(さきほど 아까, 조금전)

早	ー 冂 冂 日 旦 早
	早　早　早　早　早　早
이를 **조** 획수: 6 부수: 日 (ひ)	**음** ソウ, サッ　**훈** はやい, はやまる, はやめる **예** 早朝(ソウチョウ 조조), 早速(サッソク 곧, 빨리) 　　早い(はやい 빠르다), 早まる(はやまる 빨라지다), 早める(はやめる 재촉하다)

一 十 艹 艹 芕 苎 昔 草 草

음 ソウ　**훈** くさ

예 草書(ソウショ 초서)
　　草笛(くさぶえ 풀잎피리)

풀 **초**
획수: 9
부수: 艸
(くさかんむり)

丨 口 口 ワ ワ 尸 足

음 ソク　**훈** あし, たりる, たる, たす

예 補足(ホソク 보족)
　　足(あし 다리, 발), 足りる(たりる 족하다)
　　足る(たる 만족하다), 足す(たす 더하다)

발 **족**
획수: 7
제부수: 足
(あし)

一 十 才 木 村 村 村

음 ソン　**훈** むら

예 農村(ノウソン 농촌)
　　村(むら 마을)

마을 **촌**
획수: 7
부수: 木
(きへん)

一 ナ 大

음 ダイ, タイ　**훈** おお, おおきい, おおいに

예 大工(ダイク 목수, 목수일), 大切(タイセツ 중요함, 귀중함)
　　大雨(おおあめ 큰 비), 大きい(おおきい 크다)
　　大いに(おおいに 크게)

큰 **대**
획수: 3
제부수: 大
(だい)

男	｜ 冂 冂 丹 田 田 男

男

사내 남
획수: 7
부수: 田
(た)

음 ダン, ナン　**훈** おとこ
예 男優(ダンユウ 남자배우), 次男(ジナン 차남)
　　男(おとこ 남자)

竹	ノ ノ 广 午 竹 竹

竹

대 죽
획수: 6
제부수: 竹
(たけ)

음 チク　**훈** たけ
예 爆竹(バクチク 폭죽)
　　竹(たけ 대나무)

中	｜ 冂 口 中

中

가운데 중
획수: 4
부수: ｜
(ぼう)

음 チュウ, ジュウ　**훈** なか
예 中央(チュウオウ 중앙), 一年中(イチネンジュウ 1년동안)
　　中(なか 가운데, 안)

虫	｜ 冂 口 中 虫 虫

虫

벌레 충
획수: 6
제부수: 虫
(むし)

음 チュウ　**훈** むし
예 幼虫(ヨウチュウ 요충)
　　虫(むし 벌레)

1. 人格 _____

2. 水分 _____

3. 正直 _____

4. 生い立ち _____

5. 緑青 _____

6. 一朝一夕 _____

7. 石高 _____

8. 赤子 _____

9. 千字文 _____

10. 川端 _____

11. 先入観 _____

12. 早速 _____

13. 草笛 _____

14. 足す _____

15. 農村 _____

16. 大工 _____

17. 男優 _____

18. 爆竹 _____

19. 一年中 _____

20. 幼虫 _____

湖向幸港号根茶血仕死使始指歯詩次事持式実写者主守取酒変州拾終習集住重宿所署坊昭消商章
想息速族他打対待代第題炭短談着注柱丁帳調追定庭笛鉄転都度投豆島湯登等動童農波配倍箱畑
部服福物平返勉放味命面問役薬由油有遊予羊洋葉陽様落流旅両緑礼列練路和愛案以衣位茨印英
名栄潟完官管関観願岐希季旗器機議求泣給季漁共協鏡競極熊訓軍郡群径景芸欠結建健験固功好
産散残氏司試児治滋辞鹿失借種周祝順初松笑唱焼照城縄臣信井成省清静席積折節説浅戦選然争
低底的典灯働特徳栃奈梨熱念敗梅博阪飯飛必票標不夫付府阜富副兵別辺変便包法望牧末
類令冷例連老労録圧囲移因永営衛易益液演応往桜可仮価河過快解格確額刊幹慣眼紀基寄規喜技
疑吸旧救居胸限減故個護効厚耕航鉱構興講告混査再災妻採際在財罪殺雑酸賛士支史志枝師資飼示似識
常情織職制性政勢精製税責積接設絶祖素総造像増則測属率損貸態団断築貯張停提程適統堂銅導
得毒独任燃能破犯判版比肥非費備俵評貧布婦武復複仏粉編弁保墓報豊防貿暴脈務夢迷綿輸余容略留領歴冒異遺域宇映延沿恩我灰拡
革閣割株干巻看簡危机揮貴疑吸敬警劇激穴券絹権憲源厳己呼誤后孝皇紅降鋼刻穀骨困砂座済裁策冊蚕至私姿視詞誌
磁射捨尺若樹収宗就衆従縦縮熟純処署諸除承将傷障蒸針仁垂推寸盛聖誠舌宣専泉洗染銭善奏窓創装層操蔵臓存尊宅担探誕段暖值宙忠著庁頂潮賃痛展討党糖届難乳認納脳派拝背肺俳班晩否批秘腹奮並陛閉片補暮宝訪亡忘棒枚幕密盟模訳郵優預幼欲翌乱卵覧裏律臨朗論

Clip 04
초등학교 1학년 교육한자

학습내용

☐ 초등학교 1학년 교육한자 80자 중 20자의 音, 訓 학습
☐ 해당한자와 관련된 단어학습과 쓰기연습

町 天 田 土 二 日 入 年 白 八 百 文 木 本 名 目 立 力 林 六

학습목표

☐ 초등학교 1학년 교육한자 80자 중 20자의 音, 訓을 학습하여 이해할 수 있다.
☐ 해당한자와 관련된 단어학습과 쓰기연습을 통해 일본에서의 실생활에 활용할 수 있다.

	１ 冂 冂 冂 田 田 町 町

町

발두둑 **정**
획수: 7
부수: 田
(たへん)

[음] チョウ　[훈] まち
[예] 町民(チョウミン 읍민, 동민)
　　町角(まちかど 길모퉁이, 길목)

	一 二 于 天

天

하늘 **천**
획수: 4
부수: 大
(だい)

[음] テン　[훈] あめ, あま
[예] 天才(テンサイ 천재)
　　天が下(あめがした 하늘 아래, 온 세상), 天の川(あまのがわ 은하수)

---

	１ 冂 冂 田 田

田

밭 **전**
획수: 5
제부수: 田
(た)

[음] デン　[훈] た
[예] 油田(ユデン 유전)
　　田植え(たうえ 모내기)

	一 十 土

土

흙 **토**
획수: 3
제부수: 土
(つち)

[음] ド, ト　[훈] つち
[예] 国土(コクド 국토), 土地(トチ 토지)
　　土(つち 흙, 땅)

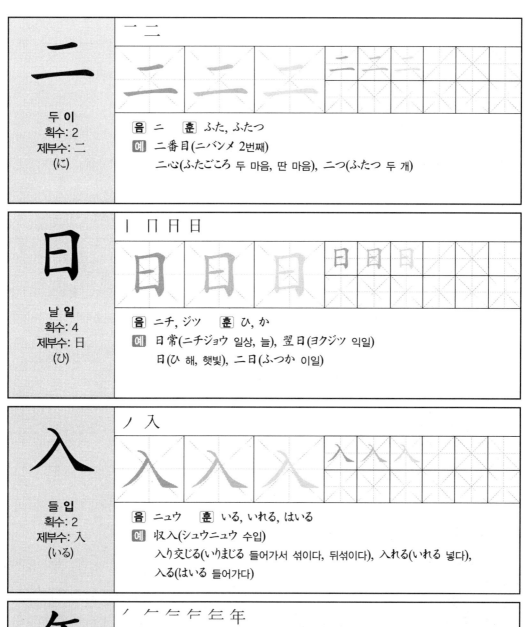

二

두 이
획수: 2
제부수: 二
(に)

二 二

음 ニ **훈** ふた, ふたつ
예 二番目(ニバンメ 2번째)
二心(ふたごころ 두 마음, 딴 마음), 二つ(ふたつ 두 개)

日

날 일
획수: 4
제부수: 日
(ひ)

Ｉ 冂 冃 日

음 ニチ, ジツ **훈** ひ, か
예 日常(ニチジョウ 일상, 늘), 翌日(ヨクジツ 익일)
日(ひ 해, 햇빛), 二日(ふつか 이일)

入

들 입
획수: 2
제부수: 入
(いる)

ノ 入

음 ニュウ **훈** いる, いれる, はいる
예 収入(シュウニュウ 수입)
入り交じる(いりまじる 들어가서 섞이다, 뒤섞이다), 入れる(いれる 넣다),
入る(はいる 들어가다)

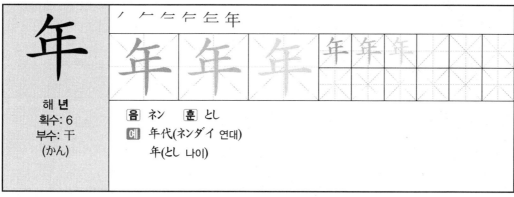

年

해 년
획수: 6
부수: 干
(かん)

ノ 𠂉 𠂉 年 年 年

음 ネン **훈** とし
예 年代(ネンダイ 연대)
年(とし 나이)

흰 백
획수: 5
제부수: 白
(しろ)

´ ｒ 冂 白 白

[음] ハク, ビャク　[훈] しろ, しろい, しら
[예] 白米(ハクマイ 백미), 白蓮(ビャクレン 백련, 흰 연꽃)
　　白蟻(しろあり 흰 개미), 白い(しろい 하얗다), 白鷺(しらさぎ 백로)

여덟 팔
획수: 2
제부수: 八
(はち)

ノ 八

[음] ハチ　[훈] や, やつ, やっつ, よう
[예] 八月(ハチガツ 팔월)
　　八百屋(やおや 야채 장수, 야채 가게), 八つ裂き(やつざき 갈기갈기 찢음),
　　八つ(やっつ 여덟 개), 八日(ようか 8일, 여드레)

일백 백
획수: 6
부수: 白
(しろ)

一 ｒ 亓 百 百 百

[음] ヒャク　[훈]
[예] 百分率(ヒャクブンリツ 백분율)

글월 문
획수: 4
제부수: 文
(ぶん)

´ 亠 ナ 文

[음] ブン, モン　[훈] ふみ
[예] 文化(ブンカ 문화), 文盲(モンモウ 문맹, 글을 모름)
　　文使い(ふみづかい 편지를 전하는 심부름꾼, 파발꾼)

一 十 才 木

木 木 木 木 木 木

나무 **목**
획수: 4
제부수: 木
(き)

음 モク, ボク　**훈** き, こ
예 木造(モクゾウ 목조), 巨木(キョボク 거목, 큰 나무)
木(き 나무), 木陰(こかげ 나무 그늘)

一 十 才 木 本

근본 **본**
획수: 5
부수: 木
(き)

음 ホン　**훈** もと
예 本質(ホンシツ 본질)
本木(もとき 나무 밑둥, 전 남편, 전 처)

ノ ク タ タ 名 名

이름 **명**
획수: 6
부수: 口
(くち)

음 メイ, ミョウ　**훈** な
예 名誉(メイヨ 명예), 本名(ホンミョウ 본명)
名前(なまえ 이름)

丨 冂 冂 目 目

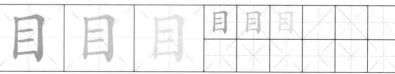

눈 **목**
획수: 5
제부수: 目
(め)

음 モク, ボク　**훈** め, ま
예 目的(モクテキ 목적), 面目(メンボク 면목, 체면, 명예)
目上(めうえ 윗사람, 연장자), 目縁(まぶち 눈언저리, 눈 가)

立

설 립
획수: 5
제부수: 立
(たつ)

｀ ｜ 亠 亣 立 立

立 立 立 立 立 立

[음] リツ, リュウ　[훈] たつ, たてる
[예] 独立(ドクリツ 독립), 建立(コンリュウ 건립)
　　立つ(たつ 서다), 立てる(たてる 세우다)

力

힘 력
획수: 2
제부수: 力
(ちから)

フ 力

力 力 力 力 力 力

[음] リョク, リキ　[훈] ちから
[예] 努力(ドリョク 노력), 力量(リキリョウ 역량)
　　力(ちから 힘)

林

수풀 림
획수: 8
부수: 木
(き)

一 十 オ 木 朼 杜 材 林

林 林 林 林 林 林

[음] リン　[훈] はやし
[예] 山林(サンリン 산림)
　　林(はやし 숲)

六

여섯 륙
획수: 4
부수: 八
(はち)

｀ 亠 亣 六

六 六 六 六 六 六

[음] ロク　[훈] む, むつ, むっつ, むい
[예] 六枚(ロクマイ 6장)
　　六色(むいろ 여섯 가지 색깔), 六切り(むつぎり 육등분으로 자른 것), 六つ
　　(むっつ 여섯), 六日(むいか 육 일)

1. 町角 　　　　　　 _____

2. 天の川 　　　　　 _____

3. 田植え 　　　　　 _____

4. 土地 　　　　　　 _____

5. 二心 　　　　　　 _____

6. 翌日 　　　　　　 _____

7. 収入 　　　　　　 _____

8. 年代 　　　　　　 _____

9. 白米 　　　　　　 _____

10. 八百屋 　　　　　 _____

11. 百分率 _____

12. 文使い _____

13. 木陰 _____

14. 本質 _____

15. 本名 _____

16. 目縁 _____

17. 建立 _____

18. 努力 _____

19. 山林 _____

20. 六色 _____

湖向幸港号根茶皿仕元使始措齒詩次事持式実写者主守取酒受州拾終習集住重宿所著坊昭消商章
想息速族他打対待代第題炭短談著注柱丁帳調追定庭笛鉄転都度投豆島湯登等動童農波配倍箱如
部服福物平返勉放味命面問役草由油有遊予羊洋葉陽様落流旅両緑礼列練路和愛案以衣位茨印英
多栄渇完官管関観願岐希季旗器機議求泣給挙漁共協鏡競極熊訓軍郡群径景芸欠結建健験固功好
産散残氏司試児治滋辞鹿失借種周祝順初松笑唱焼照城縄臣信井成省清静席積折節説浅戦選然争
倉巣束仁夫冬灯働特徳析奈梨熱念敗梅博阪飯飛必票標不夫付府阜富副兵別辺変便包法望牧末
類令冷例連老労録圧囲移因永営衛易益液演央柱桜可価価河過快解格確額刊幹慣眼紀基寄規喜技
地池置兆挑潮減故個護効厚耕航鉱構興講告混査再災妻採際在財罪殺雑酸賛士支史志枝師資飼示識
常情織職制性政労精製税責積接設池祖宗総造像増則測属率損貸態団断築貯張停提程適統堂銅導
得毒独式復複仏粉編弁保墓報豊防貿暴脈務夢迷綿輪余容略留領歴胃異遺域宇映延沿恩我灰拡
革格確季敬警劇激穴券絹権憲源厳己呼誤后孝皇紅降鋼刻穀骨困砂座済裁策冊蚕至私姿視詞誌
磁射捨尺若樹収宗就衆従縦縮熟純処署諸除傷障城蒸針仁垂推寸誠舌宣専泉洗染銭善奏窓創装層操蔵臟存尊宅担探誕段暖値宙忠著庁頂腸潮賃痛展討党糖届難乳認納脳派拝背肺俳班晩否批秘俵腹奮並陛閉片補暮宝訪亡忘棒枚幕密盟模訳郵優預幼欲翌乱卵覧裏律臨朗論

Clip 05

점검하기
초등학교 1학년 교육한자 Ⅰ

■ 다음의 한자표기어를 한국어 의미를 보고 알맞게 히라가나로 입력해 보세요.

1. 左右(좌우) _____

2. 音色(음색) _____

3. 火影(불빛, 등불에 비치는 그림자) _____

4. 九九(구구(법)) _____

5. 金具(쇠 장식물) _____

6. 三筋(세 가닥) _____

7. 耳鼻科(이비인후과) _____

8. 手綱(고삐) _____

9. 十重二十重(이중 삼중, 겹겹) _____

10. 上履き(실내화) _____

11. 生い立ち(성장한 내력) _____

12. 千字文(천자문) _____

13. 川端(냇가, 강가) _____

14. 草笛(풀잎피리) _____

15. 大工(목수, 목수일) _____

16. 天の川(은하수) _____

17. 翌日(익일) _____

18. 八百屋(야채 장수, 야채 가게) _____

19. 文使い(편지를 전하는 심부름꾼, 파발꾼) _____

20. 木陰(나무 그늘) _____

Clip 01

초등학교 2학년 교육한자

학습내용

☐ 초등학교 2학년 교육한자 160자 중 20자의 音, 訓 학습

☐ 해당한자와 관련된 단어학습과 쓰기연습

引羽雲園遠何科夏家歌画回会海絵外角楽活間

학습목표

☐ 초등학교 2학년 교육한자 160자중 20자의 音, 訓을 학습하여 이해할 수 있다.

☐ 해당한자와 관련된 단어학습과 쓰기연습을 통해 일본에서의 실생활에 활용할 수 있다.

引	７ ゴ 弓 引
끌 인 획수: 4 부수: 弓 (ゆみへん)	 **음** イン　**훈** ひく, ひける **예** 引卒(インソツ 인솔) 引く(ひく 긋다, 끌어당기다), 引ける(ひける 끝나다, 기가 죽다)

羽	７ ７ ７ ヲ 羽 羽
깃 우 획수: 6 제부수: 羽 (はね)	**음** ウ　**훈** は, はね **예** 羽毛(ウモウ 우모) 羽織(はおり 일본 옷의 위에 입는 짧은 겉옷), 羽(はね 날개, 깃털)

雲	一 𠂉 厅 市 雨 雨 雨 雪 雪 雲 雲 雲
구름 운 획수: 12 부수: 雨 (あめかんむり)	 **음** ウン　**훈** くも **예** 積乱雲(セキランウン 적란운) 雲(くも 구름)

園	l 冂 冂 冃 閂 閆 周 周 周 園 園 園 園
동산 원 획수: 13 부수: 囗 (くにがまえ)	**음** エン　**훈** その **예** 園芸(エンゲイ 원예) 園(その 동산, 장소)

遠

멀 원
획수: 13
부수: 辶
(しんにょう)

一 十 土 キ 吉 吉 吉 寺 袁 袁 遠 遠 遠

음 エン, オン　훈 とおい

예 遠隔(エンカク 원격), 遠流(オンル 멀리 귀향을 보냄)

遠い(とおい 멀다)

何

어찌 하
획수: 7
부수: 人
(にんべん)

丿 亻 亻 仁 仃 何 何

음 カ　훈 なに, なん

예 幾何学(キカガク 기하학)

何(なに 무엇), 何足(なんぞく 몇 켤레)

科

과목 과
획수: 9
부수: 禾
(のぎへん)

一 二 千 千 禾 禾 禾 科 科

음 カ　훈

예 科学(カガク 과학)

夏

여름 하
획수: 10
부수: 夂
(すいにょう)

一 一 丆 亓 百 百 百 頁 夏 夏

음 カ, ゲ　훈 なつ

예 夏期(カキ 하기), 夏至(ゲシ 하지)

夏(なつ 여름)

  집 가 획수: 10 부수: 宀 (うかんむり)	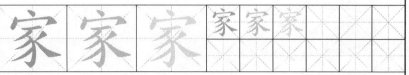
	음 カ, ケ　훈 いえ, や 예 家庭(カテイ 가정), 家来(ケライ 부하, 하인, 종) 　　家(いえ 집), 家賃(やちん 집 세)

 노래 가 획수: 14 부수: 欠 (あくび)	
	음 カ　훈 うた, うたう 예 歌詞(カシ 가사) 　　歌(うた 노래), 歌う(うたう 노래하다)

 그림 화, 그을 획 획수: 8 부수: 田 (た)	畫
	음 ガ, カク　훈 예 映画(エイガ 영화), 計画(ケイカク 계획)

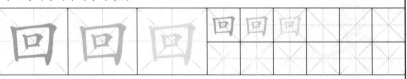 돌 회 획수: 6 부수: 口 (くにがまえ)	
	음 カイ, エ　훈 まわる, まわす 예 回想(カイソウ 회상), 回向(エコウ 불공을 드려 죽은 사람의 명복을 빔) 　　回る(まわる 돌다, 구석구석까지 미치다), 回す(まわす 돌리다, 두르다)

会

ノ 𠆢 人 仐 会 会 会會

모일 회
획수: 6
부수: 人
(ひとがしら)

음 カイ, エ 　훈 あう
예 会館(カイカン 회관), 放生会(ホウジョウエ 방생회)
　会う(あう 만나다)

海

丶 丶 氵 氵 汇 汇 海 海 海 海

바다 해
획수: 9
부수: 水(氵)
(さんずい)

음 カイ 　훈 うみ
예 海岸(カイガン 해안)
　海(うみ 바다)

絵

𠃊 𠃊 幺 糸 糸 糸 紒 紒 絵 絵 絵 繪

그림 회
획수: 12
부수: 糸
(いとへん)

음 カイ, エ 　훈
예 絵画(カイガ 회화), 絵葉書(エハガキ 그림엽서)

外

ノ ク 夕 列 外

바깥 외
획수: 5
부수: 夕
(ゆうべ)

음 ガイ, ゲ 　훈 そと, ほか, はずす, はずれる
예 海外(カイガイ 해외), 外科(ゲカ 외과)
　外側(そとがわ 외측, 바깥쪽, 외면), 外(ほか 다른, (범위)밖), 外す(はずす 떼어 내다, 벗다, 놓치다), 外れる(はずれる 빠지다, 누락되다)

角	ノ ク ケ 角 角 角 角

角
뿔 각
획수: 7
제부수: 角
(つの)

角 角 角　角 角 角

[음] カク　[훈] かど, つの
[예] 角度(カクド 각도)
　　角番(かどばん 승패의 기로, 인생의 기로), 角(つの 뿔)

楽
풍류 **악**, 즐길 **락**
획수: 13
부수: 木
(き)

ノ ア 白 白 白 泊 泊 楽 楽 楽 楽　　　楽

楽 楽 楽　楽 楽 楽

[음] ガク, ラク　[훈] たのしい, たのしむ
[예] 音楽(オンガク 음악), 娯楽(ゴラク 오락)
　　楽しい(たのしい 즐겁다), 楽しむ(たのしむ 즐기다)

活
살 **활**
획수: 9
부수: 水(氵)
(さんずい)

、 、 氵 氵 氵 汗 汗 活 活

活 活 活　活 活 活

[음] カツ　[훈]
[예] 生活(セイカツ 생활)

間
사이 **간**
획수: 12
부수: 門
(もんがまえ)

丨 冂 冂 冃 冃 門 門 門 門 間 間 間

間 間 間　間 間 間

[음] カン, ケン　[훈] あいだ, ま
[예] 間隔(カンカク 간격), 世間(セケン 세상, 세상 사람)
　　間(あいだ 사이), 間取り(まどり 방의 배치)

1. 引卒　　　　　　　　_____

2. 羽織　　　　　　　　_____

3. 積乱雲　　　　　　　_____

4. 園　　　　　　　　　_____

5. 遠流　　　　　　　　_____

6. 幾何学　　　　　　　_____

7. 科学　　　　　　　　_____

8. 夏至　　　　　　　　_____

9. 家賃　　　　　　　　_____

10. 歌詞　　　　　　　_____

11. 計画　　　　　　　　　_____

12. 回向　　　　　　　　　_____

13. 放生会　　　　　　　　_____

14. 海岸　　　　　　　　　_____

15. 絵葉書　　　　　　　　_____

16. 外側　　　　　　　　　_____

17. 角番　　　　　　　　　_____

18. 娯楽　　　　　　　　　_____

19. 生活　　　　　　　　　_____

20. 間取り　　　　　　　　_____

Clip 02

초등학교 2학년 교육한자

【학습내용】

☐ 초등학교 2학년 교육한자 160자 중 20자의 音, 訓 학습

☐ 해당한자와 관련된 단어학습과 쓰기연습

丸岩顔汽記帰弓牛魚京強教近兄形計元言原戸

【학습목표】

☐ 초등학교 2학년 교육한자 160자 중 20자의 音, 訓을 학습하여 이해할 수 있다.

☐ 해당한자와 관련된 단어학습과 쓰기연습을 통해 일본에서의 실생활에 활용할 수 있다.

丸	ノ九丸			丸丸丸			
둥글 환 획수: 3 부수: 丶 (てん)	음 ガン　훈 まる, まるい, まるめる 예 弾丸(ダンガン 탄환) 　丸儲け(まるもうけ 고스란히 이득 봄), 丸い(まるい 둥글다), 丸める(まるめる 둥글게 하다)						

岩	丨丨屵屵屵岩岩岩			岩岩岩			巖
바위 암 획수: 8 부수: 山 (やま)	음 ガン　훈 いわ 예 岩盤(ガンバン 암반) 　岩(いわ 바위)						

顔	立产产产彦彦彦彦顔顔顔顔顔顔			顔顔顔			
얼굴 안 획수: 18 부수: 頁 (おおがい)	음 ガン　훈 かお 예 童顔(ドウガン 동안) 　顔(かお 얼굴)						

汽	丶丶氵氵汇汽汽			汽汽汽			
김 기 획수: 7 부수: 水(氵) (さんずい)	음 キ　훈 예 汽笛(キテキ 기적)						

記

一 二 三 亖 亖 言 言 訂 記 記

記 記 記 記 記 記

기록할 **기**
획수: 10
부수: 言
(ごんべん)

음 キ　**훈** しるす

예 記号(キゴウ 기호)
記す(しるす 적다, 기록하다)

帰

丿 刂 刂 刂 归 归 帰 帰 帰 帰　　　　歸

帰 帰 帰 帰 帰 帰

돌아올 **귀**
획수: 10
부수: 巾
(はば)
구자체부수: 止
(とめる)

음 キ　**훈** かえる, かえす

예 帰省(キセイ 귀성)
帰る(かえる 돌아가다, 돌아오다), 帰す(돌려보내다)

弓

一 コ 弓

弓 弓 弓 弓 弓 弓

활 **궁**
획수: 3
제부수: 弓
(ゆみ)

음 キュウ　**훈** ゆみ

예 弓道(キュウドウ 궁도)
弓(ゆみ 활)

牛

丿 仁 二 牛

牛 牛 牛 牛 牛 牛

소 **우**
획수: 4
제부수: 牛
(うし)

음 ギュウ　**훈** うし

예 牛肉(ギュウニク 소고기)
牛(うし 소)

魚	ノ ク 夕 ク 角 角 角 角 魚 魚 魚
물고기 **어** 획수: 11 제부수: 魚 (うお)	魚 魚 魚 魚 魚 魚
	음 ギョ 훈 うお, さかな 예 魚類(ギョルイ 어류) 魚の目(うおのめ 티눈), 魚屋(さかなや 생선가게)

京	` 亠 亠 古 古 京 京 京
서울 **경** 획수: 8 부수: 亠 (なべぶた)	京 京 京 京 京 京
	음 キョウ, ケイ 훈 예 帰京(キキョウ 귀경), 京阪(ケイハン 京都와 大阪)

強	 強
굳셀 **강** 획수: 11 부수: 弓 (ゆみへん)	強 強 強 強 強 強
	음 キョウ, ゴウ 훈 つよい, つよまる, つよめる, しいる 예 勉強(ベンキョウ 공부), 強盗(ゴウトウ 강도) 強い(つよい 강하다), 強まる(つよまる 강해지다, 세지다), 強める(つよめる 강하게 하다, 세게 하다), 強いる(しいる 강요하다)

教	一 十 土 耂 耂 孝 孝 孝 孝 教 教
가르칠 **교** 획수: 11 부수: 攵 (ぼくにょう)	教 教 教 教 教 教
	음 キョウ 훈 おしえる, おそわる 예 教訓(キョウクン 교훈) 教える(おしえる 가르치다), 教わる(おそわる 배우다, 가르침을 받다)

近

가까울 **근**
획수: 7
부수: 辶
(しんにょう)

一 厂 斤 斤 䜣 䜣 近

近 近 近 近 近 近

음 キン　**훈** ちかい

예 近代(キンダイ 근대)
近い(ちかい 가깝다)

兄

형 **형**
획수: 5
부수: 儿
(ひとあし)

丨 冂 口 尸 兄

兄 兄 兄 兄 兄 兄

음 キョウ, ケイ　**훈** あに

예 兄弟(キョウダイ 형제), 兄姉(ケイシ 형과 누이)
兄(あに 형, 오빠)

形

형상 **형**
획수: 7
부수: 彡
(さんづくり)

一 二 于 开 开 形 形

形 形 形 形 形 形

음 ケイ, ギョウ　**훈** かた, かたち

예 形態(ケイタイ 형태), 形相(ギョウソウ 형상, 무서운 표정)
形(かたち 모양), 形木(かたぎ 무늬를 새긴 판자, 판목, 거푸집)

計

셈할 **계**
획수: 9
부수: 言
(ごんべん)

丶 亠 亠 言 言 言 言 言 計

計 計 計 計 計 計

음 ケイ　**훈** はかる, はからう

예 計算(ケイサン 계산)
計る(はかる 셈하다, 달다, 꾀하다), 計らう(はからう 처리하다, 배려하다)

元	 一 二 テ 元
으뜸 **원** 획수: 4 부수: 儿 (ひとあし)	음 ガン, ゲン　훈 もと 예 元祖(ガンソ 원조), 元素(ゲンソ 원소) 　元(もと 본디, 본래, 전직)

言	 一 二 三 三 言 言 言
말씀 **언** 획수: 7 제부수: 言 (げん)	음 ゲン, ゴン　훈 いう, こと 예 言論(ゲンロン 언론), 無言劇(ムゴンゲキ 무언극) 　言う(いう 말하다), 言付け(ことづけ 전갈, 전언)

原	 一 厂 厂 厂 厈 厈 厚 原 原 原
근원 **원** 획수: 10 부수: 厂 (がんだれ)	음 ゲン　훈 はら 예 原因(ゲンイン 원인) 　原(はら 들, 벌판)

戸	 一 ㄱ ㅋ 戸
집 **호** 획수: 4 제부수: 戸 (と)	음 コ　훈 と 예 戸主(コシュ 호주) 　戸締り(とじまり 문단속)

1. 丸儲け   _____

2. 岩盤   _____

3. 童顔   _____

4. 汽笛   _____

5. 記す   _____

6. 帰省   _____

7. 弓道   _____

8. 牛肉   _____

9. 魚の目   _____

10. 京阪   _____

11. 強いる _____

12. 教訓 _____

13. 近代 _____

14. 兄姉 _____

15. 形木 _____

16. 計算 _____

17. 元祖 _____

18. 言付け _____

19. 原因 _____

20. 戸締り _____

Clip 03

초등학교 2학년 교육한자

□ 초등학교 2학년 교육한자 160자 중 20자의 音, 訓 학습

□ 해당한자와 관련된 단어학습과 쓰기연습

古 午 後 語 工 公 広 交 光 考 行 高 黄 合 谷 国 黒 今 才 細

□ 초등학교 2학년 교육한자 160자 중 20자의 音, 訓을 학습하여 이해할 수 있다.

□ 해당한자와 관련된 단어학습과 쓰기연습을 통해 일본에서의 실생활에 활용할 수 있다.

古	一 十 十 古 古
옛 고 획수: 5 부수: 口 (くち)	古 古 古 古 古 古

음 コ　**훈** ふるい, ふるす
예 古典(コテン 고전)
古い(ふるい 오래되다, 낡다), 古す(ふるす (사용하여)낡게 하다, 종종…하다)

午	ノ ト ヒ 午
낮 오 획수: 4 부수: 十 (じゅう)	午 午 午 午 午 午

음 ゴ　**훈**
예 正午(ショウゴ 정오)

後	ノ ク 彳 彳 件 件 徉 移 後
뒤 후 획수: 9 부수: 彳 (ぎょうにんべん)	後 後 後 後 後 後

음 ゴ, コウ　**훈** のち, うしろ, あと, おくれる
예 前後(ゼンゴ 전후), 後輩(コウハイ 후배)
後(のち (시간적인)뒤, 후), 後ろ(うしろ 뒤쪽), 後味(あとあじ 뒷맛)
後れる(おくれる 늦다, 더디다, 뒤떨어지다)

語	一 二 言 言 言 言 言 訂 訂 語 語 語 語
말씀 어 획수: 14 부수: 言 (ごんべん)	語 語 語 語 語 語

음 ゴ　**훈** かたる, かたらう
예 国語(コクゴ 국어)
語る(かたる 말하다), 語らう(かたらう 이야기를 나누다, 꾀다)

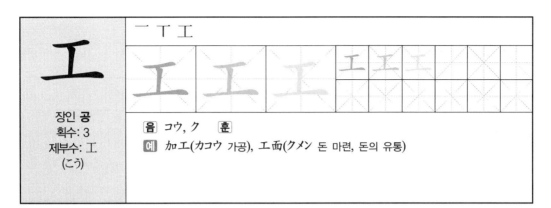

	一 丁 工
工	工　工　工　工工工
장인 **공** 획수: 3 제부수: 工 (こう)	음 コウ, ク　훈 예 加工(カコウ 가공), 工面(クメン 돈 마련, 돈의 유통)

	ノ 八 公 公
公	公　公　公　公公公
공정할 **공** 획수: 4 부수: 八 (はちがしら)	음 コウ　훈 おおやけ 예 公平(コウヘイ 공평) 　公(おおやけ 정부, 공중)

	` 一 广 広 広　　　　　　廣
広	広　広　広　広広広
넓을 **광** 획수: 5 부수: 广 (まだれ)	음 コウ　훈 ひろい, ひろまる, ひろめる, ひろがる, ひろげる 예 広大(コウダイ 광대) 　広い(ひろい 넓다), 広まる(ひろまる 넓어지다, 널리 퍼지다), 広める(ひろめる 넓히다, 　(이름을)떨치다), 広がる(ひろがる 넓어지다, 퍼지다), 広げる(ひろげる 펼치다, 　넓히다)

	` 一 亠 六 交 交
交	交　交　交　交交交
사귈 **교** 획수: 6 부수: 亠 (なべぶた)	음 コウ　훈 まじわる, まじえる, まじる, まざる, まぜる, かう, かわす 예 交通(コウツウ 교통) 　交わる(まじわる 교차하다, 어울리다), 交える(まじえる 섞다, 주고받다) 　交じる(まじる 섞이다), 交ざる(まざる 섞이다), 交ぜる(まぜる 섞다, 뒤섞다) 　筋交う(すじかう 비스듬이 교차하다), 交わす(かわす 주고 받다, 교차하다)

光	` ` ` ` ` ` ` 半 半 光
빛 광 획수: 6 부수: 儿 (ひとあし)	光 光 光　光 光 光

음 コウ　**훈** ひかる, ひかり
예 光景(コウケイ 광경)
光る(ひかる 빛나다, 뛰어나다), 光(ひかり 빛, 은덕)

考	` ` 一 十 土 耂 考 考
생각할 고 획수: 6 부수: 耂 (おいかんむり)	 考 考 考　考 考 考

음 コウ　**훈** かんがえる
예 参考(サンコウ 참고)
考える(かんがえる 생각하다)

行	` ` ´ ノ イ 彳 行 行
다닐 행 획수: 6 제부수: 行 (ぎょうがまえ)	 行 行 行　行 行 行

음 コウ, ギョウ, アン　**훈** いく, ゆく, おこなう
예 旅行(リョコウ 여행), 行政(ギョウセイ 행정), 行火(アンカ 휴대용 화로)
行く(いく 가다), 行方(ゆくえ 행방), 行う(おこなう 행하다)

高	` ` 亠 亠 宀 亠 户 户 高 高 高 高
높을 고 획수: 10 제부수: 高 (たかい)	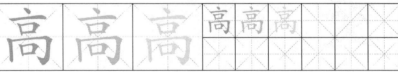 高 高 高　高 高 高

음 コウ　**훈** たかい, たか, たかまる, たかめる
예 高低(コウテイ 고저)
高い(たかい 높다), 高台(たかだい 약간 높고 평평한 땅), 高まる(たかまる 높아지다), 高める(たかめる 높이다)

一 十 丗 丗 芦 芮 芾 菁 黄 黄 黄　黄

누를 황
획수: 11
제부수: 黄
(き)

음 コウ, オウ　**훈** き, こ
예 黄葉(コウヨウ 황엽), 黄疸(オウダン 황달)
　　黄身(きみ 노른자위), 黄金色(こがねいろ 황금 빛)

ノ 人 스 今 合 合

합할 합
획수: 6
부수: 口
(くち)

음 ゴウ, ガッ, カッ　**훈** あう, あわす, あわせる
예 合同(ゴウドウ 합동), 合宿(ガッシュク 합숙), 合戦(カッセン 전투, 접전)
　　合う(あう 합쳐지다, 맞다), 合わす(あわす 맞추다, 합치다), 合わせる(あわせる
　　합치다, 맞추다, 대면시키다)

ノ 八 ク 父 谷 谷 谷

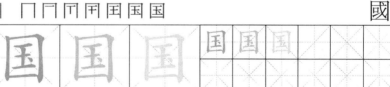

골짜기 곡
획수: 7
제부수: 谷
(たに)

음 コク　**훈** たに
예 峡谷(キョウコク 협곡)
　　谷(たに 골짜기)

丨 冂 冂 冂 囝 囯 国 国

国 国 国　国 国 国

나라 국
획수: 8
부수: 口
(くにがまえ)

음 コク　**훈** くに
예 国際(コクサイ 국제)
　　国(くに 나라)

國

黒 검을 흑 획수: 11 제부수: 黒 (くろ)	丨 冂 冂 且 甲 甲 里 黒 黒 黒 黒　　　　　黒
	黒　黒　黒　黒　黒　黒
	음 コク　훈 くろ, くろい 예 暗黒(アンコク 암흑) 　　黒熊(くろくま 흑곰), 黒い(くろい 검다)

今 이제 금 획수: 4 부수: 人 (ひとがしら)	ノ 人 仝 今
	今　今　今　今　今　今
	음 コン, キン　훈 いま 예 今後(コンゴ 금후), 今古(キンコ 지금과 옛날) 　　今(いま 지금)

才 재주 재 획수: 3 제부수: 手 (て)	一 十 才
	才　才　才　才　才　才
	음 サイ　훈 예 才能(サイノウ 재능)

細 가늘 세 획수: 11 부수: 糸 (いとへん)	⺃ ⺌ ⺖ ⺖ ⺰ 糸 糹 紀 細 細 細
	細　細　細　細　細　細
	음 サイ　훈 ほそい, ほそる, こまか, こまかい 예 細胞(サイボウ 세포) 　　細い(ほそい 가늘다, 좁다), 細る(ほそる 가늘어지다, 여위다), 細かだ(こまかだ 　　자세하다), 細かい(こまかい 잘다, 자세하다)

평가하기

1. 古典　　　　　＿＿＿＿＿＿＿＿＿

2. 正午　　　　　＿＿＿＿＿＿＿＿＿

3. 後味　　　　　＿＿＿＿＿＿＿＿＿

4. 語る　　　　　＿＿＿＿＿＿＿＿＿

5. 工面　　　　　＿＿＿＿＿＿＿＿＿

6. 公　　　　　　＿＿＿＿＿＿＿＿＿

7. 広大　　　　　＿＿＿＿＿＿＿＿＿

8. 筋交う　　　　＿＿＿＿＿＿＿＿＿

9. 光景　　　　　＿＿＿＿＿＿＿＿＿

10. 参考　　　　＿＿＿＿＿＿＿＿＿

11. 行火 _____

12. 高台 _____

13. 黄疸 _____

14. 合宿 _____

15. 峡谷 _____

16. 国際 _____

17. 暗黒 _____

18. 今後 _____

19. 才能 _____

20. 細る _____

Clip 04

초등학교 2학년 교육한자

☐ 초등학교 2학년 교육한자 160자 중 20자의 音, 訓 학습
☐ 해당한자와 관련된 단어학습과 쓰기연습

作 算 止 市 矢 姉 思 紙 寺 自 時 室 社 弱 首 秋 週 春 書 少

☐ 초등학교 2학년 교육한자 160자 중 20자의 音, 訓을 학습하여 이해할 수 있다.
☐ 해당한자와 관련된 단어학습과 쓰기연습을 통해 일본에서의 실생활에 활용할 수 있다.

作	ノ イ 亻 仁 作 作 作
만들 **작** 획수: 7 부수: 人 (にんべん)	作 作 作
	음 サク, サ 훈 つくる 예 著作(チョサク 저작), 動作(ドウサ 동작) 作る(つくる 만들다)

算	ノ ケ ケ ゲ 筲 筲 筲 筲 筲 管 管 箟 箟 算 算
셈할 **산** 획수: 14 부수: 竹 (たけかんむり)	算 算 算
	음 サン 훈 예 予算(ヨサン 예산)

止	丨 卜 止 止
그칠 **지** 획수: 4 제부수: 止 (とめる)	止 止 止
	음 シ 훈 とまる, とめる 예 止血剤(シケツザイ 지혈제) 止まる(とまる 멎다, 서다), 止める(とめる 멈추다, 잠그다)

市	' 亠 亠 方 市
시장 **시** 획수: 5 부수: 巾 (はば)	市 市 市
	음 シ 훈 いち 예 市民(シミン 시민) 市(いち 장)

矢

化살 **시**
획수: 5
제부수: 矢
(や)

丿 乍 午 矢 矢

矢　矢　矢

矢 矢 矢

음 シ　훈 や
예 一矢(イッシ 한 개의 화살)
　　矢印(やじるし 화살표)

姉

누이 **자**
획수: 8
부수: 女
(おんなへん)

く 女 女 女' 女广 女广 姉 姉

姉　姉　姉

姉 姉 姉

음 シ　훈 あね
예 姉妹(シマイ 자매)
　　姉(あね 누이, 언니)

思

생각할 **사**
획수: 9
부수: 心
(こころ)

丨 冂 冂 田 田 甲 思 思 思

思　思　思

思 思 思

음 シ　훈 おもう
예 思索(シサク 사색)
　　思う(おもう 생각하다)

紙

종이 **지**
획수: 10
부수: 糸
(いとへん)

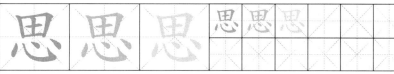

紙　紙　紙

紙 紙 紙

음 シ　훈 かみ
예 紙幣(シヘイ 지폐)
　　紙(かみ 종이)

一 十 土 土 寺 寺

절 **사**
획수: 6
부수: 寸
(すん)

[음] ジ　[훈] てら
[예] 寺塔(ジトウ 사탑)
　　寺(てら 절)

´ ｢ ｢ 白 白 自

스스로 **자**
획수: 6
제부수: 自
(みずから)

[음] ジ, シ　[훈] みずから
[예] 各自(カクジ 각자), 自然(シゼン 자연)
　　自ら(みずから 스스로, 몸소, 친히)

時

｜ 冂 日 日 日‐ 日十 日生 日生 時 時

때 **시**
획수: 10
부수: 日
(ひへん)

[음] ジ　[훈] とき
[예] 当時(トウジ 당시)
　　時(とき 때)

室

´ ｨ 宀 宀 宇 空 空 宰 室

집 **실**
획수: 9
부수: 宀
(うかんむり)

[음] シツ　[훈] むろ
[예] 室外(シツガイ 실외)
　　室(むろ 방, 곳간, 암굴)

社

' ﾗ ｸ ｸ ｸ ﾈ ﾈ 社 社　　　　　　　　　　　　　　　　　　　　社

社　社　社　　社 社 社

모일 **사**
획수: 7
부수: 示
(ネ)
(しめすへん)

[음] シャ　[훈] やしろ
[예] 社説(シャセツ 사설)
　　社(やしろ 신사)

弱

ｺ ｺ 弓 弓 弓 弓' 弓' 弱 弱 弱

弱　弱　弱　　弱 弱 弱

약할 **약**
획수: 10
부수: 弓
(ゆみ)

[음] ジャク　[훈] よわい, よわる, よわまる, よわめる
[예] 強弱(キョウジャク 강약)
　　弱い(よわい 약하다), 弱る(よわる 약해지다, 난처해지다), 弱まる(よわまる 약해지다), 弱める(よわめる 약하게 하다, 약화시키다)

首

` ⺍ 艹 艹 产 首 首 首 首

首　首　首　　首 首 首

머리 **수**
획수: 9
제부수: 首
(くび)

[음] シュ　[훈] くび
[예] 首席(シュセキ 수석)
　　首(くび 목, 고개)

秋

' ﾝ 二 千 禾 禾 利 利' 秒 秋

秋　秋　秋　　秋 秋 秋

가을 **추**
획수: 9
부수: 禾
(のぎへん)

[음] シュウ　[훈] あき
[예] 秋季(シュウキ 추계)
　　秋(あき 가을)

週	丿 刀 月 冂 円 用 周 周 凋 调 週							
	週	週	週	週	週	週		
돌 주 획수: 11 부수: 辶 (しんにょう)	음 シュウ　훈 예 週末(シュウマツ 주말)							

春	一 二 三 丰 夫 表 春 春 春							
	春	春	春	春	春	春		
봄 춘 획수: 9 부수: 日 (ひ)	음 シュン　훈 はる 예 青春(セイシュン 청춘) 　春(はる 봄)							

書	﹁ ﹁ ﹁ ﹁ 圭 聿 書 書 書 書							
	書	書	書	書	書	書		
쓸 서 획수: 10 부수: 日 (ひ)	음 ショ　훈 かく 예 読書(ドクショ 독서) 　書く(かく 쓰다)							

少	丿 小 小 少							
	少	少	少	少	少	少		
적을 소 획수: 4 부수: 小 (しょう)	음 ショウ　훈 すくない, すこし 예 減少(ゲンショウ 감소) 　少ない(すくない 적다), 少し(すこし 조금, 약간)							

평가하기

1. 動作 _____

2. 予算 _____

3. 止血劑 _____

4. 市 _____

5. 矢印 _____

6. 姉妹 _____

7. 思索 _____

8. 紙幣 _____

9. 寺塔 _____

10. 自然 _____

11. 当時　　　　　　＿＿＿＿＿＿＿＿＿＿＿＿

12. 室　　　　　　　＿＿＿＿＿＿＿＿＿＿＿＿

13. 社　　　　　　　＿＿＿＿＿＿＿＿＿＿＿＿

14. 弱る　　　　　　＿＿＿＿＿＿＿＿＿＿＿＿

15. 首席　　　　　　＿＿＿＿＿＿＿＿＿＿＿＿

16. 秋季　　　　　　＿＿＿＿＿＿＿＿＿＿＿＿

17. 週末　　　　　　＿＿＿＿＿＿＿＿＿＿＿＿

18. 青春　　　　　　＿＿＿＿＿＿＿＿＿＿＿＿

19. 読書　　　　　　＿＿＿＿＿＿＿＿＿＿＿＿

20. 減少　　　　　　＿＿＿＿＿＿＿＿＿＿＿＿

Clip 05

점검하기
초등학교 2학년 교육한자 Ⅰ

■ 다음의 한자표기어를 한국어 의미를 보고 알맞게 히라가나로 입력해 보세요.

1. 羽織(일본 옷의 위에 입는 짧은 겉옷) _____

2. 遠流(멀리 귀향을 보냄) _____

3. 夏至(하지) _____

4. 回向(불공을 드려 죽은 사람의 명복을 빔) _____

5. 角番(승패의 기로, 인생의 기로) _____

6. 童顔(동안) _____

7. 帰省(귀성) _____

8. 魚の目(티눈) _____

9. 強いる(강요하다) _____

10. 元祖(원조) _____

11.　正午(정오)　_____

12.　工面(돈 마련, 돈의 유통)　_____

13.　行火(휴대용 화로)　_____

14.　合宿(합숙)　_____

15.　細る(가늘어지다, 여위다)　_____

16.　動作(동작)　_____

17.　止血劑(지혈제)　_____

18.　矢印(화살표)　_____

19.　室(방, 곳간, 암굴)　_____

20.　秋季(추계)　_____

湖向幸港号根茶皿仕死使始指齒詩次事持式実写者主守取酒愛州拾終習集住重宿所著坊昭消商章
想息速族他打対待代第題炭短談着注柱丁帳調追定庭笛鉄転都度投豆島湯登等動童農波配倍箱畑
部服福物平返勉放味命面問役薬由油有遊予羊洋葉陽様落流旅両緑礼列練路和愛案以衣位茨印英
名営渇完官管関観願岐希季旗器機議求泣給挙漁其協鏡競極熊訓軍郡群径景芸欠結建健験固功好
産散残氏司試児治滋辞鹿失借種周祝順初松笑唱焼照城縄臣信井成省清静席積折節説浅戦選然争
戦候積黄埼佐差菜虹働特徳栃奈梨熱念敗梅博阪飯飛必票標不夫付府阜富副兵別辺変便包法望牧末
類令冷例連老労録圧囲移因永営衛易益液演応往桜可仮価河過快解格確額刊幹慣眼紀基寄規喜技
術飛現減故個護効厚耕航鉱構興講告混査再災妻採際在財罪殺雑酸賛士支史志枝師資飼示似識
常情織職制性政勢精製税責績接設絶祖宗総造像増則測属率損貸態団断築庁張停提程適統堂銅導
得毒独任式復複仏粉編弁保墓報豊防貿暴脈務夢迷綿輸余容略留領歴胃異遺域宇映延沿恩我灰拡
革閣割株幹危机揮貴疑吸旧救居許境共協胸勤筋系敬警劇激穴券絹権憲源厳己呼誤后孝皇紅鋼刻穀骨困砂座済裁策冊蚕至私姿視詞誌磁

제3과
초등학교 2학년 교육한자

Clip 01
초등학교 2학년 교육한자

[학습내용]

☐ 초등학교 2학년 교육한자 160자 중 20자의 音, 訓 학습

☐ 해당한자와 관련된 단어학습과 쓰기연습

場色食心新親図数西声星晴切雪船線前組走多

[학습목표]

☐ 초등학교 2학년 교육한자 160자 중 20자의 音, 訓을 학습하여 이해할 수 있다.

☐ 해당한자와 관련된 단어학습과 쓰기연습을 통해 일본에서의 실생활에 활용할 수 있다.

場	一 十 土 圤 圹 珇 坦 坦 坍 場 場 場
마당 **장** 획수: 12 부수: 土 (つちへん)	 음 ジョウ　훈 ば 예 入場(ニュウジョウ 입장) 　場所(ばしょ 장소)

色	ノ ク ᄼ ᄼ 色 色
색 **색** 획수: 6 제부수: 色 (いろ)	色 色 色 色 色 色 음 ショク, シキ　훈 いろ 예 原色(ゲンショク 원색), 色調(シキチョウ 색조) 　色(いろ 색)

食	ノ 入 へ 今 今 今 食 食 食
먹을 **식** 획수: 9 제부수: 食 (しょく)	 음 ショク, ジキ　훈 くう, くらう, たべる 예 食品(ショクヒン 식품), 断食(ダンジキ 단식) 　食う(くう 먹다), 食らう(くらう 먹다, 먹고 살다, 당하다), 食べる(たべる 먹다)

心	ヽ 心 心 心
마음 **심** 획수: 4 제부수: 心 (こころ)	 음 シン　훈 こころ 예 心身(シンシン 심신) 　心(こころ 마음)

新	＇ 亠 亠 立 立 立 辛 辛 辛 亲 亲ˊ 新 新 新
새로울 신 획수: 13 부수: 斤 (おのづくり)	新 新 新　新 新 新
	음 シン　훈 あたらしい, あらた, にい 예 革新(カクシン 혁신) 新しい(あたらしい 새롭다), 新ただ(あらただ 새롭다), 新妻(にいづま 새댁)

親	＇ 亠 亠 立 立 立 辛 辛 辛 亲 亲 亲ㅣ 亲月 亲見 親 親
친할 친 획수: 16 부수: 見 (みる)	親 親 親　親 親 親
	음 シン　훈 おや, したしい, したしむ 예 親交(シンコウ 친교) 親(おや 부모), 親しい(したしい 친하다), 親しむ(したしむ 친하게 지내다, 즐기다)

図	｜ 冂 冂 冂 図 図 図	圖
그림 도 획수: 7 부수: 囗 (くにがまえ)	図 図 図　図 図 図	
	음 ズ, ト　훈 はかる 예 図表(ズヒョウ 도표), 意図(イト 의도) 図る(はかる 도모하다, 꾀하다)	

数	＇ 丶 丶 平 半 米 米 类 娄 娄ˊ 娄ㄐ 数 数	數
셀 수 획수: 13 부수: 攵 (ぼくづくり)	数 数 数　数 数 数	
	음 スウ, ス　훈 かず, かぞえる 예 数値(スウチ 수치), 数寄屋(スキヤ 다실) 数(かず 수), 数える(かぞえる 세다)	

西	一 ㄷ ㄇ ㄈ 西 西

서녘 서 획수: 6 제부수: 西 (にし)	음 セイ, サイ　훈 にし 예 西部(セイブ 서부), 西海(サイカイ 서해) 　西(にし 서쪽)

声	一 十 士 吉 声 吉 声　　　　　　　　　　　聲

소리 성 획수: 7 부수: 士 (さむらいかんむり) 구자체부수: 耳 (みみ)	음 セイ, ショウ　훈 こえ, こわ 예 声援(セイエン 성원), 去声(キョショウ 거성) 　声(こえ 소리), 声遣い(こわづかい 말투, 어조)

星	丨 冂 冂 日 日 尸 早 早 星 星
별 성 획수: 9 부수: 日 (ひ)	음 セイ, ショウ　훈 ほし 예 衛星(エイセイ 위성), 明星(ミョウジョウ 금성, 가장 뛰어난 사람) 　星(ほし 별)

晴	丨 冂 冂 日 日 旷 旷 晴 晴 晴 晴 晴　　　晴
개일 청 획수: 12 부수: 日 (ひへん)	음 セイ　훈 はれる, はらす 예 晴天(セイテン 청천) 　晴れる(はれる (하늘이)개다), 晴らす(はらす (의심, 기분을)풀다)

切	一 七 切 切						
끊을 절 획수: 4 부수: 刀 (かたな)	切	切	切	切 切 切			

음 セツ, サイ　훈 きる, きれる
예 切断(セツダン 절단), 一切(イッサイ 일체)
切る(きる 자르다), 切れる(きれる 끊어지다, 예리하다)

雪	一 ⺊ ⺊ ⺕ 雪 雪 雪 雪 雪 雪 雪						
눈 설 획수: 11 부수: 雨 (あめかんむり)	雪	雪	雪	雪 雪 雪			

음 セツ　훈 ゆき
예 雪辱(セツジョク 설욕)
雪(ゆき 눈)

船	⺉ ⺊ 片 片 片 舟 舟 舟 舟 舟 船 船						
배 선 획수: 11 부수: 舟 (ふねへん)	船	船	船	船 船 船			

음 セン　훈 ふね, ふな
예 船員(センイン 선원)
船(ふね 배), 船積み(ふなづみ 선적, 배에 짐을 실음)

線							
줄 선 획수: 15 부수: 糸 (いとへん)	線	線	線	線 線 線			

음 セン　훈
예 点線(テンセン 점선)

前 앞 **전** 획수: 9 부수: 刀(刂) (りっとう)	丶 丷 前 前 前 前 首 首 前 前 前　前　前　　前 前 前 [음] ゼン　[훈] まえ [예] 以前(イゼン 이전) 　　前(まえ 앞)
組 짤 **조** 획수: 11 부수: 糸 (いとへん)	㇄ ㇄ 纟 纟 糸 糸 糺 紀 組 組 組 組　組　組　　組 組 組 [음] ソ　[훈] くむ, くみ [예] 組成(ソセイ 조성) 　　組む(くむ 한패가 되다, 맞붙다), 組み立て(くみたて 조립, 구성)
走 달릴 **주** 획수: 7 제부수: 走 (はしる)	一 十 土 キ キ 走 走 走　走　走　　走 走 走 [음] ソウ　[훈] はしる [예] 走行(ソウコウ 주행) 　　走る(はしる 달리다)
多 많을 **다** 획수: 6 부수: 夕 (ゆうべ)	ノ ク タ タ 多 多 多　多　多　　多 多 多 [음] タ　[훈] おおい [예] 多数(タスウ 다수) 　　多い(おおい 많다)

제3과 초등학교 2학년 교육한자

1. 入場 _____

2. 色調 _____

3. 断食 _____

4. 心身 _____

5. 新妻 _____

6. 親交 _____

7. 図る _____

8. 数 _____

9. 西海 _____

10. 声遣い _____

11. 衛星 _____

12. 晴天 _____

13. 一切 _____

14. 雪辱 _____

15. 船積み _____

16. 点線 _____

17. 以前 _____

18. 組み立て _____

19. 走行 _____

20. 多数 _____

胡向辛港号根茶皿仕死使始指歯詩次事持式実写者主守取酒受州拾終習集住重宿所著坊昭消商章
想息速族他打対待代第題炭短談着注柱丁帳調追定庭笛鉄転都度投豆島湯登等動童農波配倍箱畑
部服福物平返勉放味命面問役薬由油有遊予羊洋葉陽様落流旅両緑礼列練路和愛案以衣位茨印英
冬栄泳完官管関観願岐希季旗器機議求泣給挙漁共協鏡競極熊訓軍郡群径景芸欠結建健験固功好
産散残氏司試児治滋辞鹿失借種周祝順初松笑唱焼照城縄臣信井成省清静席積折節説浅戦選然争
低底的典伝徒努灯働特徳栃奈梨熱念敗梅博阪飯飛必票標不夫付府阜富副兵別辺変便包法望牧末
類令冷例連老労録圧囲移因求営衛易益液演応往桜可仮価河過快解格確額刊幹慣眼紀基寄規喜技
埼昨札殺故個護効厚耕航鉱構興講告混査再災妻採際在財罪殺雑酸賛士支史志枝師資飼示似識
常情織職制性政勢精製税責積接設絶祖素総造像増則測属率損貸態団断築貯張停提程適統堂銅導
得毒独任燃能破犯判版比肥非費備俵評貧布婦武復複仏粉編弁保墓報豊防貿暴脈務夢迷綿輸余容略留領歴厚異遺域宇映延沿恩我灰拡
革系敬警劇激穴券絹権憲源厳己呼誤后孝皇紅降鋼刻穀骨困砂座済裁策冊蚕至私姿視詞誌
磁射捨尺若樹収宗就衆従縦縮熟純処署諸除将傷障蒸針仁垂推寸盛聖誠宣専泉洗染銭善奏窓創装層操蔵臓存尊宅担探誕段暖値宙忠著庁頂潮賃痛展討党糖届難乳認納脳派拝背肺俳班晩否批秘腹奮並陛閉片補暮宝訪亡忘棒枚幕密盟模訳郵優預幼欲翌乱卵覧裏律臨朗論

Clip 02
초등학교 2학년 교육한자

□ 초등학교 2학년 교육한자 160자 중 20자의 音, 訓 학습
□ 해당한자와 관련된 단어학습과 쓰기연습

太体台地池知茶昼長鳥朝直通弟店点電刀冬当

□ 초등학교 2학년 교육한자 160자 중 20자의 音, 訓을 학습하여 이해할 수 있다.
□ 해당한자와 관련된 단어학습과 쓰기연습을 통해 일본에서의 실생활에 활용할 수 있다.

太

一ナ大太

太 太 太

클 태
획수: 4
부수: 大
(だい)

음 タイ, タ　훈 ふとい, ふとる
예 太鼓(タイコ 북), 丸太(マルタ 통나무)
太い(ふとい 굵다, 담대하다), 太る(ふとる 살찌다, 불어나다)

体

ノ イ 仁 什 休 休 体

体 体 体

體

몸 체
획수: 7
부수: 人
(にんべん)
구자체부수: 骨
(ほねへん)

음 タイ, テイ　훈 からだ
예 主体(シュタイ 주체), 風体(フウテイ 풍채, 외관, 옷차림)
体(からだ 몸)

台

ノ ム 台 台 台

台 台 台

臺

누각 대
획수: 5
부수: 口
(くち)
구자체부수: 至
(いたる)

음 ダイ, タイ　훈
예 灯台(トウダイ 등대), 舞台(ブタイ 무대)

地

一 十 土 圹 圸 地

地 地 地

땅 지
획수: 6
부수: 土
(つちへん)

음 チ, ジ　훈
예 地下(チカ 지하), 地面(ジメン 지면)

池	 ` ` ⺡ ⺡ 沁 池 池							
	池	池	池	池	池	池		
연못 지 획수: 6 부수: 水(⺡) (さんずい)	음 チ 훈 いけ 예 貯水池(チョスイチ 저수지) 　池(いけ 연못)							

知	ノ ⺊ ⺁ 矢 矢 知 知 知							
	知	知	知	知	知	知		
알 지 획수: 8 부수: 矢 (やへん)	음 チ 훈 しる 예 知人(チジン 지인) 　知る(しる 알다)							

茶	 一 十 艹 艹 艾 苾 苳 茶 茶							
	茶	茶	茶	茶	茶	茶		
차 다 획수: 9 부수: 艹 (くさかんむり)	음 チャ, サ 훈 예 番茶(バンチャ 질이 낮은 엽차), 茶飯事(サハンジ 다반사, 예사로운 일)							

昼	⺄ ⺕ 尸 尺 尺 屏 屌 昼 昼							晝
	昼	昼	昼	昼	昼	昼		
낮 주 획수: 9 부수: 日 (ひ)	음 チュウ 훈 ひる 예 昼夜(チュウヤ 주야) 　昼寝(ひるね 낮잠)							

長	丨 厂 丆 午 乕 乕 兵 長
길 **장** 획수: 8 제부수: 長 (ながい)	 **음** チョウ　**훈** ながい **예** 成長(セイチョウ 성장) 　　長い(ながい 길다)

鳥	´ 丨 冂 冃 ㇁ 皀 鳥 鳥 鳥 鳥 鳥
새 **조** 획수: 11 제부수: 鳥 (とり)	鳥 鳥 鳥　鳥 鳥 鳥 **음** チョウ　**훈** とり **예** 鳥銃(チョウジュウ 조총) 　　鳥(とり 새)

朝	一 十 十 古 吉 吉 直 卓 朝 朝 朝 朝
아침 **조** 획수: 12 부수: 月 (つき)	朝 朝 朝　朝 朝 朝 **음** チョウ　**훈** あさ **예** 朝食(チョウショク 조식) 　　朝(あさ 아침)

直	一 十 十 方 古 吉 直 直
곧을 **직** 획수: 8 부수: 目 (め)	直 直 直　直 直 直 **음** チョク, ジキ　**훈** ただちに, なおす, なおる **예** 直接(チョクセツ 직접), 正直(ショウジキ 정직) 　　直ちに(ただちに 곧, 즉각), 直す(なおす 고치다), 直る(なおる 고쳐지다, 바로잡 　　히다)

제3과 초등학교 2학년 교육한자

通

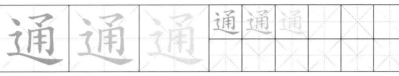

ー マ マ マ 丙 丙 甬 甬 涌 通 通

통할 **통**
획수: 10
부수: 辶
(しんにょう)

[음] ツウ, ツ　[훈] とおる, とおす, かよう
[예] 通帳(ツウチョウ 통장), 通夜(ツヤ 죽은 사람의 유해를 지키기 위해 밤샘)
　　 通る(とおる 지나가다), 通す(とおす 통과시키다), 通う(かよう 다니다, 왕래하다)

弟

ヽ ゛ ゛ ゛ ゛ 弟 弟

아우 **제**
획수: 7
부수: 弓
(ゆみ)

[음] ダイ, テイ, デ　[훈] おとうと
[예] 兄弟(キョウダイ 형제), 弟妹(テイマイ 아우와 여동생), 弟子(デシ 제자)
　　 弟(おとうと 남동생)

店

丶 亠 广 广 庐 庐 店 店

가게 **점**
획수: 8
부수: 广
(まだれ)

[음] テン　[훈] みせ
[예] 開店(カイテン 개점)
　　 店(みせ 가게)

点

丨 卜 ┠ 卢 占 占 占 点 点　　　　　　　　　　點

점 **점**
획수: 9
부수: 灬
(したごころ)
구자체부수: 黒
(くろ)

[음] テン　[훈]
[예] 採点(サイテン 채점)

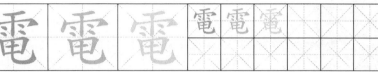

電

번개 **전**
획수: 13
부수: 雨
(あめかんむり)

一 厂 厅 帀 乔 雨 雨 雨 雷 雷 雷 雷 電

電 電 電　電 電 電

음 デン　훈
예 電波(デンパ 전파)

刀

칼 **도**
획수: 2
제부수: 刀
(かたな)

フ 刀

刀 刀 刀　刀 刀 刀

음 トウ　훈 かたな
예 刀剣(トウケン 도검)
　刀(かたな (외날)칼)

冬

겨울 **동**
획수: 5
부수: 冫
(にすい)

ノ ク 夂 冬 冬

冬 冬 冬　冬 冬 冬

음 トウ　훈 ふゆ
예 冬眠(トウミン 동면)
　冬(ふゆ 겨울)

当

마땅할 **당**
획수: 6
부수: 小
(しょうがしら)
구자체부수: 田
(た)

丨 丬 半 当 当 当　　　　　　　　　當

当 当 当　当 当 当

음 トウ　훈 あたる, あてる
예 妥当(ダトウ 타당)
　当たる(あたる 맞다, 들어맞다), 当てる(あてる 대다, 맞히다)

평가하기

1. 太鼓 _____

2. 風体 _____

3. 灯台 _____

4. 地面 _____

5. 貯水池 _____

6. 知人 _____

7. 茶飯事 _____

8. 昼寝 _____

9. 成長 _____

10. 鳥銃 _____

11. 朝食 _____

12. 正直 _____

13. 通夜 _____

14. 弟子 _____

15. 開店 _____

16. 採点 _____

17. 電波 _____

18. 刀剣 _____

19. 冬眠 _____

20. 妥当 _____

湖向幸港号根荼血仕死使始指畵詩次事持式実男者主守取酒受州拾終習集住重宿所署功昭消商章
想息速族他打対待代第題炭短談着注柱丁帳調追定庭苗鉄転都度投豆島湯登等動童農波配倍箱畑
部服福物平返勉放味命面問役藥由油有遊予羊洋葉陽様落流旅両緑礼列練路和愛案以衣位茨印英
多營潟完官管関観願岐希季旗器機議求泣給挙漁共協鏡競極熊訓軍郡群径景芸欠結建健験固功好
産散残氏司試児治滋辞鹿失借種周祝順初松笑唱焼照城縄臣信井成省清静席積折節説浅戦選然争
低底的典伝徒努灯働特德栃奈梨熱念敗梅博阪飯飛必票標不夫付府阜富副兵別辺変便包法望牧末
類令冷例連老労録圧囲移因永営衛易益液演応往桜可仮価河過快解格確額刊幹慣眼紀基寄規喜技
義逆久旧居許境均禁句群経潔件減故個護効厚耕航鉱構興講告混查再災妻採際在財罪殺雑酸賛士支史志枝師資飼示似識
常情織職制性政勢精製税責績接設絶祖素総造像増則測属率損貸態団断築貯張停提程適統堂銅導
許得武復複仏粉編弁保墓報豊防貿暴脈務夢迷綿輸余容略留領歴胃異遺域宇映延沿恩我灰拡
閣革敬警劇激穴券絹権憲源厳己呼誤后孝皇紅降鋼刻穀骨困砂座済裁策冊蚕至私姿視詞誌
磁射捨尺若樹収宗就衆従縦縮熟純処署諸除承将傷障蒸針仁垂推寸盛聖誠宣専泉洗染銭善奏窓創装層操蔵臓存尊宅担探誕段暖値宙忠著庁頂潮賃痛展討党糖届難乳認納脳派拝背肺俳班晩否批秘俵腹奮並陛閉片補暮宝訪亡忘棒枚幕密盟模訳郵優幼欲翌乱卵覽裏律臨朗論

Clip 03

초등학교 2학년 교육한자

[학습내용]

☐ 초등학교 2학년 교육한자 160자 중 20자의 音, 訓 학습
☐ 해당한자와 관련된 단어학습과 쓰기연습

東 答 頭 同 道 読 内 南 肉 馬 売 買 麦 半 番 父 風 分 聞 米

[학습목표]

☐ 초등학교 2학년 교육한자 160자 중 20자의 音, 訓을 학습하여 이해할 수 있다.
☐ 해당한자와 관련된 단어학습과 쓰기연습을 통해 일본에서의 실생활에 활용할 수 있다.

東 동녘 **동** 획수: 8 부수: 木 (き)	一 ㄱ ㄲ ㆆ 百 亘 車 東 東		
	東 東 東 東 東 東		
	[音] トウ　　[訓] ひがし [例] 東北(トウホク 동북, 동쪽과 북쪽) 　　東(ひがし 동쪽)		

答 대답할 **답** 획수: 12 부수: 竹 (たけかんむり)	ノ ト ケ ゲ ゲ 竹 竺 笑 笑 笑 答 答		
	答 答 答 答 答 答		
	[音] トウ　　[訓] こたえる, こたえ [例] 答弁(トウベン 답변) 　　答える(こたえる 대답하다), 答え(こたえ 대답)		

頭 머리 **두** 획수: 16 부수: 頁 (おおがい)	一 ㄱ ㆆ 戸 卢 戸 豆 豆 豇 頭 頭 頭 頭 頭 頭 頭		
	頭 頭 頭 頭 頭 頭		
	[音] トウ, ズ, ト　　[訓] あたま, かしら [例] 頭髪(トウハツ 두발), 頭痛(ズツウ 두통), 音頭(オンド 선창) 　　頭(あたま 머리), 頭文字(かしらもじ 머리글자)		

同 같을 **동** 획수: 7 부수: 口 (くち)	丨 冂 冂 同 同 同		
	同 同 同 同 同 同		
	[音] ドウ　　[訓] おなじ [例] 同情(ドウジョウ 동정) 　　同じ(おなじ 같음, 동일)		

道	` ` ` ⺍ ⺶ ⺶ 首 首 首 首 道 道						
	道	道	道	道	道	道	

길 도
획수: 12
부수: 辶
(しんにょう)

음 ドウ, トウ　**훈** みち
예 報道(ホウドウ 보도), 神道(シントウ 신도)
　　道端(みちばた 길 가)

読	` ` ⺊ ⺊ ⻌ ⾔ ⾔ ⾔ 訪 読 読 読 読 読　　　讀
	読 読 読 読 読 読

읽을 독
획수: 14
부수: 言
(ごんべん)

음 ドク, トク, トウ　**훈** よむ
예 音読(オンドク 음독), 読本(トクホン 독본), 読点(トウテン 독점)
　　読む(よむ 읽다)

内	丨 冂 内 内
	内 内 内 内 内 内

안 내
획수: 4
부수: 冂
(けいがまえ)

음 ナイ, ダイ　**훈** うち
예 内容(ナイヨウ 내용), 内裏(ダイリ 천황이 사는 대궐)
　　内(うち 안, 이내)

南	一 十 广 内 内 南 南 南 南
	南 南 南 南 南 南

남녘 남
획수: 9
부수: 十
(じゅう)

음 ナン, ナ　**훈** みなみ
예 南端(ナンタン 남단), 南無三宝(ナムサンボウ 불・법・승의 삼보에 귀의함)
　　南(みなみ 남쪽)

肉	丨 冂 内 内 肉 肉		
고기 **육** 획수: 6 제부수: 肉 (にく)	肉　肉　肉 **음** ニク　**훈** **예** 肉類(ニクルイ 육류)		

馬	丨 厂 F F 馬 馬 馬 馬 馬 馬		
말 **마** 획수: 10 제부수: 馬 (うま)	馬　馬　馬 **음** バ　**훈** うま, ま **예** 競馬(ケイバ 경마) 　　馬(うま 말), 馬子(まご 마부)		

売	一 十 士 声 声 声 売　　　　　　　　賣		
팔 **매** 획수: 7 부수: 儿 (ひとあし) 구자체부수: 貝 (かい)	売　売　売 **음** バイ　**훈** うる, うれる **예** 売店(バイテン 매점) 　　売る(うる 팔다), 売れる(うれる 팔리다)		

買	丨 冂 罒 罒 罒 罒 罒 買 買 買		
살 **매** 획수: 12 부수: 貝 (かい)	買　買　買 **음** バイ　**훈** かう **예** 売買(バイバイ 매매) 　　買う(かう 사다)		

一 二 圭 圭 夷 夷 麦

보리 **맥**
획수: 7
제부수: 麦
(むぎ)

음 バク 훈 むぎ

예 麦芽(バクガ 맥아, 보리싹)
　 麦(むぎ 보리)

、 ゾ 二 半 半

반 **반**
획수: 5
부수: 十
(じゅう)

음 ハン 훈 なかば

예 大半(タイハン 대부분)
　 半ば(なかば 반, 중순)

一 二 二 四 平 平 来 釆 番 番 番 番

차례 **번**
획수: 12
부수: 田
(た)

음 バン 훈

예 順番(ジュンバン 순번, 순서)

ノ ハ グ 父

아비 **부**
획수: 4
제부수: 父
(ちち)

음 フ 훈 ちち

예 父母(フボ 부모)
　 父(ちち 아버지)

風 바람 풍 획수: 9 제부수: 風 (かぜ)	ノ 几 凡 凡 凤 凮 風 風 風 風 風 風 風風風 음 フウ, フ　훈 かぜ, かざ 예 強風(キョウフウ 강풍), 風情(フゼイ 풍치, 운치) 風(かぜ 바람), 風脚(かざあし 바람의 속도, 풍속)
分 나눌 분 획수: 4 부수: 刀 (かたな)	ノ 八 分 分 分 分 分  음 ブン, フン, ブ　훈 わける, わかれる, わかる, わかつ 예 水分(スイブン 수분), 五分(ゴフン 5분), 五分五分(ゴブゴブ 비등함) 分ける(わける 나누다), 分かれる(わかれる 갈라지다, 나누어지다) 分かる(わかる 알다, 이해하다), 分かつ(わかつ 나누다)
聞 들을 문 획수: 14 부수: 耳 (みみ)	丨 冂 冂 冃 冃 冂 門 門 門 門 問 問 聞 聞 聞 聞 聞 聞 聞 聞 聞 음 ブン, モン　훈 きく, きこえる 예 伝聞(デンブン 전문), 聴聞会(チョウモンカイ 청문회) 聞く(きく 듣다), 聞こえる(きこえる 들리다)
米 쌀 미 획수: 6 제부수: 米 (こめ)	丶 丷 半 半 米 米 米 米 米 米 米 米 음 ベイ, マイ　훈 こめ 예 米軍(ベイグン 미군), 精米(セイマイ 정미) 米(こめ 쌀)

1. 東北   _____

2. 答弁   _____

3. 頭文字   _____

4. 同情   _____

5. 道端   _____

6. 読点   _____

7. 内裏   _____

8. 南端   _____

9. 肉類   _____

10. 競馬   _____

11. 売店 _____

12. 売買 _____

13. 麦 _____

14. 半ば _____

15. 順番 _____

16. 父母 _____

17. 風脚 _____

18. 五分五分 _____

19. 聴聞会 _____

20. 精米 _____

Clip 04

초등학교 2학년 교육한자

[학습내용]

☐ 초등학교 2학년 교육한자 160자 중 20자의 音, 訓 학습

☐ 해당한자와 관련된 단어학습과 쓰기연습

步 母 方 北 毎 妹 万 明 鳴 毛 門 夜 野 友 用 曜 来 里 理 話

[학습목표]

☐ 초등학교 2학년 교육한자 160자 중 20자의 音, 訓을 학습하여 이해할 수 있다.

☐ 해당한자와 관련된 단어학습과 쓰기연습을 통해 일본에서의 실생활에 활용할 수 있다.

歩

걸을 **보**
획수: 8
부수: 止
(とめる)

丨 ┠ ┠ 步 步 步 㐆 歩   歩

歩 歩 歩   歩 歩 歩

[음] ホ, ブ, フ   [훈] あるく, あゆむ
[예] 歩道(ホドウ 보도), 歩合(ブアイ 비율), 歩(フ 일본장기의 졸)
　　歩く(あるく 걷다, 산책하다), 歩む(あゆむ 걷다, 나아가다)

母

어미 **모**
획수: 5
제부수: 母
(はは)

母 母 母   母 母 母

[음] ボ   [훈] はは
[예] 母胎(ボタイ 모태)
　　母(はは 어머니)

方

방향 **방**
획수: 4
제부수: 方
(ほう)

丶 ㇒ 方 方

方 方 方   方 方 方

[음] ホウ   [훈] かた
[예] 地方(チホウ 지방)
　　方(かた 분)

北

북녘 **북**
획수: 5
부수: ヒ
(ひ)

一 ㇒ ㇒ ㇔ 北

北 北 北   北 北 北

[음] ホク   [훈] きた
[예] 北端(ホクタン 북단)
　　北(きた 북쪽)

112

毎

항상 **매**
획수: 6
부수: 毋
(なかれ)

丿 ﾉ 仁 𠂉 每 每　　　　　　　　　　　　　每

음 マイ　훈
예 毎日(マイニチ 매일)

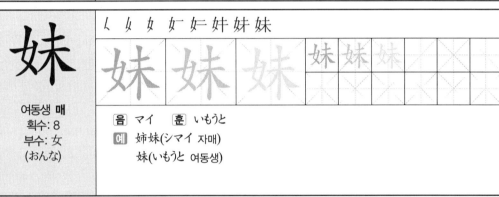

妹

여동생 **매**
획수: 8
부수: 女
(おんな)

𡿦 𡿦 女 女⁻ 𡿦 妋 妹 妹

음 マイ　훈 いもうと
예 姉妹(シマイ 자매)
　 妹(いもうと 여동생)

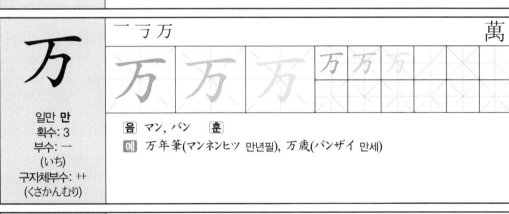

万

일만 **만**
획수: 3
부수: 一
(いち)
구자체부수: ++
(くさかんむり)

一 𠃌 万　　　　　　　　　　　　　　萬

음 マン, バン　훈
예 万年筆(マンネンヒツ 만년필), 万歳(バンザイ 만세)

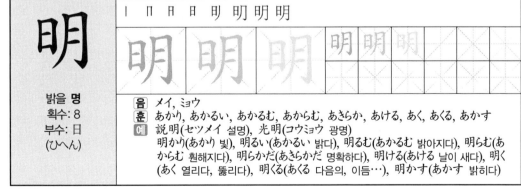

明

밝을 **명**
획수: 8
부수: 日
(ひへん)

丨 冂 冂 日 即 明 明 明

음 メイ, ミョウ
훈 あかり, あかるい, あかるむ, あからむ, あきらか, あける, あく, あくる, あかす
예 説明(セツメイ 설명), 光明(コウミョウ 광명)
　 明かり(あかり 빛), 明るい(あかるい 밝다), 明るむ(あかるむ 밝아지다), 明らむ(あ
　 からむ 훤해지다), 明らかだ(あきらかだ 명확하다), 明ける(あける 날이 새다), 明く
　 (あく 열리다, 뚫리다), 明くる(あくる 다음의, 이듬…), 明かす(あかす 밝히다)

鳴 울 명 획수: 14 부수: 鳥 (とり)	 I Ⅱ Ⅱ 叩 吖 吖 咆 唑 嘌 鳴 鳴 鳴 鳴 鳴 鳴 鳴 鳴 鳴 鳴 鳴 음 メイ　훈 なく, なる, ならす 예 悲鳴(ヒメイ 비명) 　鳴く(なく 울다), 鳴る(なる 울리다), 鳴らす(ならす 울리다, 떨치다)
毛 털 모 획수: 4 제부수: 毛 (け)	一 二 三 毛 毛 毛 毛 毛 毛 毛 음 モウ　훈 け 예 毛髪(モウハツ 모발) 　毛(け 털)
門 문 문 획수: 8 제부수: 門 (もん)	I Ⅱ Ⅱ Ⅱ Ⅱ 門 門 門 門 門 門 門 門 門 음 モン　훈 かど 예 専門(センモン 전문, 전공) 　門出(かどで 집을 나섬, 여행을 떠남)
夜 밤 야 획수: 8 부수: 夕 (ゆうべ)	ㆍ 亠 广 疒 疒 夜 夜 夜 夜 夜 夜 夜 夜 夜 음 ヤ　훈 よ, よる 예 深夜(シンヤ 심야) 　夜中(よなか 밤중, 심야), 夜(よる 밤)

野	｜ 冂 日 日 甲 甲 里 野 野 野 野
들 야 획수: 11 부수: 里 (さとへん)	野 野 野 野 野 野 음 ヤ　훈 の 예 野外(ヤガイ 야외) 　　野風(のかぜ 들에서 부는 바람)

友	一 ナ 方 友
벗 우 획수: 4 부수: 又 (また)	友 友 友 友 友 友 음 ユウ　훈 とも 예 友好(ユウコウ 우호) 　　友達(ともだち 친구)

用	ノ 刀 月 月 用
쓸 용 획수: 5 제부수: 用 (もちいる)	用 用 用 用 用 用 음 ヨウ　훈 もちいる 예 使用(シヨウ 사용) 　　用いる(もちいる 쓰다.사용하다)

曜	｜ 冂 冃 日 日' 日' 日' 日^ヨ 日^ヨ 日^ヨ 日^ヨ 旧尹 旧尹 𣇵 𣇵 曜 曜
요일 요 획수: 18 부수: 日 (ひへん)	曜 曜 曜 曜 曜 曜 음 ヨウ　훈 예 曜日(ヨウビ 요일)

来	ー ァ ゥ ਜ 平 来 来									來
来	来	来	来	来	来				

올 래
획수: 7
부수: 木
(き)
구자체부수: 人
(ひと)

음 ライ　훈 くる, きたる, きたす
예 往来(オウライ 왕래)
　来る(くる 오다), 来る(きたる 오는, 이번), 来す(きたす 초래하다, 일으키다)

里	l 冂 冂 日 日 甲 里 里
	里　里　里　里 里 里

마을 리
획수: 7
제부수: 里
(さと)

음 リ　훈 さと
예 千里眼(センリガン 천리안)
　里(さと 마을)

理	ー T F ∓ 王 玗 玾 玾 玾 理 理
	理　理　理　理 理 理

이치 리
획수: 11
부수: 王
(たまへん)

음 リ　훈
예 理想(リソウ 이상)

話	` ー ニ 言 言 言 言 計 計 計 話 話
	話　話　話　話 話 話

말씀 화
획수: 13
부수: 言
(ごんべん)

음 ワ　훈 はなす, はなし
예 童話(ドウワ 동화)
　話す(はなす 말하다), 話(はなし 이야기)

1. 歩合 _____

2. 母胎 _____

3. 地方 _____

4. 北端 _____

5. 毎日 _____

6. 姉妹 _____

7. 万歳 _____

8. 光明 _____

9. 鳴らす _____

10. 毛髪 _____

11. 門出 _____

12. 深夜 _____

13. 野風 _____

14. 友好 _____

15. 用いる _____

16. 曜日 _____

17. 往来 _____

18. 千里眼 _____

19. 理想 _____

20. 童話 _____

Clip 05

점검하기
초등학교 2학년 교육한자 Ⅱ

■ 다음의 한자표기어를 한국어 의미를 보고 알맞게 히라가나로 입력해 보세요.

1.　斷食(단식)　　　　　　　_____

2.　新妻(새댁)　　　　　　　_____

3.　声遣い(말투, 어조)　　　_____

4.　雪辱(설욕)　　　　　　　_____

5.　船積み(선적, 배에 짐을 실음)　_____

6.　風体(풍채, 외관, 옷차림)　_____

7.　茶飯事(다반사, 예사로운 일)　_____

8.　昼寝(낮잠)　　　　　　　_____

9.　通夜(죽은 사람의 유해를 지키기 위해 밤샘)　_____

10.　冬眠(동면)　　　　　　　_____

11. 頭文字(머리글자) ＿＿＿＿＿＿＿＿＿＿＿＿

12. 読点(독점) ＿＿＿＿＿＿＿＿＿＿＿＿

13. 南端(남단) ＿＿＿＿＿＿＿＿＿＿＿＿

14. 風脚(바람의 속도, 풍속) ＿＿＿＿＿＿＿＿＿＿＿＿

15. 聴聞会(청문회) ＿＿＿＿＿＿＿＿＿＿＿＿

16. 歩合(비율) ＿＿＿＿＿＿＿＿＿＿＿＿

17. 万歳(만세) ＿＿＿＿＿＿＿＿＿＿＿＿

18. 門出(집을 나섬, 여행을 떠남) ＿＿＿＿＿＿＿＿＿＿＿＿

19. 野風(들에서 부는 바람) ＿＿＿＿＿＿＿＿＿＿＿＿

20. 千里眼(천리안) ＿＿＿＿＿＿＿＿＿＿＿＿

湖向李港号根茶皿仕死使始指齒詩次事持弍第写者主守取酒受州拾終習集住重宿所著助昭消商
想息速族他打对待代第題炭短談着注柱丁帳調追定庭笛鉄転都度投豆島湯登等動童農波配倍箱
部服福物平返勉放味命面周役革由油有遊予羊洋菜陽様落流旅両緑礼列練路和愛案以衣位茨印
完官管関観願岐希季旗器機議求泣給挙漁共協鏡競極熊訓軍郡群径景芸欠結建健験固功
産散残氏司試児治滋辞鹿失借種周祝順初松笑唱焼照城縄臣信井成省清静席積折節説浅戦選然
低底的典伝徒灯働特徳栃奈梨熱念敗梅博阪飯飛必票標不夫付府阜富副兵別辺変便包法望牧
類令冷例連老労録圧固移因求営衛易益液演央往桜可仮価河過快解格確額刊幹慣眼紀基寄規喜
減故個護効厚耕航鉱構興講告混査再災妻採際在財罪殺雑酸賛士支史志枝師資飼示似
常情織職制性政勢精製税責積接設絶祖素総造像増則測属率損貸態団断築貯張停提程適統堂銅
復複仏粉編弁保墓報豊防貿暴脈務夢迷綿輸余容略留領歴冑異遺域宇映延沿恩我灰拡
敬警劇激穴券絹権憲源厳己呼誤后孝皇紅鋼刻穀困砂座済裁策冊蚕至私姿視詞

제4과
초등학교 3학년 교육한자

Clip 01
초등학교 3학년 교육한자

학습내용

□ 초등학교 3학년 교육한자 200자 중 20자의 音, 訓 학습
□ 해당한자와 관련된 단어학습과 쓰기연습

悪安暗医委意育員院飲運泳駅央横屋温化荷界

학습목표

□ 초등학교 3학년 교육한자 200자 중 20자의 音, 訓을 학습하여 이해할 수 있다.
□ 해당한자와 관련된 단어학습과 쓰기연습을 통해 일본에서의 실생활에 활용할 수 있다.

悪	一 厂 厂 戸 亜 亜 亜 悪 悪 悪 悪						悪
	悪	悪	悪	悪	悪	悪	

악할 **악**
획수: 11
부수: 心
(こころ)

음 アク, オ　훈 わるい
예 悪事(アクジ 악행, 못된 짓), 憎悪(ゾウオ 증오)
　　悪い(わるい 나쁘다)

安	' ' ' 宀 宀 安 安					

편안할 **안**
획수: 6
부수: 宀
(うかんむり)

음 アン　훈 やすい
예 不安(フアン 불안)
　　安い(やすい 쉽다)

暗	丨 日 日 日 日' 旷 旷 睁 晬 晬 暗 暗 暗					

어두울 **암**
획수: 13
부수: 日
(ひへん)

음 アン　훈 くらい
예 明暗(メイアン 명암)
　　暗い(くらい 어둡다)

医	一 厂 厂 区 巨 英 医						醫

의원 **의**
획수: 7
부수: 匚
(はこがまえ)
구자체부수: 酉
(ひよみのとり)

음 イ　훈
예 医療(イリョウ 의료)

委

맡길 **위**
획수: 8
부수: 女
(おんな)

一 二 千 禾 禾 禾 委 委

委 委 委 | 委 委 委

음 イ 　 훈 ゆだねる
예 委任(イニン 위임)
　 委ねる(ゆだねる 맡기다, 바치다)

意

뜻 **의**
획수: 13
부수: 心
(こころ)

亠 一 立 立 产 音 音 音 音 音 意 意 意

意 意 意 | 意 意 意

음 イ 　 훈
예 決意(ケツイ 결의)

育

기를 **육**
획수: 8
부수: 月(肉)
(にく)

亠 一 六 云 产 育 育 育

育 育 育 | 育 育 育

음 イク 　 훈 そだつ, そだてる, はぐくむ
예 発育(ハツイク 발육)
　 育つ(そだつ 자라다), 育てる(そだてる 기르다, 양육하다)
　 育む(はぐくむ 기르다, 키우다)

員

사람 **원**
획수: 10
부수: 口
(くち)

丿 口 口 尸 尸 尸 昌 昌 員 員

員 員 員 | 員 員 員

음 イン 　 훈
예 定員(テイイン 정원)

院	` ｱ ｦ ｦ′ ｦ゛ ｦ゛ ﾚｦ ﾚﾝ ﾚ雇 院
집 **원** 획수: 10 부수: 阝(阜) (こざとへん)	院 院 院　院 院 院 음 イン　훈 예 院長(インチョウ 원장)

飮	' ' ^ ^ ^ ^ ^ ^ ^ ^ ^ ^ ^ 飮 飮
마실 **음** 획수: 12 부수: 食 (しょくへん)	飮 飮 飮　飮 飮 飮 음 イン　훈 のむ 예 飮食(インショク 음식) 　　飮む(のむ 마시다)

運	' ｱ ｦ ｦ ｦ 冒 冒 冒 軍 軍 運 運
옮길 **운** 획수: 12 부수: 辶 (しんにょう)	運 運 運　運 運 運 음 ウン　훈 はこぶ 예 運命(ウンメイ 운명) 　　運ぶ(はこぶ 옮기다)

泳	` 丶 氵 氵 汀 汀 泳 泳
헤엄칠 **영** 획수: 8 부수: 水(氵) (さんずい)	泳 泳 泳　泳 泳 泳 음 エイ　훈 およぐ 예 泳法(エイホウ 영법) 　　泳ぐ(およぐ 수영하다)

駅	｜ 厂 厂 厂 厂 厍 馬 馬 馬 馬 馬 馬¬ 馬¬ 駅 駅									驛

駅

역 **역**
획수: 14
부수: 馬
(うまへん)

음 エキ　훈
예 駅長(エキチョウ 역장)

央	｜ 冂 口 央 央									

央

가운데 **앙**
획수: 5
부수: 大
(だい)

음 オウ　훈
예 中央(チュウオウ 중앙)

横	一 十 才 木 杧 杧 杧 杧 桟 桟 構 構 横 横									横

横

가로 **횡**
획수: 15
부수: 木
(きへん)

음 オウ　훈 よこ
예 横領(オウリョウ 횡령)
　横(よこ 가로)

屋	¬ ¬ 尸 尸 戸 戸 屏 屏 屋									

屋

집 **옥**
획수: 9
부수: 尸
(しかばね)

음 オク　훈 や
예 屋上(オクジョウ 옥상)
　屋根(やね 지붕)

温	` ` ` 氵 氵 沪 沪 沪 沪 沪 涓 涓 温 温
따뜻할 **온** 획수: 12 부수: 水(氵) (さんずい)	温 温 温　温 温 温
	음 オン　　훈 あたたか, あたたかい, あたたまる, あたためる
	예 温泉(オンセン 온천) 温か(あたたか 따뜻함), 温かい(あたたかい 따뜻하다), 温まる(あたたまる 따뜻해지다), 温める(あたためる 데우다)

化	ノ イ 亻 化
될 **화** 획수: 4 부수: 匕 (ひ)	化 化 化　化 化 化
	음 カ, ケ　　훈 ばける, ばかす
	예 化学(カガク 화학), 化粧品(ケショウヒン 화장품) 化ける(ばける 둔갑하다, 예상외로 변하다), 化かす(ばかす 호리다, 속이다)

荷	一 十 艹 艹 扩 芢 芢 荷 荷 荷
짐 **하** 획수: 10 부수: 艸 (くさかんむり)	荷 荷 荷　荷 荷 荷
	음 カ　　훈 に
	예 出荷(シュッカ 출하) 荷作り(にづくり 짐을 쌈, 짐 꾸리기)

界	丨 冂 冂 冊 冊 甲 甼 界 界
경계 **계** 획수: 9 부수: 田 (た)	界 界 界　界 界 界
	음 カイ　　훈
	예 境界(キョウカイ 경계)

제4과 초등학교 3학년 교육한자

1. 憎悪 _____

2. 不安 _____

3. 明暗 _____

4. 医療 _____

5. 委ねる _____

6. 決意 _____

7. 育む _____

8. 定員 _____

9. 院長 _____

10. 飲食 _____

11. 運ぶ _____

12. 泳法 _____

13. 駅長 _____

14. 中央 _____

15. 横領 _____

16. 屋根 _____

17. 温泉 _____

18. 化かす _____

19. 荷作り _____

20. 境界 _____

湖向幸港号根茶皿仕死使始指歯詩次事持式実写者主守取酒受州拾終習集住重宿所署助昭消商章
想息速族他打対待代第題炭短談着注柱丁帳調追定庭笛鉄転都度投豆島湯登等動童農波配倍箱知
部服福物平返勉放味命面問役薬由油有遊予羊洋葉陽様落流旅両緑礼列練路和愛案以衣位茨印英
各学渇完官管関観願岐希季旗器機議求泣給挙漁共協鏡競極熊訓軍郡群径景芸欠結建健験固功好
産散残氏司試児治滋辞鹿失借種周祝順初松笑唱焼照城縄臣信井成省清静席積折節説浅戦選然争
低底的典伝徒努灯働特徳栃奈梨熱念敗梅博阪飯飛必票標不夫付府阜富副兵別辺変便包法望牧末
類令冷例連老労録圧囲移因永営衛易益液演応往桜可仮価河過快解格確額刊幹慣眼紀基寄規喜技
術眼眼似減故個護効厚耕航鉱構興講告混査再災妻採際在財罪殺雑酸賛士支史志枝師資飼示似謝
常情織職制性政勢精製税責績接設絶祖素総造像増則測属率損貸態団断築貯張停提程適統堂銅導
導独毒武復複仏粉編弁保墓報豊防貿暴脈務夢迷綿輸余容略留領歴胃異遺域宇映延沿恩我灰拡
革格確敬警劇激穴券絹権憲源厳己呼誤后孝皇紅降鋼刻穀骨困砂座済裁策冊蚕至私姿視詞誌
磁射捨尺若樹収宗就舌宣専泉洗染銭善奏窓創装層操蔵臓存尊宅担探誕段暖値宙忠著庁頂腸潮賃
痛敵展討党糖届難乳認納脳派拝背肺俳班晩否批秘俵腹奮並陛閉片補暮宝訪亡忘棒枚幕密盟模訳郵

Clip 02

초등학교 3학년 교육한자

학습내용

☐ 초등학교 3학년 교육한자 200자 중 20자의 音, 訓 학습
☐ 해당한자와 관련된 단어학습과 쓰기연습

開 階 寒 感 漢 館 岸 起 期 客 究 急 級 宮 球 去 橋 業 曲 局

학습목표

☐ 초등학교 3학년 교육한자 200자 중 20자의 音, 訓을 학습하여 이해할 수 있다.
☐ 해당한자와 관련된 단어학습과 쓰기연습을 통해 일본에서의 실생활에 활용할 수 있다.

開	Ｉ Ｆ Ｆ Ｆ Ｐ Ｐ 門 門 門 門 閂 閂 開 開
開 열 개 획수: 12 부수: 門 (もんがまえ)	 음 カイ　훈 ひらく, ひらける, あく, あける 예 開始(カイシ 개시) 開く(ひらく 열리다, 열다), 開ける(ひらける 열리다, 트이다), 開く(あく 열리다), 開ける(あける 열다)
階 계단 계 획수: 12 부수: 阝(阜) (こざとへん)	７ ３ 阝 阝 阝 阝 阝 阝 阝 階 階 階  음 カイ　훈 예 階級(カイキュウ 계급)
寒 찰 한 획수: 12 부수: 宀 (うかんむり)	' '' 宀 宀 宀 宭 宭 窜 寐 寒 寒 寒 음 カン　훈 さむい 예 寒冷(カンレイ 한랭), 寒い(さむい 춥다)
感 느낄 감 획수: 13 부수: 心 (こころ)	） 厂 厂 厂 厂 斤 斤 咸 咸 咸 咸 感 感 感 음 カン　훈 예 感染(カンセン 감염)

漢	` ` ` シ ジ 汁 沽 浡 溝 漢 漢 漢 漢 漢
한나라 **한** 획수: 13 부수: 水(氵) (さんずい)	漢 漢 漢 　漢 漢 漢 음 カン　훈 예 漢詩(カンシ 한시)

館	ノ ハ ㅅ 夲 夯 夲 食 食 食゙ 食゙ 飰 飵 節 節 館 館　　館
집 **관** 획수: 16 부수: 食 (しょくへん)	館 館 館　館 館 館 음 カン　훈 예 旅館(リョカン 여관)

岸	` 屮 屮 岀 屵 岸 岸 岸
언덕 **안** 획수: 8 부수: 山 (やま)	岸 岸 岸　岸 岸 岸 음 ガン　훈 きし 예 海岸(カイガン 해안, 바닷가) 　　岸(きし 언덕)

起	一 十 士 丰 走 赱 走 起 起 起
일어날 **기** 획수: 10 부수: 走 (そうにょう)	起 起 起　起 起 起 음 キ　훈 おきる, おこる, おこす 예 起立(キリツ 기립) 　　起きる(おきる 일어나다), 起こる(おこる 발생하다, 흥하다), 起こす(おこす 세우다, 　　깨우다)

期	一 十 十 廿 苷 苷 苷 其 其 期 期 期 期
기간 **기** 획수: 12 부수: 月 (つき)	 음 キ, ゴ 훈 예 期待(キタイ 기대), 最期(サイゴ 최후, 임종)

客	' ' 宀 宀 夗 安 客 客 客
손님 **객** 획수: 9 부수: 宀 (うかんむり)	客 客 客 客 客 客 음 キャク, カク 훈 예 乗客(ジョウキャク 승객), 客地(カクチ 객지)

究	' ' 宀 宀 究 究 穷 究
연구할 **구** 획수: 7 부수: 穴 (あなかんむり)	究 究 究 究 究 究 음 キュウ 훈 きわめる 예 究明(キュウメイ 구명) 究める(きわめる 규명하다, 터득하다)

急	ノ ク ケ 刍 刍 刍 急 急 急
급할 **급** 획수: 9 부수: 心 (こころ)	 急 急 急 急 急 음 キュウ 훈 いそぐ 예 緊急(キンキュウ 긴급) 急ぐ(いそぐ 서두르다)

級

ノ 纟 纟 纟 纟 糸 紗 級 級

等級 급
획수: 9
부수: 糸
(いとへん)

음 キュウ　**훈**

예 同級生(ドウキュウセイ 동급생)

宮

丶 宀 宀 宀 宀 宀 宀 宮 宮 宮

궁궐 궁
획수: 10
부수: 宀
(うかんむり)

음 キュウ, グウ, ク　**훈** みや

예 宮殿(キュウデン 궁전), 神宮(ジングウ 신궁), 宮内庁(クナイチョウ 궁내청)
宮(みや 궁정, 황족이 사는 집)

球

一 T F 王 王 玛 玕 玡 球 球 球

공 구
획수: 11
부수: 王(玉)
(たまへん)

음 キュウ　**훈** たま

예 地球(チキュウ 지구)
球(たま 공, 알, 전구)

去

一 十 土 去 去

갈 거
획수: 5
부수: ム
(む)

음 キョ, コ　**훈** さる

예 除去(ジョキョ 제거), 過去(カコ 과거)
去る(さる 떠나다, 사라지다, 지나간…)

橋	一 十 才 才 栌 栌 栌 栎 桥 橋 橋 橋 橋 橋 橋

다리 교
획수: 16
부수: 木
(きへん)

음 キョウ　훈 はし
예 橋脚(キョウキャク 교각)
　橋(はし 다리)

業	业 业 业 业 业 业 芈 芈 芈 芈 業 業

업 업
획수: 13
부수: 木
(き)

음 ギョウ, ゴウ　훈 わざ
예 業績(ギョウセキ 업적), 自業自得(ジゴウジトク 자업자득)
　業事(わざごと 특별한 연습이 필요한 동작이나 기술)

曲	丨 冂 曰 由 曲 曲

굽을 곡
획수: 6
부수: 日
(いわく)

음 キョク　훈 まがる, まげる
예 名曲(メイキョク 명곡)
　曲がる(まがる 구부러지다), 曲げる(まげる 구부리다)

局	一 コ 尸 月 局 局 局

부분 국
획수: 7
부수: 尸
(しかばね)

음 キョク　훈
예 結局(ケッキョク 결국)

1. 開始　　　　　　　　_____

2. 階級　　　　　　　　_____

3. 寒冷　　　　　　　　_____

4. 感染　　　　　　　　_____

5. 漢詩　　　　　　　　_____

6. 旅館　　　　　　　　_____

7. 岸　　　　　　　　　_____

8. 起こす　　　　　　　_____

9. 最期　　　　　　　　_____

10. 客地　　　　　　　　_____

11. 究める   _____

12. 急ぐ   _____

13. 同級生   _____

14. 神宮   _____

15. 球   _____

16. 過去   _____

17. 橋脚   _____

18. 業事   _____

19. 曲がる   _____

20. 結局   _____

湖向幸港号根祭皿仕死使始指歯詩次事持式実写者主守取酒受州拾終習集住重宿所著功昭消商草
想息速族他打対待代第題炭短談着注柱丁帳調追定庭笛鉄転都度投豆島湯登等動童農波配倍箱畑
部服福物平返勉放味命面問役薬由油有遊予羊洋葉陽様落流旅両緑礼列練路和愛案以衣位茨印英
央岡億完官管関観願岐希季旗器機議求泣給挙漁共協鏡競極熊訓軍郡群径景芸欠結建健験固功好
産散残氏司試児治滋鹿失借種周祝順初松笑唱焼照城縄臣信井成省清静席積折節説浅戦選然争
倉巣束側続卒孫帯隊達単置仲虫動特徳栃奈梨熱念敗梅博阪飯飛必票標不夫付府阜富副兵別辺変便包法望牧末
類令冷例連老労録圧囲移因永営衛易益液演応往桜可仮価河過快解格確額刊幹慣眼紀基寄規喜技
技則規減故個護効厚耕航鉱構興講告混査再災妻採際在財罪殺雑酸賛士支史志枝師資飼示似詞
常情織職制性政勢精製税責積接設絶祖素総造像増則測属率損貸態団断築貯張停提程適統堂銅導
得毒独任燃能破犯判版比肥非費備評貧布婦武復複仏粉編弁保墓報豊防貿暴脈務夢迷綿輸余容略留領歴胃異遺域宇映延沿恩我灰拡
革閣割株干巻看簡危机揮貴疑吸供胸郷勤筋系敬警劇激穴券絹権憲源厳己呼誤后孝皇紅降鋼刻穀骨困砂座済裁策冊蚕至私姿視詞誌磁射捨尺
若樹収宗就衆従縦縮熟純処署諸除将傷障城蒸針仁垂推寸盛聖誠舌宣専泉洗染銭善奏窓創装層操蔵臓存尊宅担探誕段暖値宙忠著庁頂潮賃痛展討党糖届難乳認納脳派拝背肺俳班晩否批秘俵腹奮並陛閉片補暮宝訪亡忘棒枚幕密盟模訳郵優

Clip 03
초등학교 3학년 교육한자

학습내용

☐ 초등학교 3학년 교육한자 200자 중 20자의 音, 訓 학습
☐ 해당한자와 관련된 단어학습과 쓰기연습

銀 区 苦 具 君 係 軽 血 決 研 県 庫 湖 向 幸 港 号 根 祭 皿

학습목표

☐ 초등학교 3학년 교육한자 200자 중 20자의 音, 訓을 학습하여 이해할 수 있다.
☐ 해당한자와 관련된 단어학습과 쓰기연습을 통해 일본에서의 실생활에 활용할 수 있다.

銀	ノ ｀ ⺁ ⺊ 牟 牟 金 金 釒 釘 針 鈩 鈩 銀
은 은 획수: 14 부수: 金 (かねへん)	銀 銀 銀 銀 銀 銀

[음] ギン　[훈]
[예] 銀髪(ギンパツ 은발)

区	一 フ ㄨ 区　　　　　　　　　區
나눌 구 획수: 4 부수: 匸 (かくしがまえ)	区 区 区 区 区 区

[음] ク　[훈]
[예] 区間(クカン 구간)

苦	一 艹 艹 艹 苧 苦 苦 苦
괴로울 고 획수: 8 부수: 艸 (くさかんむり)	苦 苦 苦 苦 苦 苦

[음] ク　[훈] くるしい, くるしむ, くるしめる, にがい, にがる
[예] 苦戦(クセン 고전)
　　苦しい(くるしい 괴롭다), 苦しむ(くるしむ 괴로워하다, 고심하다), 苦しめる(くるしめる
　　괴롭히다), 苦い(にがい 쓰다), 苦る(にがる 찌푸린 얼굴을 하다)

具	丨 冂 冂 月 月 目 且 具 具
갖출 구 획수: 8 부수: 八 (はち)	具 具 具 具 具 具

[음] グ　[훈]
[예] 具合(グアイ 형편, 짜임새)

君

임금 **군**
획수: 7
부수: 口
(くち)

ㄱ ㄱ ㄱ ㅋ 尹 尹 君 君

君 君 君 | 君 君 君

음 クン　훈 きみ
예 君臣(クンシン 군신)
　　君(きみ 자네, 군주)

係

관계될 **계**
획수: 9
부수: 人
(にんべん)

ノ イ イ 仁 仵 伾 倸 係 係

係 係 係 | 係 係 係

음 ケイ　훈 かかる, かかり
예 関係(カンケイ 관계)
　　係る(かかる 관련되다, 관계되다), 係員(かかりいん 계원, 담당자)

軽

가벼울 **경**
획수: 12
부수: 車
(くるまへん)

一 ㄱ ㅌ 亘 車 車 車 軒 軽 軽 軽 軽　　　軽

軽 軽 軽 | 軽 軽 軽

음 ケイ　훈 かるい, かろやか
예 軽率(ケイソツ 경솔)
　　軽い(かるい 가볍다), 軽やか(かろやか 발랄하고 경쾌함)

血

피 **혈**
획수: 6
부수: 血
(ち)

ノ 亠 白 血 血 血

血 血 血 | 血 血 血

음 ケツ　훈 ち
예 血圧(ケツアツ 혈압)
　　血(ち 피)

決

`　丶　丶　氵　氵　沪　沪　決`

決　決　決　決　決　決

정할 결
획수: 7
부수: 水(氵)
(さんずい)

음 ケツ　　훈 きめる, きまる
예 解決(カイケツ 해결)
　　決める(きめる 정하다), 決まる(きまる 정해지다, 결정되다)

研

`　一　ア　イ　石　石　石　石　研　研`　研

研　研　研　研　研　研

연구할 연
획수: 9
부수: 石
(いしへん)

음 ケン　　훈 とぐ
예 研修(ケンシュウ 연수)
　　研ぐ(とぐ 갈다)

県

`　丨　冂　冂　月　目　目　県　県　県`　縣

県　県　県　県　県　県

고을 현
획수: 9
부수: 目
(め)
구자체부수: 糸
(いと)

음 ケン　　훈
예 県庁(ケンチョウ 현청(도청에 상당))

庫

`　丶　宀　广　广　庁　庁　庁　庁　盲　庫`

庫　庫　庫　庫　庫　庫

창고 고
획수: 10
부수: 广
(まだれ)

음 コ, ク　　훈
예 倉庫(ソウコ 창고), 庫裏(クリ 절의 부엌이나 승려의 거처)

 호수 호 획수: 12 부수: 水(氵) (さんずい)	` ` 氵 氵 汁 沽 沽 油 湖 湖 湖 湖 湖 湖 　湖 湖 湖 음 コ　훈 みずうみ 예 湖畔(コハン 호반) 　　湖(みずうみ 호수)
향할 향 획수: 6 부수: 口 (くち)	` ` 门 门 向 向 向 向 向 向 　向 向 向 음 コウ　훈 むく, むける, むかう, むこう 예 趣向(シュコウ 취향) 　向く(むく 향하다), 向ける(むける 향하게 하다), 向かう(むかう 향하다), 向こう (む 　こう 저쪽, 맞은 편)
 행복할 행 획수: 8 부수: 干 (かん)	一 十 キ キ キ 幸 幸 幸 幸 幸 幸 　幸 幸 幸 음 コウ　훈 さいわい, しあわせ, さち 예 不幸(フコウ 불행) 　幸い(さいわい 행복, 다행히), 幸せ(しあわせ 행복), 幸(さち 행복, 자연의 산물)
항구 항 획수: 12 부수: 水(氵) (さんずい)	` ` 氵 氵 汁 洪 洪 洪 洪 洪 港 港 港 港 港 　港 港 港 음 コウ　훈 みなと 예 港湾(コウワン 항만) 　港(みなと 항구)

号 부르짖을 **호**
획수: 5
부수: 口
(くち)
구자체부수: 虍
(とらがしら)

| 丨 冂 口 므 号 | | | | | | 號 |

음 ゴウ　**훈**
예 号外(ゴウガイ 호외)

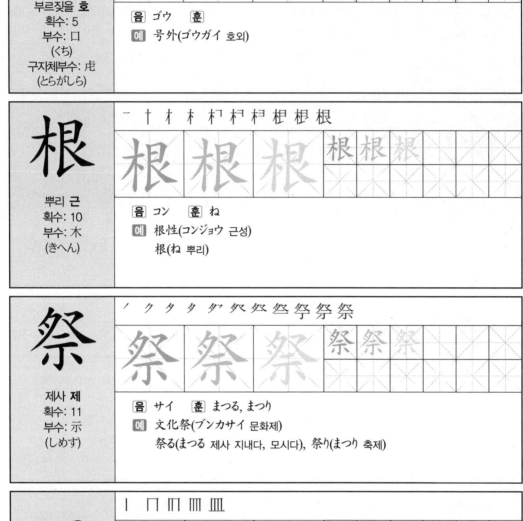

根 뿌리 **근**
획수: 10
부수: 木
(きへん)

一 十 才 木 杧 杧 杘 村 根 根

음 コン　**훈** ね
예 根性(コンジョウ 근성)
　　根(ね 뿌리)

祭 제사 **제**
획수: 11
부수: 示
(しめす)

ノ ク タ タ ダ 欠 処 処 祭 祭 祭

음 サイ　**훈** まつる, まつり
예 文化祭(ブンカサイ 문화제)
　　祭る(まつる 제사 지내다, 모시다), 祭り(まつり 축제)

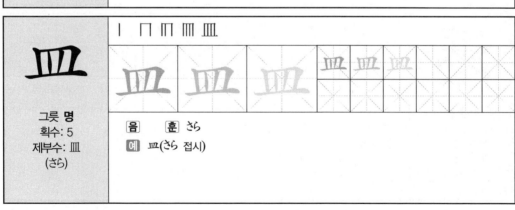

皿 그릇 **명**
획수: 5
제부수: 皿
(さら)

丨 冂 冂 皿 皿

음　**훈** さら
예 皿(さら 접시)

1. 銀髪 _____

2. 区間 _____

3. 苦い _____

4. 具合 _____

5. 君臣 _____

6. 係員 _____

7. 軽率 _____

8. 血圧 _____

9. 決まる _____

10. 研ぐ _____

11. 県庁 　　　＿＿＿＿＿＿＿＿＿＿＿＿＿

12. 庫裏 　　　＿＿＿＿＿＿＿＿＿＿＿＿＿

13. 湖畔 　　　＿＿＿＿＿＿＿＿＿＿＿＿＿

14. 趣向 　　　＿＿＿＿＿＿＿＿＿＿＿＿＿

15. 不幸 　　　＿＿＿＿＿＿＿＿＿＿＿＿＿

16. 港湾 　　　＿＿＿＿＿＿＿＿＿＿＿＿＿

17. 号外 　　　＿＿＿＿＿＿＿＿＿＿＿＿＿

18. 根性 　　　＿＿＿＿＿＿＿＿＿＿＿＿＿

19. 祭る 　　　＿＿＿＿＿＿＿＿＿＿＿＿＿

20. 皿 　　　＿＿＿＿＿＿＿＿＿＿＿＿＿

湖向辛港号根祭血仕死使始指歯詩次事持式実写者主守取酒受州拾終誉集住重宿所署坊昭消商章
想息速族他打対待代第題炭短談着注柱丁帳調追定庭笛鉄転都度投豆島湯登等動童農波配倍箱畑
部服福物平返勉放味命面問役薬由油有遊予羊洋葉陽様落流旅両緑礼列練路和愛案以衣位茨印英
名栄渇完官管関観願岐希季旗器機議求泣給挙漁共協鏡競極熊訓軍郡群径景芸欠結建健験固功好
産散残氏司試児治滋辞鹿失借種周祝順初松笑唱焼照城縄臣信成省清静席積折節説浅戦選然争
低底的典伝徒努灯働特徳栃奈梨熱念敗梅博阪飯飛必票標不夫付府阜富副兵別辺変便包法望牧末
類令冷例連老労録圧囲移因永営衛易益液演応往桜可仮価河過快解格確額刊幹慣眼紀基寄規喜技
疑吸旧減故個護効厚耕航鉱構興講告混査再災妻採際在財罪殺雑酸賛士支史志枝師資飼示似識
常情織職制性政勢精製税責績接設絶祖素総造像増則測属率損貸態団断築貯張停提程適統堂銅導
評貧婦富武復複仏粉編弁保墓報豊防貿暴脈務夢迷綿輸余容略留領歴冒異遺域宇映延沿恩我灰拡

Clip 04
초등학교 3학년 교육한자

☐ 초등학교 3학년 교육한자 200자 중 20자의 音, 訓 학습
☐ 해당한자와 관련된 단어학습과 쓰기연습

仕死使始指歯詩次事持式実写者主守取酒受州

학습목표

☐ 초등학교 3학년 교육한자 200자 중 20자의 音, 訓을 학습하여 이해할 수 있다.
☐ 해당한자와 관련된 단어학습과 쓰기연습을 통해 일본에서의 실생활에 활용할 수 있다.

仕	ノ イ 仁 什 仕
섬길 **사** 획수: 5 부수: 人 (にんべん)	**음** シ, ジ **훈** つかえる **예** 仕様(シヨウ 할 도리, 하는 방법), 給仕(キュウジ 급사, 식당 등에서 음식을 나르는 사람) 仕える(つかえる 시중들다, 섬기다)

死	一 ナ 歹 歹 死 死
죽을 **사** 획수: 6 부수: 歹 (がつ)	**음** シ **훈** しぬ **예** 死亡(シボウ 사망) 死ぬ(しぬ 죽다)

使	ノ イ 仁 仁 仁 信 伊 使
부릴 **사** 획수: 8 부수: 人 (にんべん)	**음** シ **훈** つかう **예** 駆使(クシ 구사) 使う(つかう 쓰다, 사용하다)

始	く 女 女 女 妒 妒 始 始
처음 **시** 획수: 8 부수: 女 (おんなへん)	**음** シ **훈** はじめる, はじまる **예** 開始(カイシ 개시) 始める(はじめる 시작하다), 始まる(はじまる 시작되다)

指	一 十 扌 扌 扩 抖 指 指 指
손가락 **지** 획수: 9 부수: 手(扌) (てへん)	指 指 指　指 指 指
	음 シ　훈 ゆび, さす 예 指導(シドウ 지도) 　　指(ゆび 손가락), 指す(さす 가리키다)

歯	丨 卜 止 止 歩 歩 芲 芲 莱 莭 歯
이 **치** 획수: 12 제부수: 歯 (は)	歯 歯 歯　歯 歯 歯
	음 シ　훈 は 예 歯痛(シツウ 치통) 　　歯(は 이, 이빨)

詩	一 二 三 言 言 言 言 計 計 計 詩 詩 詩
시 **시** 획수: 13 부수: 言 (ごんべん)	詩 詩 詩　詩 詩 詩
	음 シ　훈 예 詩人(シジン 시인)

次	一 冫 冫 冫 次 次
다음 **차** 획수: 6 부수: 欠 (あくび)	次 次 次　次 次 次
	음 ジ, シ　훈 つぐ, つぎ 예 次元(ジゲン 차원), 次第(シダイ 순서, 절차) 　　次ぐ(つぐ 뒤따르다), 次ぎ(つぎ 다음)

事	一 丆 丆 亓 亘 写 耳 事
일 **사** 획수: 8 부수: 亅 (はねぼう)	事 事 事　事 事 事

[음] ジ, ズ　[훈] こと
[예] 事業(ジギョウ 사업), 好事家(コウズカ 호사가)
　　事始め(ことはじめ 일에 착수함, 일의 시작)

持	一 十 扌 扌 扩 护 拝 持 持
가질 **지** 획수: 9 부수: 手(扌) (てへん)	

[음] ジ　[훈] もつ
[예] 持続(ジゾク 지속)
　　持つ(もつ 가지다)

式	一 二 丁 工 式 式
법 **식** 획수: 6 부수: 弋 (しきがまえ)	式 式 式　式 式 式

[음] シキ　[훈]
[예] 形式(ケイシキ 형식)

実	丶 丷 宀 宀 宁 宇 実 実　　　　實
열매 **실** 획수: 8 부수: 宀 (うかんむり)	実 実 実　実 実 実

[음] ジツ　[훈] み, みのる
[예] 実力(ジツリョク 실력)
　　実(み 열매), 実る(みのる 열매를 맺다)

写

' ｢ ｢ 写 写　　　　　　　　寫

写 写 写 | 写 写 写

베낄 **사**
획수: 5
부수: 冖
(わかんむり)
구자체부수: 宀
(うかんむり)

음 シャ　훈 うつす, うつる
예 描写(ビョウシャ 묘사)
　写す(うつす 베끼다, 묘사하다), 写る(うつる 비쳐 보이다, 찍히다)

者

一 十 土 耂 考 者 者 者　　　　　　者

者 者 者 | 者 者 者

놈 **자**
획수: 8
부수: 老(耂)
(おいかんむり)

음 シャ　훈 もの
예 記者(キシャ 기자)
　悪者(わるもの 나쁜 사람)

主

丶 一 干 主 主

主 主 主 | 主 主 主

주인 **주**
획수: 5
부수: 丶
(てん)

음 シュ, ス　훈 ぬし, おも
예 主権(シュケン 주권), 坊主(ボウズ 중, 중처럼 민 머리)
　主(ぬし 주인), 主に(おもに 주로)

守

丶 ｀ 宀 宁 守 守

守 守 守 | 守 守 守

지킬 **수**
획수: 6
부수: 宀
(うかんむり)

음 シュ, ス　훈 まもる, もり
예 攻守(コウシュ 공수), 留守(ルス 빈집을 지킴, 부재중)
　守る(まもる 지키다), 子守り(こもり 아기 보기)

取	一 Ｔ Ｆ Ｆ Ｆ 耳 耵 取 取
취할 **취** 획수: 8 부수: 又 (また)	**음** シュ **훈** とる **예** 聴取(チョウシュ 청취) 取る(とる 잡다, 차지하다)

酒	` ` ` ; 氵 汀 汀 沂 沂 洒 酒 酒
술 **주** 획수: 10 부수: 酉 (ひよみのとり)	**음** シュ **훈** さけ, さか **예** 酒税(シュゼイ 주류세) 酒(さけ 술), 酒屋(さかや 술가게, 술장수)

受	一 ⺊ ⺊ ⺤ 爫 爫 严 受 受
받을 **수** 획수: 8 부수: 又 (また)	**음** ジュ **훈** うける, うかる **예** 受験(ジュケン 수험) 受ける(うける 받다), 受かる(うかる 붙다, 합격하다)

州	` ⺀ 少 州 州 州
고을 **주** 획수: 6 부수: 川 (かわ)	**음** シュウ **훈** す **예** 州議会(シュウギカイ 주의회) 州(ス 흙이나 모래가 퇴적하여 수면에 나타난 땅)

평가하기

1. 仕様 _____

2. 死亡 _____

3. 駆使 _____

4. 開始 _____

5. 指 _____

6. 歯痛 _____

7. 詩人 _____

8. 次第 _____

9. 事始め _____

10. 持続 _____

11. 形式 _____

12. 実る _____

13. 描写 _____

14. 悪者 _____

15. 主に _____

16. 子守り _____

17. 聴取 _____

18. 酒税 _____

19. 受かる _____

20. 州議会 _____

Clip 05

점검하기
초등학교 3학년 교육한자 I

▌ 다음의 한자표기어를 한국어 의미를 보고 알맞게 히라가나로 입력해 보세요.

1. 憎悪(증오) _____

2. 委ねる(맡기다, 바치다) _____

3. 育む(기르다, 키우다) _____

4. 横領(횡령) _____

5. 荷作り(짐을 쌈, 짐 꾸리기) _____

6. 寒冷(한랭) _____

7. 岸(언덕) _____

8. 客地(객지) _____

9. 神宮(신궁) _____

10. 業事(특별한 연습이 필요한 동작이나 기술) _____

11.　銀髪(은발)　　　　　_____

12.　苦い(쓰다)　　　　　_____

13.　研ぐ(갈다)　　　　　_____

14.　庫裏(절의 부엌이나 승려의 거처)　　_____

15.　根性(근성)　　　　　_____

16.　駆使(구사)　　　　　_____

17.　次第(순서, 절차)　　_____

18.　事始め(일에 착수함, 일의 시작)　　_____

19.　悪者(나쁜 사람)　　_____

20.　子守り(아기 보기)　　_____

湖向幸港号根茶皿仕死使始指歯詩次事持式実男者王守取酒受州拾終習集住重宿所署助昭消商章
想息速族他打対待代第題炭短談着注柱丁帳調追定庭笛鉄転都度投豆島湯登等動童農波配倍箱如
部服福物平返勉放味命面問役薬由油有遊予羊洋葉陽様落流旅両緑礼列練路和愛案以衣位茨印英
央横屋温化荷開階寒感漢完官管関観願岐希季旗器機議求泣給挙漁共協鏡競極熊訓軍郡群径景芸欠結建健験固功好
産散残氏司試児治滋辞鹿失借種周祝順初松笑唱焼照城縄臣信井成省清静席積折節説浅戦選然争
低底的典伝徒努灯働特徳栃奈梨熱念敗梅博阪飯飛必票標不夫付府阜富副兵別辺変便包法望牧末
類令冷例連老労録圧囲移因永営衛易益液演応往桜可仮価河過快解格確額刊幹慣眼紀基寄規喜技
義逆久旧救居許境均禁句群経潔件険検限現減故個護効厚耕航鉱構興講告混査再災妻採際在財罪殺雑酸賛士支史志枝師資飼示似識
常情織職制性政勢精製税責績接設絶舌銭祖素総造像増則測属率損貸態団断築貯張停提程適統堂銅導
得毒独任燃能破犯判版比肥非費備評貧布婦武復複仏粉編弁保墓報豊防貿暴脈務夢迷綿輸余容略留領歴胃異遺域宇映延沿恩我灰拡
革閣割株干巻看簡危机揮貴疑吸供胸郷勤筋系敬警劇激穴券絹権憲源厳己呼誤后孝皇紅降鋼刻穀骨困砂座済裁策冊蚕至私姿視詞誌

Clip 01

초등학교 3학년 교육한자

[학습내용]

☐ 초등학교 3학년 교육한자 200자 중 20자의 音, 訓 학습
☐ 해당한자와 관련된 단어학습과 쓰기연습

拾 終 習 集 住 重 宿 所 署 助 昭 消 商 章 勝 乗 植 申 身 神

[학습목표]

☐ 초등학교 3학년 교육한자 200자 20자의 音, 訓을 학습하여 이해할 수 있다.
☐ 해당한자와 관련된 단어학습과 쓰기연습을 통해 일본에서의 실생활에 활용할 수 있다.

拾	一 十 扌 扌 扌 扴 拎 拾 拾
주울 **습**, 열 **십** 획수: 9 부수: 手(扌) (てへん)	拾 拾 拾 拾 拾 拾 음 シュウ, ジュウ　훈 ひろう 예 收拾(シュウシュウ 수습), 拾万円(ジュウマンエン 십만엔) 拾う(ひろう 줍다, 골라내다)

終	𠃋 幺 幺 幺 糸 糸 糹 紁 終 終 終
마칠 **종** 획수: 11 부수: 糸 (いとへん)	終 終 終 終 終 終 음 シュウ　훈 おわる, おえる 예 終了(シュウリョウ 종료) 終わる(おわる 끝나다, 마치다), 終える(おえる 끝내다)

習	丁 刁 刃 羽 羽 羽 羽 習 習 習 習
배울 **습** 획수: 11 부수: 羽 (はね)	習 習 習 習 習 習 음 シュウ　훈 ならう 예 習得(シュウトク 습득) 習う(ならう 배우다, 연습하다)

集	ノ イ 亻 亻 什 隹 隹 隹 隹 集 集 集
모일 **집** 획수: 12 부수: 隹 (ふるとり)	集 集 集 集 集 集 음 シュウ　훈 あつまる, あつめる, つどう 예 全集(ゼンシュウ 전집) 集まる(あつまる 모이다, 집중하다), 集める(あつめる 모으다, 집중시키다), 集う(つどう 모이다, 회합하다)

住	ノ イ 仁 仃 什 住 住

住

살 주
획수: 7
부수: 人
(にんべん)

[음] ジュウ　[훈] すむ, すまう
[예] 衣食住(イショクジュウ 의식주)
　　 住む(すむ 살다), 住まう(すまう 살고있다, 살다)

重	ー 二 千 千 吉 吉 重 重 重

重

무거울 **중**
획수: 9
부수: 里
(さと)

[음] ジュウ, チョウ　[훈] え, おもい, かさねる, かさなる
[예] 重量(ジュウリョウ 중량), 貴重(キチョウ 귀중)
　　 二重(ふたえ 두 겹), 重い(おもい 무겁다, 중하다), 重ねる(かさねる 포개다, 거듭
　　 하다), 重なる(かさなる 겹치다, 포개지다)

宿	' ' 宀 宀 宀 宀 宀 宿 宿 宿

宿

잘 **숙**
획수: 11
부수: 宀
(うかんむり)

[음] シュク　[훈] やど, やどる, やどす
[예] 宿泊(シュクハク 숙박)
　　 宿(やど 숙소), 宿る(やどる 머물다, 맺히다, 잉태하다, 기생하다), 宿す(やどす
　　 잉태하다, 머금다, 모습을 비추다)

所	一 ㄱ ㅋ 戸 戸 所 所 所

所

장소 **소**
획수: 8
부수: 戸
(と)

[음] ショ　[훈] ところ
[예] 所属(ショゾク 소속)
　　 所(ところ 장소, 곳)

暑	一 冂 冂 目 甲 目 早 星 昱 昱 暑 暑 暑						暑

더울 **서**
획수: 12
부수: 日
(ひ)

음 ショ　　훈 あつい
예 暑気(ショキ 서기, 여름더위)
暑い(あつい 덥다)

助	一 冂 丹 月 且 助 助						

도울 **조**
획수: 7
부수: 力
(ちから)

음 ジョ　　훈 たすける, たすかる, すけ
예 救助(キュウジョ 구조)
助ける(たすける 구출하다, 돕다), 助かる(たすかる 살아나다, 도움이 되다),
助(すけ 도움, 보조)

昭	一 冂 円 日 町 町 昭 昭 昭						

밝을 **소**
획수: 9
부수: 日
(ひへん)

음 ショウ　　훈
예 昭代(ショウダイ 태평세대)

消							

꺼질 **소**
획수: 10
부수: 水(氵)
(さんずい)

음 ショウ　　훈 きえる, けす
예 消滅(ショウメツ 소멸)
消える(きえる 사라지다, 꺼지다), 消す(けす 끄다, 지우다, 감추다)

商	亠 亠 产 产 产 商 商 商 商								

	商	商	商	商	商	商			

장사 **상**
획수: 11
부수: 口
(くち)

음 ショウ　훈 あきなう
예 商売(ショウバイ 장사)
　商う(あきなう 장사하다)

章	亠 亠 立 产 咅 音 音 音 童 章								

	章	章	章	章	章	章			

문장 **장**
획수: 11
부수: 立
(たつ)

음 ショウ　훈
예 勲章(クンショウ 훈장)

勝	ノ 刀 刀 月 月 月 肝 肝 胖 朕 勝 勝								

	勝	勝	勝	勝	勝	勝			

이길 **승**
획수: 12
부수: 力
(ちから)

음 ショウ　훈 かつ, まさる
예 優勝(ユウショウ 우승)
　勝つ(かつ 이기다), 勝る(まさる 낫다, 우수하다)

乗	一 二 三 午 毛 垂 乗 乗 乗								乗

	乗	乗	乗	乗	乗	乗			

탈 **승**
획수: 9
부수: ノ
(の)

음 ジョウ　훈 のる, のせる
예 乗馬(ジョウバ 승마)
　乗る(のる 타다), 乗せる(のせる 태우다)

植	一 十 才 木 木 杧 柿 柿 柿 植 植 植
심을 **식** 획수: 12 부수: 木 (きへん)	植 植 植 植植植

음 ショク   훈 うえる, うわる
예 植樹(ショクジュ 식수)
    植える(うえる 심다, 배양하다), 植わる(うわる 심어지다)

申	丨 冂 冃 日 申
원숭이 **신** 획수: 5 부수: 田 (た)	申 申 申 申 申 申

음 シン   훈 もうす
예 申請(シンセイ 신청), 申す(もうす 아뢰다)

身	丿 亻 勹 竹 自 身 身
몸 **신** 획수: 7 제부수: 身 (み)	身 身 身 身身身

음 シン   훈 み
예 身体(シンタイ 신체), 身(み 몸)

神	丶 ク 才 ネ ネ 初 初 初 神 神
귀신 **신** 획수: 9 부수: 示(ネ) (しめすへん)	神 神 神 神神神

음 シン, ジン   훈 かみ, かん, こう
예 精神(セイシン 정신), 神社(ジンジャ 신사)
    神(かみ 신), 神無月(かんなづき 음력10월), 神々しい(こうごうしい 성스럽다,
    거룩하다)

1. 収拾   _____

2. 終了   _____

3. 習う   _____

4. 集う   _____

5. 衣食住   _____

6. 貴重   _____

7. 宿   _____

8. 所属   _____

9. 暑気   _____

10. 助   _____

11. 昭代 _____

12. 消す _____

13. 商う _____

14. 勲章 _____

15. 勝る _____

16. 乗馬 _____

17. 植樹 _____

18. 申す _____

19. 身体 _____

20. 神無月 _____

湖向羍港号柢茶皿仕死使始指歯詩次事持式箕写者主守取酒愛州捨終習集住重循所著坊昭消商章
想息速族他打対待代第題炭短談着注柱丁帳調追定庭笛鉄転都度投豆島湯登等勤童農波配倍箱処
部服福物平返勉放味命面問役薬由油有遊予羊洋葉陽様落流旅両緑礼列練路和愛案以衣位茨印云
名詠渇完官管閲願岐希季旗器機議求泣給挙漁共協鏡競極熊訓軍郡群径景芸欠結建健験固功好
産散残氏司試児治滋辞麗失借種周祝順初松笑唱焼照城縄臣信井成省清静席積折節説浅戦選然全
底庭的典伝徒努灯働特徳栃奈梨熱念敗梅博阪飯飛必票標不夫付府阜富副兵別辺変便包法望牧末
類令冷例連老労録圧囲移因永営衛易益液演央往桜可仮価河過快解格確額刊幹慣眼紀基寄規喜技
義眼似減故個護効厚耕航鉱構興講告混査再災妻採際在財罪殺雑酸賛士支史志枝師資飼示似識
常情織職制性政勢精製税責績接設絶祖素総造像増則測属率損貸態団断築貯張停提程適統堂銅導
得毒独任燃能破判版犯復複仏粉編弁保墓報豊防貿暴脈務夢迷綿輸余容略留領歴胃異遺域宇映延沿恩我灰拡
革閣割株乾看簡危机揮貴疑吸供胸郷敬警劇激穴券絹権憲源厳己呼誤后孝皇紅降鋼刻穀骨困砂座済裁策冊蚕至私姿視詞
誌磁射捨尺若樹収宗就衆従縦縮熟純処署諸除将傷障城蒸針仁垂推寸盛聖誠舌宣専泉洗染銭善奏窓創装層操蔵臓存尊宅担探誕段暖値宙忠著庁頂腸潮賃痛展討糖届難乳認納脳派拝背肺俳班晩否批秘腹奮並陛閉片補暮宝訪亡忘棒枚幕密盟模訳郵優幼欲翌乱卵覧裏律臨朗論

Clip 02

초등학교 3학년 교육한자

[학습내용]

[학습내용]

☐ 초등학교 3학년 교육한자 200자 중 20자의 音, 訓 학습

☐ 해당한자와 관련된 단어학습과 쓰기연습

真深進世整昔全相送想息速族他打対待代第題

[학습목표]

☐ 초등학교 3학년 교육한자 200자 중 20자의 音, 訓을 학습하여 이해할 수 있다.

☐ 해당한자와 관련된 단어학습과 쓰기연습을 통해 일본에서의 실생활에 활용할 수 있다.

真	一 ナ ナ 广 古 市 直 直 直 真 真						眞

真 真 真 　真 真 真

참 진
획수: 10
부수: 目
(め)

음 シン　훈 ま
예 真偽(シンギ 진위), 真新しい(まあたらしい 아주 새롭다)

深	` ` ` ` ` ` `氵 氵 汀 洣 泙 淙 深 深						

深 深 深 　深 深 深

깊을 심
획수: 11
부수: 水(氵)
(さんずい)

음 シン　훈 ふかい, ふかまる, ふかめる
예 水深(スイシン 수심)
深い(ふかい 깊다), 深まる(ふかまる 깊어지다), 深める(ふかめる 깊게 하다)

進	′ 亻 亻′ 亻′ 仆 什 件 隹 隹 淮 進 進						

進 進 進 　進 進 進

나아갈 진
획수: 11
부수: 辶
(しんにょう)

음 シン　훈 すすむ, すすめる
예 前進(ゼンシン 전진)
進む(すすむ 나아가다), 進める(すすめる 진척시키다, 진행하다)

世	一 十 廿 廿 世						

世 世 世 　世 世 世

세상 세
획수: 5
부수: 一
(いち)

음 セイ, セ　훈 よ
예 世紀(セイキ 세기), 世間(セケン 세상)
世渡り(よわたり 세상살이, 처세)

整

가지런할 **정**
획수: 16
부수: 攵(攴)
(ぼくにょう)

一 厂 厂 亘 市 東 東 東 敕 敕 敕 敕 敕 整 整 整

整 整 整 整 整 整

- 음 セイ　훈 ととのえる, ととのう
- 예 調整(チョウセイ 조정)
  整える(ととのえる 정돈하다), 整う(ととのう 정돈되다, 조절되다)

昔

옛 **석**
획수: 8
부수: 日
(ひ)

一 十 廿 昔 昔 昔 昔 昔

昔 昔 昔 昔 昔 昔

- 음 セキ, シャク　훈 むかし
- 예 昔年(セキネン 석년, 옛날, 왕년), 今昔(コンジャク 옛날과 지금)
  昔(むかし 옛날)

全

온전할 **전**
획수: 6
부수: 人
(ひと)

ノ 入 仝 仐 全 全

全 全 全 全 全 全

- 음 ゼン　훈 まったく, すべて
- 예 全体(ゼンタイ 전체)
  全く(まったく 완전히, 전혀), 全て(すべて 모두, 전부, 모조리)

相

서로 **상**
획수: 9
부수: 目
(め)

一 十 オ 才 木 机 相 相 相

相 相 相 相 相 相

- 음 ソウ, ショウ　훈 あい
- 예 相関(ソウカン 상관), 首相(シュショウ 수상)
  相手(あいて 상대)

送 보낼 **송** 획수: 9 부수: 辶 (しんにょう)	`ヽ ヽ ソ ᅭ ᆃ 关 关 送 送`　　　　送 送　送　送　　*送 送 送* [音] ソウ　[訓] おくる [例] 送迎(ソウゲイ 송영) 　　 送る(おくる 보내다)
想 생각할 **상** 획수: 13 부수: 心 (こころ)	`一 十 オ 木 札 机 相 相 相 想 想 想 想` 想　想　想　　*想 想 想* [音] ソ, ソウ　[訓] [例] 愛想(アイソ 붙임성, 정나미), 想像(ソウゾウ 상상)
息 쉴 **식** 획수: 10 부수: 心 (こころ)	`ノ ſ 竹 白 自 自 自 息 息 息` 息　息　息　　*息 息 息* [音] ソク　[訓] いき [例] 休息(キュウソク 휴식) 　　 息(いき 호흡, 숨)
速 빠를 **속** 획수: 10 부수: 辶 (しんにょう)	`一 ｒ 疒 戸 市 束 束 束 涑 速` 速　速　速　　*速 速 速* [音] ソク　[訓] はやい, はやまる, はやめる, すみやか [例] 速報(ソクホウ 속보) 　　 速い(はやい 빠르다), 速まる(はやまる 빨라지다), 速める(はやめる 빠르게 하다), 　　 速やか(すみやか 빠름, 신속, 조속)

族

ノ　亠　方　方　方　扩　扩　旅　旅　族　族

族　族　族　族　族　族

겨레 **족**
획수: 11
부수: 方
(ほうへん)

음 ゾク　훈
예 部族(ブゾク 부족)

他

ノ　イ　仂　仲　他

他　他　他　他　他　他

남 **타**
획수: 5
부수: 人
(にんべん)

음 タ　훈
예 他国(タコク 타국)

打

一　十　扌　扩　打

打　打　打　打　打　打

칠 **타**
획수: 5
부수: 手(扌)
(てへん)

음 ダ　훈 うつ
예 打撃(ダゲキ 타격)
　　打つ(うつ 치다, 때리다)

対

`　亠　ㇳ　文　対　対　対　　　　　　　　　對

対　対　対　対　対　対

대답할 **대**
획수: 7
부수: 寸
(すん)

음 タイ, ツイ　훈
예 対照(タイショウ 대조), 対句(ツイク 대구)

待	ノ ノ イ イ 彳 彳 待 待 待
기다릴 **대** 획수: 9 부수: 彳 (ぎょうにんべん)	**음** タイ **훈** まつ **예** 待機(タイキ 대기) 待つ(まつ 기다리다)

代	ノ イ 仁 代 代
대신 **대** 획수: 5 부수: 人 (にんべん)	**음** ダイ, タイ **훈** かわる, かえる, よ, しろ **예** 代価(ダイカ 대가), 交代(コウタイ 교대) 代わる(かわる 대리하다, 교체되다), 代える(かえる 교환하다, 갈다), 君が代 (きみがよ 군주가 통치하는 시대, 일본국가(国歌)의 이름), 代物(しろもの 물건, 대금)

第	ノ ケ ケ ゲ 竺 竺 竺 笃 笃 第 第
차례 **제** 획수: 11 부수: 竹 (たけかんむり)	**음** ダイ **훈** **예** 第一線(ダイイッセン 제일선)

題	丨 冂 月 日 旦 早 早 昺 是 是 是 題 題 題 題 題 題 題
제목 **제** 획수: 18 부수: 頁 (おおがい)	**음** ダイ **훈** **예** 題材(ダイザイ 제재)

1. 真偽   _____

2. 深まる   _____

3. 前進   _____

4. 世渡り   _____

5. 整える   _____

6. 昔年   _____

7. 全く   _____

8. 首相   _____

9. 送迎   _____

10. 愛想   _____

11. 息 _____

12. 速やか _____

13. 部族 _____

14. 他国 _____

15. 打撃 _____

16. 対句 _____

17. 待機 _____

18. 代物 _____

19. 第一線 _____

20. 題材 _____

Clip 03

초등학교 3학년 교육한자

학습내용

- ☐ 초등학교 3학년 교육한자 200자 중 20자의 音, 訓 학습
- ☐ 해당한자와 관련된 단어학습과 쓰기연습

炭 短 談 着 注 柱 丁 帳 調 追 定 庭 笛 鉄 転 都 度 投 豆 島

학습목표

- ☐ 초등학교 3학년 교육한자 200자 중 20자의 音, 訓을 학습하여 이해할 수 있다.
- ☐ 해당한자와 관련된 단어학습과 쓰기연습을 통해 일본에서의 실생활에 활용할 수 있다.

炭 **숯 탄** 획수: 9 부수: 火 (ひ)	｜ 乢 屵 屵 户 户 炭 炭 炭 炭　炭　炭　〔炭 炭 炭〕 音 タン　　訓 すみ 例 炭鉱(タンコウ 탄광) 　　炭(すみ 숯)
短 **짧을 단** 획수: 12 부수: 矢 (やへん)	｜ 亻 仁 午 矢 矢 知 知 短 短 短 短　短　短　〔短 短 短〕 音 タン　　訓 みじかい 例 短所(タンショ 단점, 결점) 　　短い(みじかい 짧다)
談 **말씀 담** 획수: 15 부수: 言 (ごんべん)	｀ 亠 亖 亖 言 言 言 訃 訃 訃 談 談 談 談 談　談　談　〔談 談 談〕 音 ダン　　訓 例 談話(ダンワ 담화)
着 **붙을 착** 획수: 12 부수: 目 (め)	｀ ﾛ 并 并 羊 羊 羊 着 着 着 着 着　着　着　〔着 着 着〕 音 チャク, ジャク　　訓 きる, きせる, つく, つける 例 着用(チャクヨウ 착용), 愛着(アイジャク、アイチャク 애착) 　　着る(きる 입다), 着せる(きせる 입히다), 着く(つく 도착하다), 着ける(つける 갖다 　　붙이다)

注

물댈 주
획수: 8
부수: 水(氵)
(さんずい)

`丶 丶 冫 氵 汀 汁 注 注`

注 注 注 注 注 注

음 チュウ　**훈** そそぐ
예 注入(チュウニュウ 주입)
　　 注ぐ(そそぐ 따르다, 붓다)

柱

기둥 주
획수: 9
부수: 木
(きへん)

`一 十 才 木 朴 杧 杜 柱 柱`

柱 柱 柱 柱 柱 柱

음 チュウ　**훈** はしら
예 電柱(デンチュウ 전주)
　　 柱(はしら 기둥)

丁

못 정
획수: 2
부수: 一
(いち)

`一 丁`

丁 丁 丁 丁 丁 丁

음 チョウ, テイ　**훈**
예 包丁(ホウチョウ 칼), 丁字路(テイジロ 삼거리)

帳

장부 장
획수: 11
부수: 巾
(はばへん)

`丨 冂 巾 巾 帆 帆 帳 帳 帳 帳 帳`

帳 帳 帳 帳 帳 帳

음 チョウ　**훈**
예 帳簿(チョウボ 장부)

調	一 一 一 一 一 一 言 訂 訂 訂 訓 調 調 調 調

調 調 調 調 調 調

고를 조
획수: 15
부수: 言
(ごんべん)

음 チョウ　**훈** しらべる, ととのう, ととのえる
예 調査(チョウサ 조사)
調べる(しらべる 조사하다), 調う(ととのう 성립되다, 마련되다), 調える(ととのえる
준비하다, 마련하다)

追	´ イ イ 自 自 自 追 追

追 追 追 追 追 追

쫓을 추
획수: 9
부수: 辶
(しんにょう)

음 ツイ　**훈** おう
예 追慕(ツイボ 추모)
追う(おう 따르다, 추구하다)

定	´ ´ 宀 宀 宇 宇 定 定

定 定 定 定 定 定

정할 정
획수: 8
부수: 宀
(うかんむり)

음 テイ, ジョウ　**훈** さだめる, さだまる, さだか
예 安定(アンテイ 안정), 定石(ジョウセキ 정석)
定める(さだめる 정하다, 확정하다), 定まる(さだまる 정해지다, 안정되다),
定か(さだか 확실함, 분명함)

庭	´ 宀 广 广 庐 庐 庄 庭 庭 庭

庭 庭 庭 庭 庭 庭

뜰 정
획수: 10
부수: 广
(まだれ)

음 テイ　**훈** にわ
예 家庭(カテイ 가정)
庭(にわ 뜰, 마당, 정원)

笛

／ ／ ヶ ヶ ケケ ゲゲ ゲゲ 竹 笹 笛 笛 笛

피리 **적**
획수: 11
부수: 竹
(たけかんむり)

음 テキ　훈 ふえ
예 警笛(ケイテキ 경적)
　　笛(ふえ 피리)

鉄

／ ／ ￨ ￨ ￨ 牟 余 金 金 金 釪 釪 鉯 鉄　　　　鐵

쇠 **철**
획수: 13
부수: 金
(かねへん)

음 テツ　훈
예 鋼鉄(コウテツ 강철)

転

一 厂 厂 戸 亘 亘 車 車 転 転 転　　　　轉

구를 **전**
획수: 11
부수: 車
(くるまへん)

음 テン　훈 ころがる, ころげる, ころがす, ころぶ
예 転換(テンカン 전환)
　　転がる(ころがる 구르다, 뒹굴다), 転げる(ころげる 구르다, 뒹굴다)
　　転がす(ころがす 굴리다), 転ぶ(ころぶ 넘어지다, 자빠지다)

都

一 十 土 耂 者 者 者 者 者了 者阝 都　　　　都

도시 **도**
획수: 11
부수: 阝(邑)
(おおざと)

음 ト, ツ　훈 みやこ
예 都心(トシン 도심), 都合(ツゴウ 형편, 사정)
　　都(みやこ 수도)

度

정도 도
획수: 9
부수: 广
(まだれ)

丶 一 广 广 户 产 产 座 度 度

度 度 度 度 度 度

[음] ド, ト, タク　[훈] たび
[예] 度胸(ドキョウ 담력, 배짱), 法度(ハット 법령, 금령), 支度(シタク 준비, 채비)
　　度(たび 때, 회, 때마다)

投

던질 투
획수: 7
부수: 手(扌)
(てへん)

一 十 扌 扌 扔 抄 投

投 投 投 投 投 投

[음] トウ　[훈] なげる
[예] 投稿(トウコウ 투고)
　　投げる(なげる 던지다)

豆

콩 두
획수: 7
제부수: 豆
(まめ)

一 丅 丆 丏 豆 豆 豆

豆 豆 豆 豆 豆 豆

[음] トウ, ズ　[훈] まめ
[예] 豆腐(トウフ 두부), 大豆(ダイズ 대두, 콩)
　　豆(まめ 콩)

島

섬 도
획수: 10
부수: 山
(やま)

丶 亻 亽 户 户 自 鳥 鳥 島 島

島 島 島 島 島 島

[음] トウ　[훈] しま
[예] 無人島(ムジントウ 무인도)
　　島(しま 섬)

1. 炭鉱 _____

2. 短所 _____

3. 談話 _____

4. 着用 _____

5. 注ぐ _____

6. 電柱 _____

7. 丁字路 _____

8. 帳簿 _____

9. 調う _____

10. 追慕 _____

11.　定石　_____

12.　家庭　_____

13.　警笛　_____

14.　鋼鉄　_____

15.　転ぶ　_____

16.　都合　_____

17.　度胸　_____

18.　投稿　_____

19.　大豆　_____

20.　無人島　_____

Clip 04

초등학교 3학년 교육한자

☐ 초등학교 3학년 교육한자 200자 중 20자의 音, 訓 학습
☐ 해당한자와 관련된 단어학습과 쓰기연습

湯登等動童農波配倍箱畑発反坂板皮悲美鼻筆

☐ 초등학교 3학년 교육한자 200자 중 20자의 音, 訓을 학습하여 이해할 수 있다.
☐ 해당한자와 관련된 단어학습과 쓰기연습을 통해 일본에서의 실생활에 활용할 수 있다.

湯 끓일 **탕** 획수: 12 부수: 水(氵) (さんずい)	` ` ` 氵 氵 沪 沪 沪 沪 涓 湯 湯 湯
	湯 湯 湯 　湯 湯 湯
	음 トウ　훈 ゆ 예 熱湯(ネットウ 열탕) 　湯(ゆ 뜨거운 물)

登 오를 **등** 획수: 12 부수: 癶 (はつがしら)	フ ヲ ヺ 癶 癶 癶 卒 登 啓 登 登 登
	登 登 登 　登 登 登
	음 トウ, ト　훈 のぼる 예 登記(トウキ 등기), 登山(トザン 등산) 　登る(のぼる 오르다)

等 같을 **등** 획수: 12 부수: 竹 (たけかんむり)	ノ ト ﾋ ﾋ ﾋﾋ ﾋﾋ 竺 竿 笻 等 等 等
	等 等 等 　等 等 等
	음 トウ　훈 ひとしい 예 等分(トウブン 등분) 　等しい(ひとしい 같다, 흡사하다)

動 움직일 **동** 획수: 11 부수: 力 (ちから)	一 二 亍 台 亩 盲 重 重 重 動 動
	動 動 動 　動 動 動
	음 ドウ　훈 うごく, うごかす 예 活動(カツドウ 활동) 　動く(うごく 움직이다), 動かす(うごかす 움직이게 하다)

童	` 亠 立 立 音 音 音 音 童 童 童

<table>
<tr><td rowspan="4" style="text-align:center">
童

아이 동
획수: 12
부수: 立
(たつ)</td></tr>
<tr><td>童 | 童 | 童 | 童 童 童</td></tr>
</table>

音 ドウ　훈 わらべ

예 童心(ドウシン 동심)
　　童(わらべ 동자, 어린애)

農	｜ 冂 曰 由 曲 曲 曲 严 严 严 農 農 農

농사 **농**
획수: 13
부수: 辰
(たつ)

農 | 農 | 農 | 農 農 農

음 ノウ　훈

예 酪農(ラクノウ 낙농)

波	` ` 冫 氵 沪 沪 沪 波 波

물결 **파**
획수: 8
부수: 水(氵)
(さんずい)

波 | 波 | 波 | 波 波 波

음 ハ　훈 なみ

예 波及(ハキュウ 파급)
　　波(なみ 파도)

配	一 丆 冂 丙 西 西 酉 酉 酉 配

나눌 **배**
획수: 10
부수: 酉
(とりへん)

配 | 配 | 配 | 配 配 配

음 ハイ　훈 くばる

예 配分(ハイブン 배분)
　　配る(くばる 배부하다)

倍	ノ イ イ´ 仲 仲 伴 倍 倍 倍 倍		
곱 배 획수: 10 부수: 人 (にんべん)	倍 倍 倍 倍 倍 倍		
	[음] バイ　[훈] [예] 倍率(バイリツ 배율)		

箱	ノ ノ ノ ケ ケ ケ 竺 竺 竺 竿 箔 箱 箱 箱 箱		
상자 상 획수: 15 부수: 竹 (たけかんむり)	箱 箱 箱 箱 箱 箱		
	[음]　[훈] はこ [예] 箱(はこ 상자)		

畑	ノ ノ ノ 火 灯 炉 畑 畑 畑		
화전 전 획수: 9 부수: 田 (た)	畑 畑 畑 畑 畑 畑		
	[음]　[훈] はたけ, はた [예] 畑(はたけ 밭), 田畑(たはた 논밭)		

発	フ ヌ ヌ´ ヌ癶 癶 癶 癶 癶 発 發		
쏠 발 획수: 9 부수: 癶 (はつがしら)	発 発 発 発 発 発		
	[음] ハツ, ホッ　[훈] [예] 発明(ハツメイ 발명) 　　発端(ホッタン 발단)		

反	一 厂 厃 反
거꾸로 **반** 획수: 4 부수: 又 (また)	**음** ハン, ホン, タン　　**훈** そる, そらす **예** 反対(ハンタイ 반대), 謀反(ムホン 모반), 反物(タンモノ 옷감, 포목), 反る(そる 뒤로 젖혀지다), 反らす(そらす 젖히다)

坂	一 十 土 圤 圢 坂 坂
비탈 **판** 획수: 7 부수: 土 (つちへん)	**음** ハン　　**훈** さか **예** 坂路(ハンロ 고개 길, 가파른 길) 坂(さか 비탈길, 고개)

板	一 十 才 木 杉 杉 板 板
널조각 **판** 획수: 8 부수: 木 (きへん)	**음** ハン, バン　　**훈** いた **예** 合板(ゴウハン 합판), 黒板(コクバン 칠판) 板(いた 판자)

皮	ノ 厂 广 皮 皮
가죽 **피** 획수: 5 제부수: 皮 (けがわ)	**음** ヒ　　**훈** かわ **예** 皮相(ヒソウ 피상, 겉) 皮(かわ 가죽, 껍질)

	ノ ナ ヲ ヺ ヺ 非 非 非 非 悲 悲 悲						
悲 슬플 **비** 획수: 12 부수: 心 (こころ)	悲	悲	悲	悲	悲	悲	

음 ヒ　훈 かなしい, かなしむ
예 慈悲(ジヒ 자비)
　悲しい(かなしい 슬프다), 悲しむ(かなしむ 슬퍼하다)

	丶 丷 业 业 羊 羊 羊 美						
美 아름다울 **미** 획수: 9 부수: 羊 (ひつじ)	美	美	美	美	美	美	

음 ビ　훈 うつくしい
예 賛美(サンビ 찬미)
　美しい(うつくしい 아름답다)

	丶 丿 冂 冃 自 自 臯 臰 臰 畠 畠 鼻 鼻						
鼻 코 **비** 획수: 14 제부수: 鼻 (はな)	鼻	鼻	鼻	鼻	鼻	鼻	

음 ビ　훈 はな
예 鼻腔(ビコウ 비강)
　鼻(はな 코)

	丿 𠂉 𥫗 𥫗 竹 竹 竹 笁 筆 筆 筆 筆						
筆 붓 **필** 획수: 12 부수: 竹 (たけかんむり)	筆	筆	筆	筆	筆	筆	

음 ヒツ　훈 ふで
예 筆名(ヒツメイ 필명)
　筆(ふで 붓)

1. 熱湯   _____

2. 登山   _____

3. 等しい   _____

4. 動かす   _____

5. 童心   _____

6. 酪農   _____

7. 波及   _____

8. 配る   _____

9. 倍率   _____

10. 箱   _____

11. 田畑 　　　　　_____

12. 発端 　　　　　_____

13. 反物 　　　　　_____

14. 坂路 　　　　　_____

15. 合板 　　　　　_____

16. 皮相 　　　　　_____

17. 悲しむ 　　　　_____

18. 賛美 　　　　　_____

19. 鼻腔 　　　　　_____

20. 筆名 　　　　　_____

湖向羊港号根祭皿仕死使始指歯詩次事持式寫男者主守取酒受州捨終習集住重宿所著助昭消商章
想息速族他打対待代第題炭短談着注柱丁帳調追定庭笛鉄転都度投豆島湯登等動童農波配倍箱如
部服福物平返勉放味命面問役坐由油有遊予羊洋葉陽様落流旅両緑礼列練路和愛案以衣位茨印英
名営潟完官管関観願岐希季旗器機議求泣給挙漁共協鏡競極熊訓軍郡群径景芸欠結建健験固功好
産散残氏司試児治滋辞鹿失借種周祝順初松笑唱焼照城縄臣信井成省清静席積折節説浅戦選然争
低底的典伝徒努灯働特徳栃奈梨熱念敗梅博阪飯飛必票標不夫付府阜富副兵別辺変便包法望牧末
類令冷例連老労録圧囲移因永営衛易益液演応往桜可仮価河過快解格確額刊幹慣眼紀基寄規喜技
義逆久旧救居許境均禁句群経潔件券険検限現減故個護効厚耕航鉱構興講告混査再災妻採際在財罪殺雑酸賛士支史志枝師資飼示似識
常情織職制性政勢精製税責績接設絶祖素総造像増則測属率損貸態団断築貯張停提程適統堂銅導
得毒独任燃能破犯判版比肥非備俵復複仏粉編弁保墓報豊防貿暴脈務夢迷綿輸余容略留領歴易異遺域宇映延沿恩我灰拡
革閣割株干巻看簡危机貴揮劇激穴券絹権憲源厳己呼誤后孝皇紅降鋼刻穀骨困砂座済裁策冊蚕至私姿視詞誌
磁舎尺若樹収宗就衆従縦縮熟純処署諸除将傷障城舌宣専泉洗染銭善奏窓創装層操蔵臟存尊宅担探誕段暖値宙忠著庁頂潮賃痛展討党糖届難乳認納脳拝背肺俳班晩否批秘腹奮並陛閉片補暮宝訪亡忘棒枚幕密盟模訳郵優預幼欲翌乱卵覧裏律臨朗論

Clip 05

점검하기
초등학교 3학년 교육한자 Ⅱ

■ 다음의 한자표기어를 한국어 의미를 보고 알맞게 히라가나로 입력해 보세요.

1. 収拾(수습) _____

2. 集う(모이다, 회합하다) _____

3. 宿(숙소) _____

4. 助(도움, 보조) _____

5. 神無月(음력10월) _____

6. 世渡り(세상살이, 처세) _____

7. 送迎(송영) _____

8. 対句(대구) _____

9. 代物(물건, 대금) _____

10. 題材(제재) _____

11. 短所(단점, 결점)　＿＿＿＿＿＿＿＿＿＿

12. 注ぐ(따르다, 붓다)　＿＿＿＿＿＿＿＿＿＿

13. 丁字路(삼거리)　＿＿＿＿＿＿＿＿＿＿

14. 調う(성립되다, 마련되다)　＿＿＿＿＿＿＿＿＿＿

15. 定石(정석)　＿＿＿＿＿＿＿＿＿＿

16. 登山(등산)　＿＿＿＿＿＿＿＿＿＿

17. 等しい(같다, 흡사하다)　＿＿＿＿＿＿＿＿＿＿

18. 田畑(논밭)　＿＿＿＿＿＿＿＿＿＿

19. 反物(옷감, 포목)　＿＿＿＿＿＿＿＿＿＿

20. 鼻腔(비강)　＿＿＿＿＿＿＿＿＿＿

제6과
초등학교 3학년 교육한자 /
초등학교 4학년 교육한자

Clip 01
초등학교 3학년 교육한자

학습내용

☐ 초등학교 3학년 교육한자 200자 중 20자의 音, 訓 학습

☐ 해당한자와 관련된 단어학습과 쓰기연습

氷 表 秒 病 品 負 部 服 福 物 平 返 勉 放 味 命 面 問 役 薬

학습목표

☐ 초등학교 3학년 교육한자 200자 중 20자의 音, 訓을 학습하여 이해할 수 있다.

☐ 해당한자와 관련된 단어학습과 쓰기연습을 통해 일본에서의 실생활에 활용할 수 있다.

氷	亅 丬 沐 氺 氷			氷 氷 氷			
얼음 **빙** 획수: 5 부수: 水 (みず)	氷	氷	氷				

음 ヒョウ　**훈** こおり, ひ

예 氷点(ヒョウテン 빙점)

氷(こおり 얼음), 氷雨(ひさめ 우박, 진눈깨비)

表	一 二 キ 主 耒 耒 表 表			表 表 表			
겉 **표** 획수: 8 부수: 衣 (ころも)	表	表	表				

음 ヒョウ　**훈** おもて, あらわす, あらわれる

예 代表(ダイヒョウ 대표)

表(おもて 겉), 表す(あらわす 나타내다), 表れる(あらわれる 나타나다)

秒	一 二 千 千 禾 利 利 秒 秒			秒 秒 秒			
작은단위 **초** 획수: 9 부수: 禾 (のぎへん)	秒	秒	秒				

음 ビョウ　**훈**

예 秒針(ビョウシン 초침)

病	丶 亠 广 广 疒 疒 疒 疒 病 病			病 病 病			
병들 **병** 획수: 10 부수: 疒 (やまいだれ)	病	病	病				

음 ビョウ, ヘイ　**훈** やむ, やまい

예 看病(カンビョウ 간병), 疾病(シッペイ 질병)

病む(やむ 앓다, 병들다), 病(やまい 병)

196

品	丨 冂 冂 尸 吊 吊 品 品 品							

品

물건 **품**
획수: 9
부수: 口
(くち)

음 ヒン　**훈** しな
예 作品(サクヒン 작품)
　　品物(しなもの 물건, 물품)

負	′ ′ ′ ′ 角 角 角 角 負 負							

負

짐질 **부**
획수: 9
부수: 貝
(かい)

음 フ　**훈** まける, まかす, おう
예 負傷(フショウ 부상)
　　負ける(まける 지다, 패배하다), 負かす(まかす 상대를 지게하다), 負う(おう 업다,
　　짊어지다)

部	′ 亠 立 立 产 音 音 音 咅 部 部							

部

나눌 **부**
획수: 11
부수: 阝(邑)
(おおざと)

음 ブ　**훈**
예 全部(ゼンブ 전부)

服	′ 冂 月 月 朋 肝 服 服							

服

옷 **복**
획수: 8
부수: 月
(つきへん)

음 フク　**훈**
예 服装(フクソウ 복장)

福 복 복 획수: 13 부수: 示(ネ) (しめすへん)	` ｸ ｸ ｫ ｫ ｫ ｫ ｫ ｫ 福 福 福 福 福 福　福　福　福 福 福 음 フク　훈 예 幸福(コウフク 행복)
物 물건 물 획수: 8 부수: 牛 (うしへん)	` ｲ ｵ 牛 牛 牛 物 物 物　物　物　物 物 物 음 ブツ, モツ　훈 もの 예 動物(ドウブツ 동물), 禁物(キンモツ 금물) 　　物(もの 물건, 사물)
平 평평할 평 획수: 5 부수: 干 (かん)	` ｱ ｱ ｩ 平 平　平　平　平 平 平 음 ヘイ, ビョウ　훈 たいら, ひら 예 平面(ヘイメン 평면), 平等(ビョウドウ 평등) 　　平ら(たいら 평탄함, 평평함), 平泳ぎ(ひらおよぎ 평영)
返 돌이킬 반 획수: 7 부수: 辶 (しんにょう)	` ｱ ｱ 反 反 返 返 返　返　返　返 返 返 음 ヘン　훈 かえす, かえる 예 返事(ヘンジ 대답, 답장) 　　返す(かえす 돌려주다), 返る(かえる 되돌아가다)

勉	ノ ク ケ 免 免 免 免 免 勉
힘쓸 **면** 획수: 10 부수: 力 (ちから)	勉 勉 勉　勉 勉 勉

[음] ベン　[훈]
[예] 勤勉(キンベン 근면)

放	' ナ 方 方 方 扩 故 放
놓을 **방** 획수: 8 부수: 攵(攴) (ぼくづくり)	放 放 放　放 放 放

[음] ホウ　[훈] はなす, はなつ, はなれる, ほうる
[예] 追放(ツイホウ 추방)
　　放す(はなす 놓다, 넣다), 放つ(はなつ 놓다, 내쫓다, 치우다), 放れる(はなれる 풀리다, 발사되다), 放る(ほうる 멀리 내던지다, 집어치우다)

味	l 冂 口 口 吁 吁 味 味
맛 **미** 획수: 8 부수: 口 (くちへん)	味 味 味　味 味 味

[음] ミ　[훈] あじ, あじわう
[예] 興味(キョウミ 흥미)
　　味(あじ 맛), 味わう(あじわう 맛보다)

命	ノ 人 스 스 命 命 命 命
목숨 **명** 획수: 8 부수: 口 (くち)	命 命 命　命 命 命

[음] メイ, ミョウ　[훈] いのち
[예] 命令(メイレイ 명령), 寿命(ジュミョウ 수명)
　　命(いのち 목숨)

面	一 一 一 一 而 而 面 面 面					
얼굴 **면** 획수: 9 제부수: 面 (めん)	面	面	面	面 面 面		
	[음] メン　[훈] おも, おもて, つら [예] 方面(ホウメン 방면) 　　面(おもて 얼굴, 가면), 面立ち(おもだち 용모, 얼굴 생김새), 面(つら 낯, 낯짝)					

問	丨 冂 冂 門 門 門 門 門 問 問 問					
물을 **문** 획수: 11 부수: 口 (くち)	問	問	問	問 問 問		
	[음] モン　[훈] とう, とい, とん [예] 訪問(ホウモン 방문) 　　問う(とう 질문하다), 問い質す(といただす 따지다, 추궁하다), 問屋(とんや 도 　　매상)					

役	ノ ノ 彳 彳 衫 役 役					
부릴 **역** 획수: 7 부수: 彳 (ぎょうにんべん)	役	役	役	役 役 役		
	[음] ヤク, エキ　[훈] [예] 役所(ヤクショ 관청, 관공서), 兵役(ヘイエキ 병역)					

藥	一 一 芦 芦 芦 苧 苧 苧 苩 萆 萆 菨 蕐 蕐 藥　藥					
약 약 획수: 16 부수: 艹 (くさかんむり)	藥	藥	藥	藥 藥 藥		
	[음] ヤク　[훈] くすり [예] 火藥(カヤク 화약) 　　藥(くすり 약)					

1. 氷雨 _____

2. 表 _____

3. 秒針 _____

4. 病む _____

5. 品物 _____

6. 負傷 _____

7. 全部 _____

8. 服装 _____

9. 幸福 _____

10. 禁物 _____

11. 平泳ぎ　　　　　　　　　_____

12. 返事　　　　　　　　　　_____

13. 勤勉　　　　　　　　　　_____

14. 放つ　　　　　　　　　　_____

15. 興味　　　　　　　　　　_____

16. 寿命　　　　　　　　　　_____

17. 面立ち　　　　　　　　　_____

18. 問屋　　　　　　　　　　_____

19. 兵役　　　　　　　　　　_____

20. 火薬　　　　　　　　　　_____

Clip 02
초등학교 3학년 교육한자

학습내용

☐ 초등학교 3학년 교육한자 200자 중 20자의 音, 訓 학습

☐ 해당한자와 관련된 단어학습과 쓰기연습

由油有遊予羊洋葉陽様落流旅両緑礼列練路和

학습목표

☐ 초등학교 3학년 교육한자 200자 중 20자의 音, 訓을 학습하여 이해할 수 있다.

☐ 해당한자와 관련된 단어학습과 쓰기연습을 통해 일본에서의 실생활에 활용할 수 있다.

由 말미암을 **유** 획수: 5 부수: 田 (た)	 ｜ 冂 冋 由 由 由 由 由　由 由 由
	음 ユ, ユウ, ユイ　훈 よし 예 経由(ケイユ 경유), 理由(リユウ 이유), 由緒(ユイショ 유서) 　由(よし 수단, 사정)

油 기름 **유** 획수: 8 부수: 水(氵) (さんずい)	` ` 氵 氵 汩 油 油 油 油 油 油　油 油 油
	음 ユ　훈 あぶら 예 油田(ユデン 유전) 　油(あぶら 기름)

有 있을 **유** 획수: 6 부수: 月 (つき)	ノ ナ 才 有 有 有  有 有 有　有 有 有
	음 ユウ, ウ　훈 ある 예 有益(ユウエキ 유익), 有無(ウム 유무) 　有る(ある 있다)

遊 놀 **유** 획수: 12 부수: 辶 (しんにょう)	` 一 亍 方 方 扩 扩 斿 斿 游 游 遊 遊 遊 遊　遊 遊 遊
	음 ユウ, ユ　훈 あそぶ 예 遊戯(ユウギ 유희), 遊山(ユサン 산이나 들에 놀러 나감) 　遊ぶ(あそぶ 놀다)

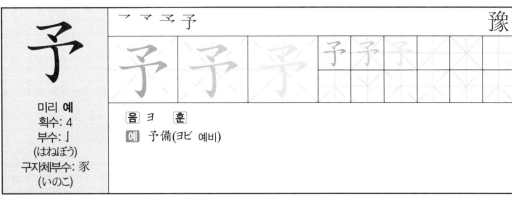

予

ㄱ ㄲ ㄲ 予

予 予 予 | 予 予 予

미리 **예**
획수: 4
부수: 亅
(はねぼう)
구자체부수: 豕
(いのこ)

豫

[음] ヨ　[훈]
[예] 予備(ヨビ 예비)

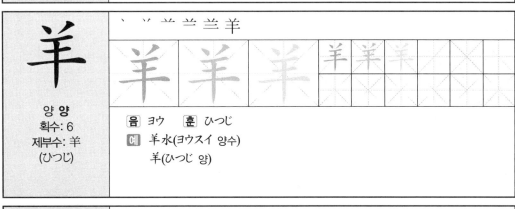

羊

丶 丷 䒑 兰 兰 羊

羊 羊 羊 | 羊 羊 羊

양 **양**
획수: 6
제부수: 羊
(ひつじ)

[음] ヨウ　[훈] ひつじ
[예] 羊水(ヨウスイ 양수)
　　羊(ひつじ 양)

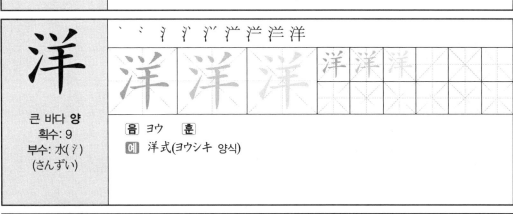

洋

丶 丶 氵 氵 氵 氵 氵 洋 洋

洋 洋 洋 | 洋 洋 洋

큰 바다 **양**
획수: 9
부수: 水(氵)
(さんずい)

[음] ヨウ　[훈]
[예] 洋式(ヨウシキ 양식)

葉

一 十 艹 芋 茊 茊 茊 葉 葉 華 葉 葉

葉 葉 葉 | 葉 葉 葉

잎 **엽**
획수: 12
부수: 艹
(くさかんむり)

[음] ヨウ　[훈] は
[예] 葉緑素(ヨウリョクソ 엽록소)
　　葉(は 잎)

陽	阝 阝¹ 阝² 阝³ 陽 陽 陽						
볕 양 획수: 12 부수: 阝(阜) (こざとへん)	陽 陽 陽	陽 陽 陽					
	[음] ヨウ　　**[훈]** **[예]** 陰陽(インヨウ 음양)						

様	一 十 十 木 木 栏 栏 栏 栏 样 样 栟 様 様						様
모양 양 획수: 14 부수: 木 (きへん)	様 様 様	様 様 様					
	[음] ヨウ　　**[훈]** さま **[예]** 模様(モヨウ 모양) 　　～様(さま ～님)						

落	一 ナ サ 艹 芐 荗 荗 莎 茨 茨 落 落						
떨어질 락 획수: 12 부수: 艸 (くさかんむり)	落 落 落	落 落 落					
	[음] ラク　　**[훈]** おちる, おとす **[예]** 落第(ラクダイ 낙제) 　　落ちる(おちる 떨어지다), 落とす(おとす 떨어뜨리다, 분실하다)						

流	氵 氵 浐 浐 浐 浐 済 流						
흐를 류 획수: 10 부수: 水(氵) (さんずい)	流 流 流	流 流 流					
	[음] リュウ, ル　　**[훈]** ながれる, ながす **[예]** 電流(デンリュウ 전류), 流布(ルフ 유포) 　　流れる(ながれる 흐르다), 流す(ながす 흐르게 하다)						

旅

ヽ 一 亠 方 方 圹 圹 扩 斿 旅

旅 旅 旅 | 旅 旅 旅 | | | |

나그네 려
획수: 10
부수: 方
(ほうへん)

음 リョ　훈 たび
예 旅館(リョカン 여관)
　　旅(たび 여행)

両

一 丆 冂 币 両 両 　　　　　　　　　両

両 両 両 | 両 両 両 | | | |

두 량
획수: 6
부수: 一
(いち)
구자체부수: 入
(いる)

음 リョウ　훈
예 両親(リョウシン 양친)

緑

ヽ ㄑ ㄠ ㄠ ㄠ 糸 糸 ㄠ 糸 紵 紵 紵 絼 緑 　　緑

緑 緑 緑 | 緑 緑 緑 | | | |

푸를 록
획수: 14
부수: 糸
(いとへん)

음 リョク, ロク　훈 みどり
예 緑茶(リョクチャ 녹차), 緑青(ロクショウ 녹청)
　　緑(みどり 초록, 나무의 새싹)

礼

ヽ ㇇ ⻂ ネ 礼 　　　　　　　　　　　禮

礼 礼 礼 | 礼 礼 礼 | | | |

예도 례
획수: 5
부수: 示(ネ)
(しめすへん)

음 レイ, ライ　훈
예 礼儀(レイギ 예의), 礼賛(ライサン 예찬)

列	一 丆 歹 歹 列 列
줄 렬 획수: 6 부수: 刀(刂) (りっとう)	列 列 列 〔列 列 列〕 음 レツ　훈 예 陳列(チンレツ 진열)

練	し ㄴ 幺 幺 幺 糸 糸 糽 糽 綀 綀 紳 練 練　練
익힐 련 획수: 14 부수: 糸 (いとへん)	練 練 練 〔練 練 練〕 음 レン　훈 ねる 예 試練(シレン 시련) 　　練る(ねる 누이다, 반죽하다, 단련하다)

路	丨 冂 冂 甲 甲 卟 趵 趵 跸 跸 路 路 路
길 로 획수: 13 부수: 足 (あしへん)	路 路 路 〔路 路 路〕 음 ロ　훈 じ 예 路上(ロジョウ 노상) 　　旅路(たびじ 여로, 여행길)

和	一 二 千 禾 禾 禾 和 和 和
화목할 화 획수: 8 부수: 口 (くち)	和 和 和 〔和 和 和〕 음 ワ, オ　훈 やわらぐ, やわらげる, なごむ, なごやか 예 和解(ワカイ 화해), 和尚(オショウ 스님, 주지) 　　和らぐ(やわらぐ 온화해지다), 和らげる(やわらげる 부드럽게 하다), 和む(なごむ 　　누그러지다), 和やか(なごやか 부드러움, 온화함)

1. 由緒 　　　　_____

2. 油田 　　　　_____

3. 有無 　　　　_____

4. 遊山 　　　　_____

5. 予備 　　　　_____

6. 羊水 　　　　_____

7. 洋式 　　　　_____

8. 葉緑素 　　　_____

9. 陰陽 　　　　_____

10. 模様 　　　_____

11. 落第 _____

12. 流布 _____

13. 旅館 _____

14. 両親 _____

15. 緑茶 _____

16. 礼賛 _____

17. 陳列 _____

18. 練る _____

19. 旅路 _____

20. 和やか _____

Clip 03

초등학교 4학년 교육한자

학습내용

☐ 초등학교 4학년 교육한자 202자 중 20자의 음, 訓 학습
☐ 해당한자와 관련된 단어학습과 쓰기연습

愛案以衣位茨印英栄媛塩岡億加果貨課芽賀改

학습목표

☐ 초등학교 4학년 교육한자 202자 중 20자의 음, 訓을 학습하여 이해할 수 있다.
☐ 해당한자와 관련된 단어학습과 쓰기연습을 통해 일본에서의 실생활에 활용할 수 있다.

愛	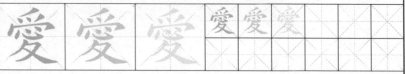 一 一 一 一 四 严 严 亟 亟 亟 愛 愛 愛
사랑 애 획수: 13 부수: 心 (こころ)	愛 愛 愛 愛 愛 愛
	음 アイ　훈 예 恋愛(レンアイ 연애)

案	' ' ' ' ' ' 安 安 安 案 案 案
책상 안 획수: 10 부수: 木 (き)	案 案 案 案 案 案
	음 アン　훈 예 案外(アンガイ 의외로, 뜻밖의)

以		' ' ' 以 以
써 이 획수: 5 부수: 人 (ひと)	以 以 以 以 以 以
	음 イ　훈 예 以後(イゴ 이후)

衣	' ' ' ' ' ' 衣 衣 衣
옷 의 획수: 6 제부수: 衣 (ころも)	衣 衣 衣 衣 衣 衣
	음 イ　훈 ころも 예 衣服(イフク 의복) 衣(ころも 옷)

位

자리 **위**
획수: 7
부수: 人
(にんべん)

丿 亻 亻' 亻ᅩ 仁 位 位

位 位 位 位 位 位

음 イ　훈 くらい
예 位牌(イハイ 위패)
位(くらい 자리, 지위)

茨

가시나무 **자**
획수: 9
부수: 艸
(くさかんむり)

一 十 廾 艹 艹 茫 茫 茨 茨

茨 茨 茨 茨 茨 茨

음　훈 いばら
예 茨城県(いばらきけん 이바라키현)

印

도장 **인**
획수: 6
부수: 卩
(ふしづくり)

丆 F F E 臼 印

印 印 印 印 印 印

음 イン　훈 しるし
예 印象(インショウ 인상)
印(しるし 표지, 표시)

英

꽃부리 **영**
획수: 8
부수: 艸
(くさかんむり)

一 十 廾 艹 芇 苎 茁 英

英 英 英 英 英 英

음 エイ　훈
예 英才(エイサイ 영재)

栄

영화 **영**
획수: 9
부수: 木
(き)

丶 丶 ⺌ ⺌ 学 学 栄 栄 栄　　　　　　　　　榮

栄 栄 栄　栄 栄 栄

音 エイ　訓 さかえる, はえ, はえる
예 繁栄(ハンエイ 번영)
栄える(さかえる 번창하다, 번영하다), 栄え(はえ 영광, 명예), 栄える(はえる
빛나다)

媛

미녀 **원**
획수: 12
부수: 女
(おんなへん)

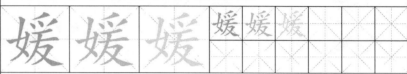
く 乄 女 妒 妒 妒 妒 婭 婭 婭 媛 媛

媛 媛 媛　媛 媛 媛

예 エン　訓 (ひめ)
예 才媛(サイエン 재원)
愛媛県(えひめけん 에히메현)

塩

소금 **염**
획수: 13
부수: 土
(つちへん)
구자체부수: 鹵
(ろ・しお)

一 十 土 圡 圹 圹 垆 垆 塩 塩 塩 塩 塩　　鹽

塩 塩 塩　塩 塩 塩

音 エン　訓 しお
예 食塩(ショクエン 식염)
塩(しお 소금)

岡

언덕 **강**
획수: 8
부수: 山
(やま)

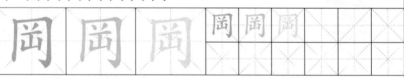
｜ 冂 冂 冋 冈 岡 岡 岡

岡 岡 岡　岡 岡 岡

音 　訓 おか
예 岡山県(おかやまけん 오카야마현), 静岡県(しずおかけん 시즈오카현),
福岡県(ふくおかけん 후쿠오카현)

億	ノ イ イ 伫 伫 伫 伫 倍 倍 倍 倍 億 億 億
억 억 획수: 15 부수: 人 (にんべん)	億 億 億 / 億 億 億
	음 オク 훈 예 億万長者(オクマンチョウジャ 억만장자)

加	丁 力 加 加 加
더할 가 획수: 5 부수: 力 (ちから)	加 加 加 / 加 加 加
	음 カ 훈 くわえる, くわわる 예 加入(カニュウ 가입) 加える(くわえる 가하다, 가입시키다), 加わる(くわわる 더해지다, 가담하다, 미치다)

果	丨 冂 日 日 旦 甲 果 果
과실 과 획수: 8 부수: 木 (き)	果 果 果 / 果 果 果
	음 カ 훈 はたす, はてる, はて 예 果肉(カニク 과육) 果たす(はたす 완수하다), 果てる(はてる 끝나다), 果て(はて 끝, 종말)

貨	ノ イ イ 化 化 貨 貨 貨 貨 貨 貨
재물 화 획수: 11 부수: 貝 (かい)	貨 貨 貨 / 貨 貨 貨
	음 カ 훈 예 貨幣(カヘイ 화폐)

課

一　二　三　言　言　言　言　訂　訂　訶　評　課　課　課

課　課　課　課　課　課

부과할 과
획수: 15
부수: 言
(ごんべん)

음 カ　훈
예 課長(カチョウ 과장)

芽

一　十　艹　艹　芢　芒　芽　芽

芽　芽　芽　芽　芽　芽

싹 아
획수: 8
부수: 艹
(くさかんむり)

음 ガ　훈 め
예 麦芽(バクガ 맥아, 엿기름)
　　芽(め 눈, 싹, 계란의 알눈)

賀

一　力　加　加　加　智　智　智　賀　賀　賀

賀　賀　賀　賀　賀　賀

하례할 하
획수: 12
부수: 貝
(かい)

음 ガ　훈
예 賀状(ガジョウ 축하의 편지, 연하장)

改

一　コ　己　己　改　改　改

改　改　改　改　改　改

고칠 개
획수: 7
부수: 攵(攴)
(ぼくづくり)

음 カイ　훈 あらためる, あらたまる
예 改革(カイカク 개혁)
　　改める(あらためる 고치다, 조사하다), 改まる(あらたまる 고쳐지다, 격식을 차리다)

1. 恋愛 　　　　　_____

2. 案外 　　　　　_____

3. 以後 　　　　　_____

4. 衣 　　　　　_____

5. 位牌 　　　　　_____

6. 茨城県 　　　　　_____

7. 印象 　　　　　_____

8. 英才 　　　　　_____

9. 栄え 　　　　　_____

10. 愛媛県 　　　　　_____

11. 食塩 _____

12. 岡山県 _____

13. 億万長者 _____

14. 加わる _____

15. 果て _____

16. 貨幣 _____

17. 課長 _____

18. 麦芽 _____

19. 賀状 _____

20. 改まる _____

Clip 04

초등학교 4학년 교육한자

☐ 초등학교 4학년 교육한자 202자 중 20자의 音, 訓 학습

☐ 해당한자와 관련된 단어학습과 쓰기연습

械害街各覚潟完官管関観願岐希季旗器機議求

학습목표

☐ 초등학교 4학년 교육한자 202자 중 20자의 音, 訓을 학습하여 이해할 수 있다.

☐ 해당한자와 관련된 단어학습과 쓰기연습을 통해 일본에서의 실생활에 활용할 수 있다.

械	一 十 才 才 朾 朾 栌 梽 械 械 械
형틀 **계** 획수: 11 부수: 木 (きへん)	[음] カイ [훈] [예] 機械(キカイ 기계)

害	丶 宀 宀 宀 宀 害 害 害 害
해칠 **해** 획수: 10 부수: 宀 (うかんむり)	[음] ガイ [훈] [예] 被害(ヒガイ 피해)

街	丿 彳 彳 彳 徉 往 往 往 往 街 街
거리 **가** 획수: 12 부수: 行 (ぎょうがまえ)	[음] ガイ, カイ [훈] まち [예] 街頭(ガイトウ 가두), 街道(カイドウ 가도) 街(まち 거리, 시가)

各	丿 ク 夂 冬 各 各
각각 **각** 획수: 6 부수: 口 (くち)	[음] カク [훈] おのおの [예] 各自(カクジ 각자) 各(おのおの 각각, 각기)

覚	丶 丷 丷 丷 ヴ 兴 兴 党 党 営 営 覚								覺

覚 覚 覚 　覚 覚 覚

깨달을 각
획수: 12
부수: 見
(みる)

[음] カク　[훈] おぼえる, さます, さめる
[예] 覚悟(カクゴ 각오)
覚える(おぼえる 느끼다, 기억하다), 覚ます(さます 깨우다, 깨다), 覚める(さめる 잠이 깨다)

潟	丶 丶 氵 氵 氵 氵 沪 沪 沪 沪 潟 潟 潟 潟 潟								

潟 潟 潟 　潟 潟 潟

개펄 석
획수: 15
부수: 水(氵)
(さんずい)

[음]　[훈] かた
[예] 干潟(ひがた 간석지), 新潟県(にいがたけん 니이가타현)

完	丶 丶 宀 宀 宁 完 完								

完 完 完 　完 完 完

완전할 완
획수: 7
부수: 宀
(うかんむり)

[음] カン　[훈]
[예] 完成(カンセイ 완성)

官	丶 丶 宀 宀 宁 官 官 官								

官 官 官 　官 官 官

벼슬 관
획수: 8
부수: 宀
(うかんむり)

[음] カン　[훈]
[예] 教官(キョウカン 교관)

管	ノ ト ヒ ヒ ケ ケ ケ ケ ケ 竹 竹 竹 竹 竹 竹 管 管 管 管
대롱 **관** 획수: 14 부수: 竹 (たけかんむり)	管 管 管　　管 管 管 음 カン　훈 くだ 예 管理(カンリ 관리) 　　管(くだ 관, 대롱)

関	l l′ l″ l″ l″ 門 門 門 門 閂 閂 閏 関 関　　關
관계 **관** 획수: 14 부수: 門 (もんがまえ)	関 関 関　　関 関 関 음 カン　훈 せき, かかわる 예 関節(カンセツ 관절) 　　関(せき 관문, 가로막는 것), 関わる(かかわる 관계되다)

観	ノ ヒ ヒ ケ ケ ケ ケ ケ 隹 隹 雚 雚 雚 雚 雚 観 観　　觀
볼 **관** 획수: 18 부수: 見 (みる)	観 観 観　　観 観 観 음 カン　훈 예 観察(カンサツ 관찰)

願	一 厂 厂 厂 厈 厈 盾 盾 原 原 原 原 原 原 願 願 願 願 願
바랄 **원** 획수: 19 부수: 頁 (おおがい)	願 願 願　　願 願 願 음 ガン　훈 ねがう 예 祈願(キガン 기원) 　　願う(ねがう 바라다)

岐	丨 山 山 屵 屿 岐 岐 岐
갈림길 기 획수: 7 부수: 山 (やまへん)	岐 岐 岐 岐 岐 岐 음 キ 훈 예 岐路(キロ 기로), 岐阜県(ギフケン 기후현)

希	ノ メ ≯ ≯ ≯ 希 希
바랄 희 획수: 7 부수: 巾 (はば)	希 希 希 希 希 希 음 キ 훈 예 希薄(キハク 희박)

季	一 二 千 チ 禾 禾 季 季
계절 계 획수: 8 부수: 子 (こ)	季 季 季 季 季 季 음 キ 훈 예 四季(シキ 사계)

旗	丶 亠 亣 方 方 扩 扩 斿 斿 斿 旆 旌 旗 旗
기 기 획수: 14 부수: 方 (ほうへん)	旗 旗 旗 旗 旗 旗 음 キ 훈 はた 예 旗艦(キカン 기함, 함대 사령관이 타는 군함) 旗(はた 기, 깃발)

器

그릇 **기**
획수: 15
부수: 口
(くち)

丨 丨 叩 叩 叩 叩 哭 哭 哭 器 器 器 器 器

器 器 器

器 器 器

| 음 | キ | 훈 | うつわ |

例 器量(キリョウ 기량)

器(うつわ 그릇, 용기)

機

베틀 **기**
획수: 16
부수: 木
(きへん)

一 十 才 才 朴 朴 朴 朴 朴 朴 機 機 機 機 機

機 機 機

機 機 機

| 음 | キ | 훈 | はた |

例 危機(キキ 위기)

機(はた 베틀)

議

의논할 **의**
획수: 20
부수: 言
(ごんべん)

一 丨 亠 亖 言 言 言 計 詳 詳 詳 詳 詳 詳 詳 議 議 議

議 議 議

議 議 議

| 음 | ギ | 훈 | |

例 議論(ギロン 의논)

求

구할 **구**
획수: 7
부수: 水
(みず)

一 十 寸 才 求 求 求

求 求 求

求 求 求

| 음 | キュウ | 훈 | もとめる |

例 求職(キュウショク 구직)

求める(もとめる 구하다, 찾다)

---

1. 機械　　　　　＿＿＿＿＿＿＿＿＿＿＿＿＿＿＿

2. 被害　　　　　＿＿＿＿＿＿＿＿＿＿＿＿＿＿＿

3. 街道　　　　　＿＿＿＿＿＿＿＿＿＿＿＿＿＿＿

4. 各自　　　　　＿＿＿＿＿＿＿＿＿＿＿＿＿＿＿

5. 覚ます　　　　＿＿＿＿＿＿＿＿＿＿＿＿＿＿＿

6. 新潟県　　　　＿＿＿＿＿＿＿＿＿＿＿＿＿＿＿

7. 完成　　　　　＿＿＿＿＿＿＿＿＿＿＿＿＿＿＿

8. 教官　　　　　＿＿＿＿＿＿＿＿＿＿＿＿＿＿＿

9. 管　　　　　　＿＿＿＿＿＿＿＿＿＿＿＿＿＿＿

10. 関　　　　　＿＿＿＿＿＿＿＿＿＿＿＿＿＿＿

11. 觀察   _____

12. 祈願   _____

13. 岐路   _____

14. 希薄   _____

15. 四季   _____

16. 旗艦   _____

17. 器   _____

18. 機   _____

19. 議論   _____

20. 求職   _____

湖向辛港号根祭皿仕死使始指齒詩次事持式実写者主守取酒受州拾終習集住重宿所著坊昭消商章
想息速族他打対待代第題炭短談着注柱丁帳調追定庭笛鉄転都度投豆島湯登等動童農波配倍箱畑
部服福物平返勉放味命面問役薬由油有遊予羊洋葉陽様落流旅両緑礼列練路和愛案以衣位茨印英
多営渇完官管関観願岐希季旗器機議求泣給季漁共協鏡競極熊訓軍郡群径景芸欠結建健験固功好
産散残氏司試児治滋辞鹿失借種周祝順初松笑唱焼照城縄臣信井成省清静席積折節説浅戦選然争
倉巣束側続卒孫帯隊達単置仲貯兆腸低底的典伝徒努灯働特徳栃奈梨熱念敗梅博阪飯飛必票標不夫付府阜富副兵別辺変便包法望牧末
類令冷例連老労録圧囲移因永営衛易益液演応往桜可仮価河過快解格確額刊幹慣眼紀基寄規喜技
技期吸旧求泣急救球給挙漁競協鏡競熊訓軍群建験固減故個護効厚耕航鉱構興講告混査再災妻採際在財罪殺雑酸賛士支史志枝師資飼示似識
常情織職制性政勢精製税責積接設絶舌銭然祖素総造像増則測属率損貸態団断築貯張停提程適統堂銅導
評判武復複仏粉編弁保墓報豊防貿暴脈務夢迷綿輸余容略留領歴胃異遺域宇映延沿恩我灰拡
革閣割株干巻看簡危机揮貴疑吸供胸郷勤筋敬警劇激穴券絹権憲源厳己呼誤后孝皇紅降鋼刻穀骨困砂座済裁策冊蚕至私姿視詞誌
磁射捨尺若樹収宗就衆従縦縮熟純処署諸除将傷障城盛聖誠宣専泉洗染銭善奏窓創装層操蔵臓存尊宅担探誕段暖値宙忠著庁頂潮賃痛展討党糖届難乳認納脳派拝背肺俳班晩否批秘俵腹奮並陛閉片補暮宝訪亡忘棒枚幕密盟模訳郵優幼欲翌乱卵覧裏律臨朗論

Clip 05

점검하기
초등학교 3학년 교육한자 Ⅲ /
초등학교 4학년 교육한자 Ⅰ

■ 다음의 한자표기어를 한국어 의미를 보고 알맞게 히라가나로 입력해 보세요.

1. 氷雨(우박, 진눈깨비)　　　　_____

2. 病む(앓다, 병들다)　　　　_____

3. 平泳ぎ(평영)　　　　_____

4. 面立ち(용모, 얼굴 생김새)　　　　_____

5. 問屋(도매상)　　　　_____

6. 有無(유무)　　　　_____

7. 遊山(산이나 들에 놀러 나감)　　　　_____

8. 葉緑素(엽록소)　　　　_____

9. 流布(유포)　　　　_____

10. 和やか(부드러움, 온화함)　　　　_____

11. 衣(옷) _____

12. 茨城県(이바라키현) _____

13. 栄え(영광, 명예) _____

14. 果て(끝, 종말) _____

15. 賀状(축하의 편지, 연하장) _____

16. 街道(가도) _____

17. 新潟県(니이가타현) _____

18. 管(관, 대롱) _____

19. 岐路(기로) _____

20. 機(베틀) _____

제7과
초등학교 4학년 교육한자

Clip 01
초등학교 4학년 교육한자

[학습내용]

□ 초등학교 4학년 교육한자 202자 중 20자의 音, 訓 학습
□ 해당한자와 관련된 단어학습과 쓰기연습

泣給拳漁共協鏡競極熊訓軍郡群径景芸欠結建

[학습목표]

□ 초등학교 4학년 교육한자 202자 중 20자의 音, 訓을 학습하여 이해할 수 있다.
□ 해당한자와 관련된 단어학습과 쓰기연습을 통해 일본에서의 실생활에 활용할 수 있다.

泣	
울 읍 획수: 8 부수: 水(氵) (さんずい)	[음] キュウ　　[훈] なく [예] 泣訴(キュウソ 읍소) 　　　泣く(なく 울다)

給	
줄 급 획수: 12 부수: 糸 (いとへん)	[음] キュウ　　[훈] [예] 配給(ハイキュウ 배급)

挙	　　舉
들 거 획수: 10 부수: 手 (て)	[음] キョ　　[훈] あげる, あがる [예] 挙手(キョシュ 거수) 　　　挙げる(あげる 들다), 挙がる(あがる 오르다, 올라가다)

漁	
고기잡을 어 획수: 14 부수: 水(氵) (さんずい)	[음] ギョ, リョウ　　[훈] [예] 漁村(ギョソン 어촌), 大漁(タイリョウ 대어, 풍어)

共	一 十 廾 井 井 共 共					
함께 **공** 획수: 6 부수: 八 (はち)	共	共	共	共 共 共		

음 キョウ　훈 とも
예 共通(キョウツウ 공통)
共に(ともに 함께)

協	一 十 忄 忄 忬 协 協 協					
도울 **협** 획수: 8 부수: 十 (じゅう)	協	協	協	協 協 協		

음 キョウ　훈
예 協会(キョウカイ 협회)

鏡	ノ 𠂉 𠂤 𠂤 牟 牟 숲 金 金 釒 鈩 鈩 鈩 鏱 鏱 鏱 鏱 鏡					
거울 **경** 획수: 19 부수: 金 (かねへん)	鏡	鏡	鏡	鏡 鏡 鏡		

음 キョウ　훈 かがみ
예 鏡台(キョウダイ 경대)
鏡(かがみ 거울)

競	` 亠 立 立 产 音 音 竞 竞 竞 竞 竞 竞 竞 竞 竞 竞 竞 競					
다툴 **경** 획수: 20 부수: 立 (たつ)	競	競	競	競 競 競		

음 キョウ, ケイ　훈 きそう, せる
예 競技(キョウギ 경기), 競輪(ケイリン 경륜)
競う(きそう 겨루다, 힘쓰다), 競る(せる 경쟁하다, 경쟁하여 가격을 올리다)

極	一 十 才 木 杧 柯 柯 柯 柯 極 極 極
	極 極 極 極 極 極
다할 극 획수: 12 부수: 木 (きへん)	음 キョク, ゴク 훈 きわめる, きわまる, きわみ
	예 極限(キョクゲン 극한), 極上(ゴクジョウ 극상) 極める(きわめる 한도에 이르다), 極まる(きわまる 극히…하다), 極み(きわみ 극도, 극점, 끝)

熊	一 ム ㄅ 卋 肖 肖 肖 能 能 能 能 熊 熊 熊
	熊 熊 熊 熊 熊 熊
곰 웅 획수: 14 부수: 灬 (れっか)	음 훈 くま
	예 熊本県(くまもとけん 구마모또현)

訓	一 亠 亖 亖 亖 言 言 言 訓 訓 訓
	訓 訓 訓 訓 訓 訓
가르칠 훈 획수: 10 부수: 言 (ごんべん)	음 クン 훈
	예 訓練(クンレン 훈련)

軍	丶 冖 冖 冖 罓 宫 宫 宣 軍
	軍 軍 軍 軍 軍 軍
군사 군 획수: 9 부수: 車 (くるま)	음 グン 훈
	예 空軍(クウグン 공군)

郡	ㄱ ㄱ ㅋ 尹 尹 君 君 君' 郡 郡
고을 군 획수: 10 부수: 阝(邑) (おおざと)	[음] グン　[훈] [예] 郡部(グンブ 군부, 군에 속하는 지역)

群	ㄱ ㄱ ㅋ 尹 尹 君 君 君' 群' 群 群 群
무리 군 획수: 13 부수: 羊 (ひつじ)	[음] グン　[훈] むれる, むれ, むら [예] 抜群(バツグン 발군) 　　群れる(むれる 군집하다), 群れ(むれ 떼, 무리), 群烏(むらがらす 까마귀 떼)

径	' ㄱ ㄱ ㅓ ㄲ 徉 徉 径
지름길 경 획수: 8 부수: 彳 (ぎょうにんべん)	[음] ケイ　[훈] [예] 半径(ハンケイ 반경)

景	丨 冂 冃 目 昙 暃 昮 景 景 昮 景 景
경치 경 획수: 12 부수: 日 (ひ)	[음] ケイ　[훈] [예] 景気(ケイキ 경기)

芸	一 十 岁 岁 岩 岩 芸						藝
	芸	芸	芸	芸 芸 芸			

재주 예
획수: 7
부수: 艹
(くさかんむり)

[음] ゲイ　[훈]
[예] 芸能(ゲイノウ 예능)

欠	ノ 勺 ケ 欠						缺
	欠	欠	欠	欠 欠 欠			

모자랄 결
획수: 4
제부수: 欠
(あくび)
구자체부수: 缶
(ほとぎへん)

[음] ケツ　[훈] かける, かく
[예] 補欠(ホケツ 보결)
　　欠ける(かける 빠지다, 부족하다), 欠く(かく 부족하다, 빠뜨리다)

結	ㄥ 幺 幺 幺 糸 糸 紀 紀 結 結 結 結					
	結	結	結	結 結 結		

맺을 결
획수: 12
부수: 糸
(いとへん)

[음] ケツ　[훈]
[예] 結論(ケツロン 결론)

建	ㄱ ㄱ ㅋ ㅋ ㅋ 聿 聿 建 建					
	建	建	建	建 建 建		

세울 건
획수: 9
부수: 廴
(えんにょう)

[음] ケン, コン　[훈] たてる, たつ
[예] 建築(ケンチク 건축), 建立(コンリュウ 절 등을 세움)
　　建てる(たてる 세우다, 짓다), 建つ(たつ 세워지다)

1. 泣訴   _____

2. 配給   _____

3. 挙手   _____

4. 大漁   _____

5. 共通   _____

6. 協会   _____

7. 鏡   _____

8. 競う   _____

9. 極み   _____

10. 熊本県   _____

11. 訓練 _____

12. 空軍 _____

13. 郡部 _____

14. 群烏 _____

15. 半径 _____

16. 景気 _____

17. 芸能 _____

18. 補欠 _____

19. 結論 _____

20. 建立 _____

Clip 02
초등학교 4학년 교육한자

학습내용

☐ 초등학교 4학년 교육한자 202자 중 20자의 音, 訓 학습
☐ 해당한자와 관련된 단어학습과 쓰기연습

健驗固功好香候康佐差菜最埼材崎昨札刷察参

학습목표

☐ 초등학교 4학년 교육한자 202자 중 20자의 音, 訓을 학습하여 이해할 수 있다.

☐ 해당한자와 관련된 단어학습과 쓰기연습을 통해 일본에서의 실생활에 활용할 수 있다.

健	ノ　イ　イ⌐　イ∍　イ∍　イ∍　イ∍　律　律　健　健
건강할 건 획수: 11 부수: 人 (にんべん)	健 健 健 健 健 健

음 ケン　　훈 すこやか
예 健闘(ケントウ 건투)
　健やか(すこやか 건강함, 튼튼함)

驗	亅　厂　厂　厍　厍　馬　馬　馬　馬　馬　馬 馬 馬 馬 馬 馬 馬 馬　　馬
시험할 험 획수: 18 부수: 馬 (うまへん)	験 験 験 験 験 験

음 ケン, ゲン　　훈
예 実験(ジッケン 실험), 霊験(レイゲン 영험)

固	亅　冂　冂　円　円　円　固　固
굳을 고 획수: 8 부수: 口 (くにがまえ)	固 固 固 固 固 固

음 コ　　훈 かためる, かたまる, かたい
예 固有(コユウ 고유)
　固める(かためる 굳히다, 다지다), 固まる(かたまる 굳어지다), 固い(かたい 단단
하다)

功	一　丁　工　功　功
공로 공 획수: 5 부수: 力 (ちから)	功 功 功 功 功 功

음 コウ, ク　　훈
예 功績(コウセキ 공적), 功徳(クドク 공덕)

好 좋을 **호** 획수: 6 부수: 女 (おんな)	㇑ 乀 乄 奵 奵 好 好 好 好 好 好 好 음 コウ　훈 このむ, すく 예 良好(リョウコウ 양호) 　　好む(このむ 좋아하다, 즐기다), 好く(すく 좋아하다, 마음에 들다)
香 향기 **향** 획수: 9 제부수: 香 (かおり)	㇐ 二 千 千 禾 禾 香 香 香 香 香 香 香 香 香 음 コウ　훈 か, かおり, かおる 예 香水(コウスイ 향수) 　　香(か 향기, 냄새), 香り(かおり 향기, 좋은 냄새), 香る(かおる 향기가 나다)
候 기후 **후** 획수: 10 부수: 人 (にんべん)	㇒ 亻 亻 仁 伫 伫 伊 侯 侯 候 候 候 候 候 候 候 음 コウ　훈 そうろう 예 候補(コウホ 후보) 　　居候(いそうろう 남의 집에서 얻어 먹고 있는 사람, 식객)
康 편안할 **강** 획수: 11 부수: 广 (まだれ)	㇒ 广 广 广 庐 庐 庐 庚 庚 康 康 康 康 康 康 康 康 음 コウ　훈 예 康健(コウケン 강건)

佐 도울 **좌** 획수: 7 부수: 人 (にんべん)	ノイ仁佐佐佐佐
	佐 佐 佐 佐 佐 佐
	음 サ　훈 예 補佐官(ホサカン 보좌관)

差 다를 **차** 획수: 10 부수: 工 (こう・たくみ)	丶丷并兰羊芦差差差
	差 差 差 差 差 差
	음 サ　훈 さす 예 誤差(ゴサ 오차) 　差す(さす 가리다, 내밀다, 꽂다, 메다)

菜 나물 **채** 획수: 11 부수: 艹 (くさかんむり)	一十艹艹芦芙芖苙苹菜菜
	菜 菜 菜 菜 菜 菜
	음 サイ　훈 な 예 菜食(サイショク 채식, 채소를 중심으로 한 음식) 　菜(な 야채, 푸성귀)

最 가장 **최** 획수: 12 부수: 日 (ひ)	丨冂日日旦早早早昌昂最最
	最 最 最 最 最 最
	음 サイ　훈 もっとも 예 最大(サイダイ 최대) 　最も(もっとも 가장)

一 十 土 扩 护 坪 埣 埣 埼 埼 埼

埼 埼 埼

갑 기
획수: 11
부수: 土
(つちへん)

음 훈 さい
예 埼玉県(さいたまけん 사이타마현)

一 十 才 木 村 村 材

材 材 材

材 材 材

재목 재
획수: 7
부수: 木
(きへん)

음 ザイ 훈
예 人材(ジンザイ 인재)

丨 山 山 屵 屵 岐 峠 崎 崎 崎

崎 崎 崎

험할 기
획수: 11
부수: 山
(やまへん)

음 훈 さき
예 崎(さき 갑, 산부리)

丨 冂 日 日 旷 旷 昨 昨 昨

昨 昨 昨

어제 작
획수: 9
부수: 日
(ひへん)

음 サク 훈
예 昨年(サクネン 작년)

札	一 十 才 木 札							
패 찰 획수: 5 부수: 木 (きへん)	札	札	札	札 札 札				

음 サツ　훈 ふだ
예 表札(ヒョウサツ 표찰, 문패)
　　名札(なふだ 명찰)

刷	一 ㄱ 尸 尸 月 屌 刷 刷							
인쇄할 쇄 획수: 8 부수: 刀(刂) (りっとう)	刷	刷	刷	刷 刷 刷				

음 サツ　훈 する
예 印刷(インサツ 인쇄)
　　刷る(する 인쇄하다, 찍다)

察	` ′ 宀 宀 灾 灾 灾 灾 宓 宓 察 察 察							
살필 찰 획수: 14 부수: 宀 (うかんむり)	察	察	察	察 察 察				

음 サツ　훈
예 観察(カンサツ 관찰)

参	ㄥ ㄥ ㄙ 夵 矢 矣 参 参							参
참여할 참, 석 삼 획수: 8 부수: ム (む)	参	参	参	参 参 参				

음 サン　훈 まいる
예 降参(コウサン 항복, 질림)
　　参る(まいる 가다, 오다의 겸양어)

1. 健やか   _____

2. 霊験   _____

3. 固める   _____

4. 功徳   _____

5. 良好   _____

6. 香る   _____

7. 居候   _____

8. 康健   _____

9. 補佐官   _____

10. 誤差   _____

11. 菜 _____

12. 最も _____

13. 埼玉県 _____

14. 人材 _____

15. 崎 _____

16. 昨年 _____

17. 表札 _____

18. 刷る _____

19. 観察 _____

20. 降参 _____

Clip 03

초등학교 4학년 교육한자

학습내용

☐ 초등학교 4학년 교육한자 202자 중 20자의 音, 訓 학습
☐ 해당한자와 관련된 단어학습과 쓰기연습

産 散 残 氏 司 試 児 治 滋 辞 鹿 失 借 種 周 祝 順 初 松 笑

학습목표

☐ 초등학교 4학년 교육한자 202자 중 20자의 音, 訓을 학습하여 이해할 수 있다.
☐ 해당한자와 관련된 단어학습과 쓰기연습을 통해 일본에서의 실생활에 활용할 수 있다.

産 낳을 **산** 획수: 11 부수: 生 (うまれる)	` 亠 产 产 产 产 産 産 産` 産　産　産　産　産　産
	음 サン　훈 うむ, うまれる, うぶ 예 産業(サンギョウ 산업) 　産む(うむ 낳다), 産まれる(うまれる 태어나다), 産着(うぶぎ 갓난 아이에게 처음으로 입히는 옷)
散 흩어질 **산** 획수: 12 부수: 攵 (ぼくづくり)	` 一 十 卅 苁 苁 昔 昔 昔 背 背 散 散` 散　散　散　散　散　散
	음 サン　훈 ちる, ちらす, ちらかす, ちらかる 예 散文(サンブン 산문) 　散る(ちる 지다, 떨어지다), 散らす(ちらす 어지르다, 분산시키다), 散らかす(ちらかす 어지르다, 흩어뜨리다), 散らかる(ちらかる 흩어지다, 어지러지다)
残 나머지 **잔** 획수: 10 부수: 歹 (がつへん)	` 一 丆 歹 歹 歹 歹 死 残 残` 　残 残　残　残　残　残　残
	음 ザン　훈 のこる, のこす 예 残留(ザンリュウ 잔류) 　残る(のこる 남다), 残す(のこす 남기다)
氏 성 **씨** 획수: 4 제부수: 氏 (うじ)	` 一 厂 斤 氏` 氏　氏　氏　氏　氏　氏
	음 シ　훈 うじ 예 氏名(シメイ 성명) 　氏(うじ 성)

司	ㄱ ㄱ 司 司 司							
맡을 사 획수: 5 부수: 口 (くち)	음 シ 　훈 예 司会(シカイ 사회)							

試	一 二 言 言 言 言 言 言 計 訂 訂 試 試							
시험할 시 획수: 13 부수: 言 (ごんべん)	음 シ 　훈 こころみる, ためす 예 追試(ツイシ 추가시험) 試みる(こころみる 시도해 보다), 試す(ためす 시험하다)							

児	丨 卜 𠂆 旧 旧 尸 児							児
아이 아 획수: 7 부수: 儿 (ひとあし)	음 ジ, ニ 　훈 예 幼児(ヨウジ 유아), 小児科(ショウニカ 소아과)							

治	丶 丶 氵 氵 氵 氵 治 治							
다스릴 치 획수: 8 부수: 水(氵) (さんずい)	음 ジ, チ 　훈 おさめる, おさまる, なおる, なおす 예 主治医(シュジイ 주치의), 治療(チリョウ 치료) 治める(おさめる 다스리다), 治まる(おさまる 고요해지다, 가라앉다), 治る(なおる 낫다), 治す(なおす 고치다)							

滋	`  ` 氵 氵 氵 氵 氵 沪 沪 滋 滋 滋 滋

滋 滋 滋 滋 滋 滋

맛 자
획수: 12
부수: 水(氵)
(さんずい)

음 ジ　훈
예 滋養分(ジヨウブン 자양분)

辞	´ 二 千 千 舌 舌 舌 舌 舌 辞 辞 辞 辞

辭

辞 辞 辞 辞 辞 辞

물러날 사
획수: 13
부수: 辛
(しん)

음 ジ　훈 やめる
예 辞職(ジショク 사직)
　辞める(やめる 끊다, 그만 두다)

鹿	´ 二 广 户 户 户 声 声 声 鹿 鹿

鹿 鹿 鹿 鹿 鹿 鹿

사슴 록
획수: 11
제부수: 鹿
(しか)

음 　훈 しか, か
예 鹿(しか 사슴), 鹿児島県(かごしまけん 가고시마현)

失	´ ヒ ヒ 生 失

失 失 失 失 失 失

잃을 실
획수: 5
부수: 大
(だい)

음 シツ　훈 うしなう
예 消失(ショウシツ 소실)
　失う(うしなう 잃다)

借	ノ イ 亻 什 件 供 借 借 借 借

借借借 借借借

빌릴 차
획수: 10
부수: 人
(にんべん)

- 음 シャク 훈 かりる
- 예 借間(シャクマ 셋방)
- 借りる(かりる 빌리다)

種	ノ 二 千 禾 禾 禾 秆 秆 秆 稆 稆 稆 種 種

種種種 種種種

씨앗 종
획수: 14
부수: 禾
(のぎへん)

- 음 シュ 훈 たね
- 예 品種(ヒンシュ 품종)
- 種(たね 씨앗)

周	ノ 刀 月 月 用 用 周 周

周周周 周周周

두루 주
획수: 8
부수: 口
(くち)

- 음 シュウ 훈 まわり
- 예 周囲(シュウイ 주위)
- 周り(まわり 주위, 주변)

祝	` ラ ネ ネ ネ 初 初 初 祝 祝

祝祝祝 祝祝祝

빌 축
획수: 9
부수: 示(ネ)
(しめすへん)

- 음 シュク, シュウ 훈 いわう
- 예 祝賀(シュクガ 축하), 祝言(シュウゲン 축하의 말, 경사)
- 祝う(いわう 축하하다)

順	ノ ハ 川 川 川 川 川 順 順 順 順 順
順 順 順　順 順 順	
순할 **순** 획수: 12 부수: 頁 (おおがい)	음 ジュン　　훈 예 従順(ジュウジュン 순종)

初	′ ク ネ ネ ネ 初 初
初 初 初　初 初 初	
처음 **초** 획수: 7 부수: 刀 (かたな)	음 ショ　　훈 はじめ, はじめて, はつ, うい, そめる 예 初期(ショキ 초기) 　　初め(はじめ 처음, 시초), 初めて(はじめて 처음으로), 初雪(はつゆき 첫 눈), 　　初孫(ういまご 첫 손자), 歩き初める(あるきそめる 걷기 시작하다)

松	一 十 オ オ 木 松 松 松
松 松 松　松 松 松	
소나무 **송** 획수: 8 부수: 木 (きへん)	음 ショウ　　훈 まつ 예 松竹梅(ショウチクバイ 송죽매) 　　松茸(まつたけ 송이버섯)

笑	′ ト ケ ケ ゲ 竺 竺 竺 笋 笑
笑 笑 笑　笑 笑 笑	
웃을 **소** 획수: 10 부수: 竹 (たけかんむり)	음 ショウ　　훈 わらう, えむ 예 微笑(ビショウ 미소) 　　笑う(わらう 웃다), 笑む(えむ 미소 짓다)

1. 産着 _____

2. 散らかす _____

3. 残留 _____

4. 氏名 _____

5. 司会 _____

6. 試す _____

7. 小児科 _____

8. 主治医 _____

9. 滋養分 _____

10. 辞職 _____

11. 鹿児島県 _____

12. 消失 _____

13. 借間 _____

14. 種 _____

15. 周囲 _____

16. 祝言 _____

17. 従順 _____

18. 初孫 _____

19. 松茸 _____

20. 微笑 _____

Clip 04

초등학교 4학년 교육한자

☐ 초등학교 4학년 교육한자 202자 중 20자의 音, 訓 학습
☐ 해당한자와 관련된 단어학습과 쓰기연습

唱 焼 照 城 縄 臣 信 井 成 省 清 静 席 積 折 節 説 浅 戦 選

☐ 초등학교 4학년 교육한자 202자 중 20자의 音, 訓을 학습하여 이해할 수 있다.
☐ 해당한자와 관련된 단어학습과 쓰기연습을 통해 일본에서의 실생활에 활용할 수 있다.

唱	｜ 冂 冂 冂 凹 吕 唱 唱 唱 唱 唱			
노래부를 창 획수: 11 부수: 口 (くちへん)	唱 唱 唱 唱 唱 唱			
	음 ショウ 훈 となえる 예 提唱(テイショウ 제창) 唱える(となえる 주창하다)			

焼	＼ ＼ ナ 火 炉 炉 炉 炉 炉 焼 焼 焼　　　焼			
불사를 소 획수: 12 부수: 火 (ひへん)	焼 焼 焼 焼 焼 焼			
	음 ショウ 훈 やく, やける 예 燃焼(ネンショウ 연소) 焼く(やく 굽다, 태우다), 焼ける(やける 타다, 구워지다)			

照	｜ 冂 日 日 日ℓ 日ℓ 日ℓ 昭 昭 昭 照 照 照			
비출 조 획수: 13 부수: 火(灬) (れっか)	照 照 照 照 照 照			
	음 ショウ 훈 てる, てらす, てれる 예 照会(ショウカイ 조회) 照る(てる 비치다, 빛나다), 照らす(てらす 비추다, 밝히다), 照れる(てれる 쑥스 러워하다, 수줍어하다)			

城	一 十 土 幼 圹 圹 圻 城 城 城			
성 성 획수: 9 부수: 土 (つちへん)	城 城 城 城 城 城			
	음 ジョウ 훈 しろ 예 城壁(ジョウヘキ 성벽) 城(しろ 성)			

繩					
새끼줄 **승** 획수: 15 부수: 糸 (いとへん)	繩 繩 繩	繩 繩 繩			

음 ジョウ　훈 なわ
예 自縄自縛(ジジョウジバク 자승자박)
　　縄張り(なわばり 세력 범위)

臣	丨 丆 厂 臣 臣 臣 臣				
신하 **신** 획수: 7 제부수: 臣 (しん)	臣 臣 臣	臣 臣 臣			

음 シン, ジン　훈
예 臣下(シンカ 신하), 大臣(ダイジン 장관)

信	ノ 亻 亻 亻 亻 亻 信 信 信				
믿을 **신** 획수: 9 부수: 人 (にんべん)	信 信 信	信 信 信			

음 シン　훈
예 信頼(シンライ 신뢰)

井	一 二 丰 井				
우물 **정** 획수: 4 부수: 二 (に)	井 井 井	井 井 井			

음 セイ, ショウ　훈 い
예 井目(セイモク 바둑판에 표시된 9개의 흑점), 天井(テンジョウ 천장)
　　井戸(いど 우물)

成

一 厂 厂 成 成 成

成 成 成 | 成 成 成

이룰 성
획수: 6
부수: 戈
(ほこ)

음 セイ, ジョウ　**훈** なる, なす
예 完成(カンセイ 완성), 成仏(ジョウブツ 성불)
成る(なる 이루어지다), 成す(なす 이루다)

省

丿 小 小 少 少 省 省 省 省

省 省 省 | 省 省 省

살필 성, 줄일 생
획수: 9
부수: 目
(め)

음 セイ, ショウ　**훈** はぶく, かえりみる
예 省察(セイサツ 성찰), 文部科学省(モンブカガクショウ 문부과학성)
省く(はぶく 생략하다, 없애다), 省みる(かえりみる 뒤돌아보다, 반성하다)

清

` ` 冫 广 汀 汁 津 清 清 清　　　淸

清 清 清 | 清 清 清

맑을 청
획수: 11
부수: 水(氵)
(さんずい)

음 セイ, ショウ　**훈** きよい, きよまる, きよめる
예 清潔(セイケツ 청결), 清浄(ショウジョウ 맑고 깨끗함)
清い(きよい 맑다), 清まる(きよまる 맑아지다), 清める(きよめる 맑게 하다, 정하게 하다)

静

一 二 キ 主 青 青 青 青 靑 靜 靜 靜 靜　靜

静 静 静 | 静 静 静

고요할 정
획수: 14
부수: 青
(あお)

음 セイ, ジョウ　**훈** しず, しずか, しずまる, しずめる
예 安静(アンセイ 안정), 静脈(ジョウミャク 정맥)
静心(しずごころ 조용한 마음), 静かだ(しずかだ 조용하다, 고요하다), 静まる(しずまる 진정되다), 静める(しずめる 가라앉히다, 조용하게 하다)

席	＇ 亠 广 户 庐 庐 庐 庐 庐 席 席
자리 석 획수: 10 부수: 巾 (はば)	席 席 席
	음 セキ　　훈 예 欠席(ケッセキ 결석)

積	＇ 二 千 千 禾 禾 禾 秆 秸 秸 積 積 積 積 積 積
쌓을 적 획수: 16 부수: 禾 (のぎへん)	積 積 積
	음 セキ　　훈 つむ, つもる 예 蓄積(チクセキ 축적) 　 積む(つむ 쌓다), 積もる(つもる 쌓이다)

折	一 十 扌 扩 扩 折 折
꺾을 절 획수: 7 부수: 手 (てへん)	折 折 折
	음 セツ　　훈 おる, おり, おれる 예 屈折(クッセツ 굴절) 　 折る(おる 접다, 굽히다), 折り(おり 꺾음, 나무상자, 때), 折れる(おれる 접히다, 　 부러지다)

節	＇ ／ ⺮ ⺮ ⺮ 笞 笞 笞 笞 節 節 節 節　　　　節
마디 절 획수: 13 부수: 竹 (たけかんむり)	節 節 節
	음 セツ, セチ　　훈 ふし 예 関節(カンセツ 관절), お節料理(オセチリョウリ 일본의 설날음식) 　 節(ふし 마디, 옹이, 매듭, 때, 가락)

説	 ` ㇇ ㇒ ㇕ 言 言 言 言' 訪' 訪 訪 説 説
말씀 설, 달랠 세 획수: 14 부수: 言 (ごんべん)	説 説 説 説 説 説
	[음] セツ, ゼイ [훈] とく [예] 小説(ショウセツ 소설), 遊説(ユウゼイ 유세) 説く(とく 설득하다)

浅	` ㇀ ㇀ ㇒ 氵 汽 汽 汽 浅 浅 浅　　　　　　浅
얕을 천 획수: 9 부수: 水(氵) (さんずい)	浅 浅 浅 浅 浅 浅
	[음] セン [훈] あさい [예] 浅学(センガク 천학, 학문이 깊지 못함) 浅い(あさい 얕다)

戦	 ` ㇀ ㇀ ㇐ 门 门 门 肖 単 単 単 戦 戦 戦　　戦
싸울 전 획수: 13 부수: 戈 (ほこづくり)	戦 戦 戦 戦 戦 戦
	[음] セン [훈] いくさ, たたかう [예] 苦戦(クセン 고전) 戦(いくさ 전쟁, 싸움), 戦う(たたかう 싸우다)

選	㇇ ㇕ ㇕ 吕 吕 吕 吕 吕 吊 毘 巽 巽 巽 選 選　選
뽑을 선 획수: 15 부수: 辶 (しんにょう)	選 選 選 選 選 選
	[음] セン [훈] えらぶ [예] 選択(センタク 선택) 選ぶ(えらぶ 고르다)

1. 唱える   _____

2. 燃焼   _____

3. 照れる   _____

4. 城壁   _____

5. 自縄自縛   _____

6. 大臣   _____

7. 信頼   _____

8. 井目   _____

9. 成仏   _____

10. 省く   _____

11. 清浄 _____

12. 静脈 _____

13. 欠席 _____

14. 積む _____

15. 折り _____

16. 節 _____

17. 遊説 _____

18. 浅学 _____

19. 戦 _____

20. 選択 _____

Clip 05

점검하기
초등학교 4학년 교육한자 Ⅱ

■ 다음의 한자표기어를 한국어 의미를 보고 알맞게 히라가나로 입력해 보세요.

1. 泣訴(읍소) _____

2. 大漁(대어, 풍어) _____

3. 極み(극도, 극점, 끝) _____

4. 群烏(까마귀 떼) _____

5. 建立(절 등을 세움) _____

6. 健やか(건강함, 튼튼함) _____

7. 功德(공덕) _____

8. 居候(남의 집에서 얻어 먹고 있는 사람, 식객) _____

9. 崎(갑, 산부리) _____

10. 表札(표찰, 문패) _____

11. 産着(갓난 아이에게 처음으로 입히는 옷) _____

12. 小児科(소아과) _____

13. 主治医(주치의) _____

14. 借間(셋방) _____

15. 初孫(첫 손자) _____

16. 照れる(쑥스러워하다, 수줍어하다) _____

17. 自繩自縛(자승자박) _____

18. 省く(생략하다, 없애다) _____

19. 節(마디, 옹이, 매듭, 때, 가락) _____

20. 遊説(유세) _____

Clip 01

초등학교 4학년 교육한자

학습내용

☐ 초등학교 4학년 교육한자 202자 중 20자의 音, 訓 학습

☐ 해당한자와 관련된 단어학습과 쓰기연습

然 争 倉 巣 束 側 続 卒 孫 帯 隊 達 単 置 仲 沖 兆 低 底 的

학습목표

☐ 초등학교 4학년 교육한자 202자 중 20자의 音, 訓을 학습하여 이해할 수 있다.

☐ 해당한자와 관련된 단어학습과 쓰기연습을 통해 일본에서의 실생활에 활용할 수 있다.

然	ノ　ク　タ　タ　タ一　タ夕　タ犬　タ犬　タ犬　タ然　然　然								
	然	然	然	然	然	然			

그러할 연
획수: 12
부수: 火(灬)
(れっか)

[음] ゼン, ネン　　[훈]
[예] 必然(ヒツゼン 필연), 天然(テンネン 천연)

争	ノ　ク　ク　刍　刍　争								争
	争	争	争	争	争	争			

다툴 쟁
획수: 6
부수: 亅
(はねぼう)
구자체부수: 爫
(つめかんむり)

[음] ソウ　　[훈] あらそう
[예] 争奪(ソウダツ 쟁탈)
　　争う(あらそう 다투다, 싸우다)

倉	ノ　ハ　ム　今　今　今　今　倉　倉　倉								
	倉	倉	倉	倉	倉	倉			

창고 창
획수: 10
부수: 人
(ひとがしら)

[음] ソウ　　[훈] くら
[예] 穀倉(コクソウ 곡창)
　　倉(くら 창고)

巣	丶　丶　丷　丷一　丷丨　丷丨　丷丨　巣一　単　単　巣								巣
	巣	巣	巣	巣	巣	巣			

새집 소
획수: 11
부수: 木
(き)
구자체부수: 巛
(かわ)

[음] ソウ　　[훈] す
[예] 卵巣(ランソウ 난소)
　　巣(す 새·곤충의 집, 가정)

束	一 丆 亓 丏 帀 束 束								
	束	束	束	束	束	束			

묶을 **속**
획수: 7
부수: 木
(き)

음 ソク 훈 たば
예 束縛(ソクバク 속박)
　束(たば 다발, 뭉치, 단)

側	ノ イ イ 仴 仴 俱 側 倶 側 側 側								
	側	側	側	側	側	側			

곁 **측**
획수: 11
부수: 人
(にんべん)

음 ソク 훈 がわ
예 側面(ソクメン 측면)
　右側(みぎがわ 오른쪽)

続	' 幺 幺 幺 糸 糸 糸 紅 紒 絹 紵 続 続								續
	続	続	続	続	続	続			

이을 **속**
획수: 13
부수: 糸
(いとへん)

음 ゾク 훈 つづく, つづける
예 連続(レンゾク 연속)
　続く(つづく 지속되다, 계속되다), 続ける(つづける 계속하다)

卒	亠 亠 宀 卆 卆 広 卆 卒								
	卒	卒	卒	卒	卒	卒			

마칠 **졸**
획수: 8
부수: 十
(じゅう)

음 ソツ 훈
예 兵卒(ヘイソツ 병졸)

孫	´ 了 子 孑 孑 孙 孫 孫 孫 孫 孫
손자 **손** 획수: 10 부수: 子 (こへん)	孫 孫 孫 *孫 孫 孫*
	음 ソン　훈 まご 예 子孫(シソン 자손) 　孫(まご 손자)

帯	一 十 十 卅 卅 卅 卅 卅 帯 帯 帯　　　　帯
띠 **대** 획수: 10 부수: 巾 (はば)	帯 帯 帯 *帯 帯 帯*
	음 タイ　훈 おびる, おび 예 地帯(チタイ 지대) 　帯びる(おびる 차다, 띠다), 帯(おび 띠)

隊	´ ⻖ ⻖ ⻖ ⻖ ⻖´ ⻖ ⻖ 隊 隊 隊 隊　　　隊
무리 **대** 획수: 12 부수: ⻖(阜) (こざとへん)	隊 隊 隊 *隊 隊 隊*
	음 タイ　훈 예 部隊(ブタイ 부대)

達	一 十 キ キ キ 幸 幸 壴 幸 幸 達 達
이를 **달** 획수: 12 부수: 辶 (しんにょう)	達 達 達 *達 達 達*
	음 タツ　훈 예 調達(チョウタツ 조달)

単	` ` `` ⺍ ⼧ ⼧ 丷 ⼧ 单 単								單
	単	単	単	単	単	単			

홑 **단**
획수: 9
부수: 十
(じゅう)
구자체부수: 口
(くち)

音 タン　訓
例 簡単(カンタン 간단)

置	` ⼌ ⼝ ⼞ 罒 罒 罒 罒 罘 罘 罘 置 置								
	置	置	置	置	置	置			

둘 **치**
획수: 13
부수: 罒
(あみがしら)

音 チ　訓 おく
例 放置(ホウチ 방치)
　　置く(おく 두다)

仲	ノ イ 仆 仁 伃 仲								
	仲	仲	仲	仲	仲	仲			

중개할 **중**
획수: 6
부수: 人
(にんべん)

音 チュウ　訓 なか
例 仲介(チュウカイ 중개)
　　仲(なか 사이)

沖	` ` `` ⼡ ⼧ 氵 汈 沪 沖								
	沖	沖	沖	沖	沖	沖			

빌 **충**
획수: 7
부수: 水(氵)
(さんずい)

音 チュウ　訓 おき
例 沖積土(チュウセキド 충적토)
　　沖(おき 먼 바다)

兆	ノ ノ ノ 儿 兆 兆
조짐 **조** 획수: 6 부수: 儿 (ひとあし)	兆 兆 兆　兆 兆 兆 [음] チョウ　[훈] きざす, きざし [예] 前兆(ゼンチョウ 전조) 　　兆す(きざす 징조가 보이다, 움트다), 兆し(きざし 조짐, 징조)

低	ノ イ 亻 伍 任 低 低
낮을 **저** 획수: 7 부수: 人 (にんべん)	低 低 低　低 低 低 [음] テイ　[훈] ひくい, ひくめる, ひくまる [예] 低気圧(テイキアツ 저기압) 　　低い(ひくい 낮다), 低める(ひくめる 낮추다, 굽히다), 低まる(ひくまる 낮아지다)

底	` 宀 广 广 庐 庄 底 底
밑 **저** 획수: 8 부수: 广 (まだれ)	底 底 底　底 底 底 [음] テイ　[훈] そこ [예] 底流(テイリュウ 저류, 바닥의 흐름) 　　底(そこ 밑바닥)

的	ノ ⺆ ⺁ 白 白 白 的 的
과녁 **적** 획수: 8 부수: 白 (しろへん)	的 的 的　的 的 的 [음] テキ　[훈] まと [예] 目的(モクテキ 목적) 　　的(まと 과녁, 공격 대상물)

1. 天然 _____

2. 争奪 _____

3. 倉 _____

4. 卵巣 _____

5. 束 _____

6. 側面 _____

7. 連続 _____

8. 兵卒 _____

9. 子孫 _____

10. 帯びる _____

11. 部隊 _____

12. 調達 _____

13. 簡単 _____

14. 放置 _____

15. 仲 _____

16. 沖 _____

17. 兆し _____

18. 低気圧 _____

19. 底 _____

20. 的 _____

Clip 02

초등학교 4학년 교육한자

학습내용

☐ 초등학교 4학년 교육한자 202자 중 20자의 音, 訓 학습

☐ 해당한자와 관련된 단어학습과 쓰기연습

典 伝 徒 努 灯 働 特 德 栃 奈 梨 熱 念 敗 梅 博 阪 飯 飛 必

학습목표

☐ 초등학교 4학년 교육한자 202자 중 20자의 音, 訓을 학습하여 이해할 수 있다.

☐ 해당한자와 관련된 단어학습과 쓰기연습을 통해 일본에서의 실생활에 활용할 수 있다.

典	｜ 冂 曰 由 曲 曲 典 典				
	典 典 典	典 典 典			
책 전 획수: 8 부수: 八 (はち)	음 テン　훈 예 典拠(テンキョ 전거)				

伝	ノ イ 仁 仁 伝 伝　　　　　　傳				
	伝 伝 伝	伝 伝 伝			
전할 전 획수: 6 부수: 人 (にんべん)	음 デン　훈 つたわる, つたえる, つたう 예 宣伝(センデン 선전) 伝わる(つたわる 전해지다), 伝える(つたえる 전하다, 알리다), 伝う(つたう 이동 하다)				

徒	ノ ク 彳 彳 彳 徉 徏 徏 徒 徒				
	徒 徒 徒	徒 徒 徒			
무리 도 획수: 10 부수: 彳 (ぎょうにんべん)	음 ト　훈 예 信徒(シント 신도)				

努	乙 乂 女 如 奴 努 努				
	努 努 努	努 努 努			
힘쓸 노 획수: 7 부수: 力 (ちから)	음 ド　훈 つとめる 예 努力(ドリョク 노력) 努める(つとめる 애쓰다, 진력하다)				

灯

| | | ヽ | ヽ | ‘ | 火 | 灯 | 灯 | | | | | 燈 |

等불 등
획수: 6
부수: 火
(ひへん)

음 トウ　훈 ひ
예 点灯(テントウ 점등)
　　灯(ひ 등불)

働

| | ノ | イ | 仁 | 仨 | 仨 | 俉 | 佰 | 侀 | 俥 | 僮 | 働 | 働 |

働 働 働　働 働 働

일할 동
획수: 13
부수: 人
(にんべん)

음 ドウ　훈 はたらく
예 稼働(カドウ 가동)
　　働く(はたらく 일하다)

特

| | ノ | ^ | 牛 | 牛 | 牛 | 牜 | 牪 | 特 | 特 | 特 |

特 特 特　特 特 特

특별할 특
획수: 10
부수: 牛
(うしへん)

음 トク　훈
예 特殊(トクシュ 특수)

徳

| | ノ | ク | イ | 彳 | 彳 | 祊 | 徆 | 徳 | 徆 | 徳 | 徳 | 徳 | 徳 | 徳 |

徳 徳 徳　徳 徳 徳

덕 덕
획수: 14
부수: 彳
(ぎょうにんべん)

음 トク　훈
예 徳用(トクヨウ 덕용, 써서 이익이 많음)

栃	一 十 才 木 杧 杤 枥 栃 栃

栃

상수리나무 **회**
획수: 9
부수: 木
(きへん)

음　훈 とち
예 栃木県(とちぎけん 도치기현)

奈	一 ナ 六 卆 夯 夺 夵 奈

奈

어찌 **나**
획수: 8
부수: 大
(だい)

음 ナ　훈
예 奈落(ナラク 나락, 밑바닥)

梨	一 二 千 千 禾 利 利 利 梨 梨 梨

梨

배나무 **리**
획수: 11
부수: 木
(き)

음　훈 なし
예 梨(なし 배)

熱	一 十 ち 吉 丰 壵 幸 坴 剚 剚 剚 剚 剚 熱 熱

熱

더울 **열**
획수: 15
부수: 火(灬)
(れっか)

음 ネツ　훈 あつい
예 熱病(ネツビョウ 열병)
　　熱い(あつい 뜨겁다)

念	ノ 人 人 今 今 念 念 念							
생각 념 획수: 8 부수: 心 (こころ)	念	念	念	念 念 念				

음 ネン 훈

예 念願(ネンガン 염원)

敗	丨 冂 冃 月 目 貝 貝 敗 敗 敗							
패할 패 획수: 11 부수: 攵 (ぼくづくり)	敗	敗	敗	敗 敗 敗				

음 ハイ 훈 やぶれる

예 腐敗(フハイ 부패)

　敗れる(やぶれる 패하다)

梅	一 十 才 木 木 札 柠 柠 栴 梅 梅						梅	
매화나무 매 획수: 10 부수: 木 (きへん)	梅	梅	梅	梅 梅 梅				

음 バイ 훈 うめ

예 梅園(バイエン 매원)

　梅(うめ 매화)

博	一 十 十 广 扩 庐 恒 恒 博 博 博 博							
넓을 박 획수: 12 부수: 十 (じゅう)	博	博	博	博 博 博				

음 ハク, バク 훈

예 博覧会(ハクランカイ 박람회)

　賭博(トバク 도박)

阪	′ ³ ⻖ ⻖⁻ ⻖厂 阞 阪						
비탈 판 획수: 7 부수: ⻖(阜) (こざとへん)	阪 阪 阪			阪 阪 阪			
	음 ハン　　훈 예 阪神(ハンシン [大阪시와 神戸시])						

飯	′ ⺌ ⺌ 今 今 今 食 食 食⁻ 飠 飣 飯						飯
밥 반 획수: 12 부수: 食 (しょくへん)	飯 飯 飯			飯 飯 飯			
	음 ハン　　훈 めし 예 赤飯(セキハン 찰밥) 　　飯(めし 밥)						

飛	⻖ ⻖ ⻖ 下 飞 飞 飛 飛 飛						
날 비 획수: 9 제부수: 飛 (とぶ)	飛 飛 飛			飛 飛 飛			
	음 ヒ　　훈 とぶ, とばす 예 飛躍(ヒヤク 비약) 　　飛ぶ(とぶ 날다), 飛ばす(とばす 날리다)						

必	＼ ソ 必 必 必						
반드시 필 획수: 5 부수: 心 (こころ)	必 必 必			必 必 必			
	음 ヒツ　　훈 かならず 예 必然(ヒツゼン 필연) 　　必ず(かならず 반드시, 꼭)						

1. 典拠   _____

2. 伝う   _____

3. 信徒   _____

4. 努める   _____

5. 点灯   _____

6. 稼働   _____

7. 特殊   _____

8. 徳用   _____

9. 栃木県   _____

10. 奈落   _____

11. 梨 _____

12. 熱病 _____

13. 念願 _____

14. 腐敗 _____

15. 梅園 _____

16. 賭博 _____

17. 阪神 _____

18. 赤飯 _____

19. 飛ばす _____

20. 必然 _____

Clip 03

초등학교 4학년 교육한자

☐ 초등학교 4학년 교육한자 202자 중 20자의 音, 訓 학습

☐ 해당한자와 관련된 단어학습과 쓰기연습

票 標 不 夫 付 府 阜 富 副 兵 別 辺 変 便 包 法 望 牧 末 満

☐ 초등학교 4학년 교육한자 202자 중 20자의 音, 訓을 학습하여 이해할 수 있다.

☐ 해당한자와 관련된 단어학습과 쓰기연습을 통해 일본에서의 실생활에 활용할 수 있다.

票	一 一 一 一 一 一 一 一 一 一 一 一 票			票	票	票				

票 표 표
획수: 11
부수: 示(ネ)
(しめすへん)

음 ヒョウ 훈
예 票決(ヒョウケツ 표결)

標	一 十 才 木 杵 栟 栫 栖 標 標 標 標 標 標 標			標	標	標				

標 표시할 표
획수: 15
부수: 木
(きへん)

음 ヒョウ 훈
예 標準(ヒョウジュン 표준)

不	一 ア イ 不			不	不	不				

不 아닐 불
획수: 4
부수: 一
(いち)

음 フ, ブ 훈
예 不当(フトウ 부당), 不作法(ブサホウ 버릇없음)

夫	一 二 チ 夫			夫	夫	夫				

夫 사내 부
획수: 4
부수: 大
(だい)

음 フ, フウ 훈 おっと
예 農夫(ノウフ 농부), 夫婦(フウフ 부부)
　　夫(おっと 남편)

付	ノ イ 仁 付 付
줄 부 획수: 5 제부수: 人 (にんべん)	付 付 付

음 フ　훈 つける, つく
예 交付(コウフ 교부)
　　付ける(つける 붙이다, 달다), 付く(つく 붙다)

府	丶 亠 广 广 庁 庁 府 府
관청 부 획수: 8 부수: 广 (まだれ)	府 府 府

음 フ　훈
예 政府(セイフ 정부)

阜	丶 丆 阝 戸 自 自 皀 阜
언덕 부 획수: 8 제부수: 阜 (おか)	阜 阜 阜

음 フ　훈
예 岐阜県(ギフケン 기후현)

富	丶 宀 宀 宀 宀 宫 宫 宫 富 富 富
부자 부 획수: 12 부수: 宀 (うかんむり)	富 富 富

음 フ, フウ　훈 とむ, とみ
예 富強(フキョウ 부강), 富貴(フウキ 부귀)
　　富む(とむ 부하다, 풍부하다), 富(とみ 부, 재산, 복권)

副 버금 부 획수: 11 부수: 刀(刂) (りっとう)	一 一 一 一 冨 冨 冨 畐 畐 副 副 副 副 副 副 副 副 [음] フク　[훈] [예] 副産物(フクサンブツ 부산물)
兵 군사 병 획수: 7 부수: 八 (はち)	一 一 一 厅 斤 丘 兵 兵 兵 兵 兵 兵 兵 兵 [음] ヘイ, ヒョウ　[훈] [예] 兵隊(ヘイタイ 군대, 군인), 雑兵(ゾウヒョウ 졸병, 지위가 낮은 부하)
別 다를 별 획수: 7 부수: 刀(刂) (りっとう)	丨 冂 口 号 号 別 別 別 別 別 別 別 別 [음] ベツ　[훈] わかれる [예] 特別(トクベツ 특별) 　　別れる(わかれる 헤어지다)
辺 끝 변 획수: 5 부수: 辶 (しんにょう)	丁 刀 刃 辺 辺　　　　　　　邊 辺 辺 辺 辺 辺 辺 [음] ヘン　[훈] あたり, べ [예] 辺境(ヘンキョウ 변경, 국경) 　　辺り(あたり 주변, 근처), 岸辺(きしべ 물가, 강가)

286　　　　　제8과 초등학교 4학년 교육한자

| 変 | ` ` ゙ ゙ ゙ ゙ ゙ ゙ ゙ ゙ ゙ ゙ ゙ 亦 変 変 | | | | | 變 |

変
변할 **변**
획수: 9
부수: 夂
(ふゆがしら)

` 一 ゙ 方 方 亦 亦 亦 変 変　　　　　　　變

変　変　変　　変 変 変

음 ヘン　훈 かわる, かえる
예 異変(イヘン 이변)
　　変わる(かわる 변하다, 바뀌다), 変える(かえる 바꾸다)

便
편할 **편** 변 **변**
획수: 9
부수: 人
(にんべん)

ノ イ 亻 仁 仁 佰 佰 伊 便

便　便　便　　便 便 便

음 ベン, ビン　훈 たより
예 便覧(ベンラン 편람), 便箋(ビンセン 편지지)
　　便り(たより 편의, 소식)

包
쌀 **포**
획수: 5
부수: 勹
(つつみがまえ)

ノ 勺 勹 勺 包　　　　　　　　　　　　　包

包　包　包　　包 包 包

음 ホウ　훈 つつむ
예 包囲(ホウイ 포위)
　　包む(つつむ 싸다)

法
법 **법**
획수: 8
부수: 水(氵)
(さんずい)

` ` ゙ 氵 汇 汁 法 法 法

法　法　法　　法 法 法

음 ホウ, ハッ, ホッ　훈
예 方法(ホウホウ 방법), 法度(ハット 법도), 法界(ホッカイ 법계, 불법의 범위)

望	` 亠 亡 亡 亡 亡 亡 亡 望 望 望
바랄 **망** 획수: 11 부수: 月 (つき)	望 望 望 望 望 望
	음 ボウ, モウ **훈** のぞむ
	예 希望(キボウ 희망), 本望(ホンモウ 숙원)
	望む(のぞむ 바라다, 원하다)

牧	ノ 厂 牛 牛 牛 牛 牝 牧 牧
기를 **목** 획수: 8 부수: 牛 (うしへん)	牧 牧 牧 牧 牧 牧
	음 ボク **훈** まき
	예 牧畜(ボクチク 목축)
	牧(まき 목장)

末	一 二 十 才 末
끝 **말** 획수: 5 부수: 木 (き)	末 末 末 末 末 末
	음 マツ, バッ **훈** すえ
	예 粉末(フンマツ 분말), 末弟(バッテイ 막내 아우)
	末(すえ 끝)

満	` ` 氵 氵 汀 汀 浐 満 満 満 満 満 満
찰 **만** 획수: 12 부수: 水(氵) (さんずい)	満 満 満 満 満 満
	음 マン **훈** みちる, みたす
	예 満月(マンゲツ 만월)
	満ちる(みちる 차다), 満たす(みたす 채우다, 만족시키다)

1. 票決   _____

2. 標準   _____

3. 不作法   _____

4. 夫婦   _____

5. 交付   _____

6. 政府   _____

7. 岐阜県   _____

8. 富強   _____

9. 副産物   _____

10. 雜兵   _____

11. 別れる _____

12. 岸辺 _____

13. 異変 _____

14. 便箋 _____

15. 包む _____

16. 法度 _____

17. 本望 _____

18. 牧 _____

19. 末 _____

20. 満たす _____

Clip 04

초등학교 4학년 교육한자

☐ 초등학교 4학년 교육한자 202자 중 22자의 音, 訓 학습
☐ 해당한자와 관련된 단어학습과 쓰기연습

未民無約勇要養浴利陸良料量輪類令冷例連老労録

학습목표

☐ 초등학교 4학년 교육한자 202자 중 22자의 音, 訓을 학습하여 이해할 수 있다.
☐ 해당한자와 관련된 단어학습과 쓰기연습을 통해 일본에서의 실생활에 활용할 수 있다.

未	一 二 キ 才 未
	未　未　未　未未未
아직 **미**	음 ミ　　훈
획수: 5	예 未満(ミマン 미만)
부수: 木	
(き)	

民	ㄱ コ 尸 尸 民
	民　民　民　民民民
백성 **민**	음 ミン　　훈 たみ
획수: 5	예 民族(ミンゾク 민족)
부수: 氏	民(たみ 국민, 백성)
(うじ)	

無	ノ 仁 午 午 午 無 無 無 無 無 無
	無　無　無　無無無
없을 **무**	음 ム, ブ　　훈 ない
획수: 12	예 無名(ムメイ 무명), 無礼(ブレイ 무례)
부수: 火(灬)	無い(ない 없다)
(れっか)	

約	ㄥ ㄠ ㄠ ㄠ ㄠ 糸 糸 約 約
	約　約　約　約約約
약속할 **약**	음 ヤク　　훈
획수: 9	예 節約(セツヤク 절약)
부수: 糸	
(いとへん)	

勇	 フ マ マ マ 丒 丒 甬 甬 勇 勇
날랠 **용** 획수: 9 부수: 力 (ちから)	勇 勇 勇 勇 勇 勇
	음 ユウ　훈 いさむ 예 勇敢(ユウカン 용감) 　勇む(いさむ 힘이 솟다)

要	 一 一 一 一 一 一 西 要 要 要
필요할 **요** 획수: 9 부수: 襾 (かなめのかしら)	要 要 要 要 要 要
	음 ヨウ　훈 かなめ, いる 예 重要(ジュウヨウ 중요) 　要(かなめ 부채의 사북, 요점), 要る(いる 필요하다)

養	 一 一 一 一 一 美 美 美 美 美 養 養 養
기를 **양** 획수: 15 부수: 食 (しょく)	養 養 養 養 養 養
	음 ヨウ　훈 やしなう 예 養育(ヨウイク 양육) 　養う(やしなう 기르다.양육하다)

浴	丶 丶 氵 氵 浐 浐 浴 浴 浴 浴
목욕할 **욕** 획수: 10 부수: 水(氵) (さんずい)	浴 浴 浴 浴 浴 浴
	음 ヨク　훈 あびる, あびせる 예 海水浴(カイスイヨク 해수욕) 　浴びる(あびる 뒤집어쓰다), 浴びせる(あびせる 끼얹다, 퍼붓다)

利	ー 二 千 禾 禾 利 利
	利　利　利　利利利
이로울 **리**	[음] リ　[훈] きく
획수: 7	[예] 勝利(ショウリ 승리)
부수: 刀(刂) (りっとう)	利く(きく 듣다, 효력이 있다)

陸	⁷ ⁷ ⻖ ⻖⁻ ⻖⁺ ⻖⁺ ⻖⁺ 陸 陸 陸 陸
	陸　陸　陸　陸陸陸
육지 **륙**	[음] リク　[훈]
획수: 11	[예] 着陸(チャクリク 착륙)
부수: ⻖(阜) (こざとへん)	

良	' ㄱ ㅋ ㅋ 自 自 良
	良　良　良　良良良
좋을 **량**	[음] リョウ　[훈] よい
획수: 7	[예] 良好(リョウコウ 양호)
부수: 艮 (うしとら)	良い(よい 좋다)

料	` ⸃ ⸄ ⸆ ⺌ ⺧ 米 米 料 料
	料　料　料　料料料
헤아릴 **료**	[음] リョウ　[훈]
획수: 10	[예] 料理(リョウリ 요리)
부수: 斗 (と)	

量

헤아릴 **량**
획수: 12
부수: 里
(さと)

丨 冂 冃 厚 旱 旱 昌 昌 量 量 量

量 量 量 | 量 量 量

음 リョウ **훈** はかる
예 測量(ソクリョウ 측량)
量る(はかる 재다)

輪

바퀴 **륜**
획수: 15
부수: 車
(くるまへん)

輪 輪 輪 | 輪 輪 輪

음 リン **훈** わ
예 輪郭(リンカク 윤곽)
輪(わ 고리, 바퀴)

類

무리 **류**
획수: 18
부수: 頁
(おおがい)

丶 ソ 丷 米 米 米 米 米 類 類 類 類 類 類 類 類

類 類 類 | 類 類 類

음 ルイ **훈**
예 種類(シュルイ 종류)

令

명령할 **령**
획수: 5
부수: 人
(ひとがしら)

ノ 人 人 令 令

令 令 令 | 令 令 令

음 レイ **훈**
예 法令(ホウレイ 법령)

冷	` ` ` ` ` ` ` ` ` `
찰 랭 획수: 7 부수: 冫 (にすい)	

[음] レイ　[훈] つめたい, ひえる, ひや, ひやす, ひやかす, さめる, さます
[예] 冷却(レイキャク 냉각)
　冷たい(つめたい 차갑다), 冷える(ひえる 차가워지다, 식다), 冷や(ひや 찬 것),
　冷やす(ひやす 식히다, 차게 하다), 冷やかす(ひやかす 차게 하다, 놀리다),
　冷める(さめる 식다), 冷ます(さます 식히다)

例	ノ イ イ イ 伊 伊 例 例
보기 례 획수: 8 부수: 人 (にんべん)	

[음] レイ　[훈] たとえる
[예] 用例(ヨウレイ 용례)
　例える(たとえる 예로 들다)

連	一 厂 厂 厅 百 亘 車 車 車 連 連
이을 련 획수: 10 부수: 辶 (しんにょう)	連　連　連

[음] レン　[훈] つらなる, つらねる, つれる
[예] 関連(カンレン 관련)
　連なる(つらなる 나란히 늘어서 있다), 連ねる(つらねる 늘어 세우다)
　連れる(つれる 동반하다, 데리고 가다)

老	一 十 土 耂 耂 老
늙을 로 획수: 6 제부수: 老(耂) (おいがしら)	老　老　老

[음] ロウ　[훈] おいる, ふける
[예] 長老(チョウロウ 장로)
　老いる(おいる 늙다), 老ける(ふける 나이를 먹다)

労

일할 **로**
획수: 7
부수: 力
(ちから)

丶 丶 ⺍ ⺍ 学 学 労　　　　　労

| 음 | ロウ | 훈 | |
예 疲労(ヒロウ 피로)

録

기록할 **록**
획수: 16
부수: 金
(かねへん)

丿 亽 亼 全 牟 余 金 金 金ˀ 金ˀ 鉐 鉐 鉐 録　　　録

| 음 | ロク | 훈 | |
예 録音(ロクオン 녹음)

1. 未満 _____

2. 民 _____

3. 無礼 _____

4. 節約 _____

5. 勇む _____

6. 要 _____

7. 養う _____

8. 浴びる _____

9. 利く _____

10. 着陸 _____

11. 良好 _____

12. 料理 _____

13. 測量 _____

14. 輪郭 _____

15. 種類 _____

16. 法令 _____

17. 冷却 _____

18. 例える _____

19. 連れる _____

20. 老いる _____

21. 疲労 _____

22. 録音 _____

Clip 05

점검하기
초등학교 4학년 교육한자 Ⅲ

■ 다음의 한자표기어를 한국어 의미를 보고 알맞게 히라가나로 입력해 보세요.

1.　倉(창고)　　　　　　　　　　＿＿＿＿＿＿＿＿＿＿＿

2.　束(다발, 뭉치, 단)　　　　　　＿＿＿＿＿＿＿＿＿＿＿

3.　仲(사이)　　　　　　　　　　＿＿＿＿＿＿＿＿＿＿＿

4.　沖(먼 바다)　　　　　　　　　＿＿＿＿＿＿＿＿＿＿＿

5.　兆し(조짐, 징조)　　　　　　＿＿＿＿＿＿＿＿＿＿＿

6.　典拠(전거)　　　　　　　　　＿＿＿＿＿＿＿＿＿＿＿

7.　稼働(가동)　　　　　　　　　＿＿＿＿＿＿＿＿＿＿＿

8.　德用(덕용, 써서 이익이 많음)　＿＿＿＿＿＿＿＿＿＿＿

9.　賭博(도박)　　　　　　　　　＿＿＿＿＿＿＿＿＿＿＿

10.　赤飯(찰밥)　　　　　　　　　＿＿＿＿＿＿＿＿＿＿＿

11. 票決(표결) _____

12. 不作法(버릇없음) _____

13. 副産物(부산물) _____

14. 雑兵(졸병, 지위가 낮은 부하) _____

15. 本望(숙원) _____

16. 民(국민, 백성) _____

17. 勇む(힘이 솟다) _____

18. 要(부채의 사북, 요점) _____

19. 浴びる(뒤집어쓰다) _____

20. 老いる(늙다) _____

제9과
초등학교 5학년 교육한자

Clip 01

초등학교 5학년 교육한자

☐ 초등학교 5학년 교육한자 193자 중 20자의 音, 訓 학습
☐ 해당한자와 관련된 단어학습과 쓰기연습

圧 囲 移 因 永 営 衛 易 益 液 演 応 往 桜 可 仮 価 河 過 快

☐ 초등학교 5학년 교육한자 193자 중 20자의 音, 訓을 학습하여 이해할 수 있다.
☐ 해당한자와 관련된 단어학습과 쓰기연습을 통해 일본에서의 실생활에 활용할 수 있다.

| 圧

누를 **압**
획수: 5
부수: 土
(つち) | 一 厂 厂 斤 圧

圧 圧 圧

음 アツ　훈
예 気圧(キアツ 기압) | 壓 |

| 囲

둘레 **위**
획수: 7
부수: 口
(くにがまえ) | 丨 冂 冂 月 冃 囲 囲

囲 囲 囲

음 イ　훈 かこむ, かこう
예 範囲(ハンイ 범위)
　　囲む(かこむ 두르다, 바둑을 두다), 囲う(かこう 둘러싸다, 숨겨두다) | 圍 |

| 移

옮길 **이**
획수: 11
부수: 禾
(のぎへん) | 一 二 千 千 禾 禾 矛 移 移 移 移

移 移 移 

음 イ　훈 うつる, うつす
예 移転(イテン 이전)
　　移る(うつる 이동하다), 移す(うつす 옮기다) |

| 因

의지할 **인**
획수: 6
부수: 口
(くにがまえ) | 丨 冂 冂 円 丙 因

因 因 因

음 イン　훈 よる
예 要因(ヨウイン 요인)
　　因る(よる 의하다, 기인하다) |

永 길 **영** 획수: 5 부수: 水 (みず)	`丶 丁 刁 永 永` 永　永　永　　永 永 永 **음** エイ　**훈** ながい **예** 永遠(エイエン 영원) 　永い(ながい 영원하다)
営 다스릴 **영** 획수: 12 부수: 口 (くち) 구자체부수: 火 (ひ)	`丶 ヽ ⺍ ⺍ ⺍ 学 学 営 営 営 営 営`　　　營 営　営　営　　営 営 営 **음** エイ　**훈** いとなむ **예** 営農(エイノウ 영농) 　営む(いとなむ 경영하다)
衛 지킬 **위** 획수: 16 부수: 行 (ぎょうがまえ)	`丶 彳 彳 彳 彳 彳 彳 彳 律 徫 徫 徫 衛 衛` 衛　衛　衛　　衛 衛 衛 **음** エイ　**훈** **예** 衛生(エイセイ 위생)
易 바꿀 **역**, 쉬울 **이** 획수: 8 부수: 日 (ひ)	`丨 冂 冂 日 尸 月 易 易` 易　易　易　　易 易 易 **음** エキ, イ　**훈** やさしい **예** 貿易(ボウエキ 무역), 安易(アンイ 안이) 　易しい(やさしい 쉽다, 간단하다)

益	` ` ` 丷 丷 圦 圦 圦 益 益 益					

더할 익
획수: 10
부수: 皿
(さら)

음 エキ, ヤク　　훈

예 有益(ユウエキ 유익), 御利益(ゴリヤク 부처의 은혜)

液	` ` ` 氵 氵 沪 沪 沪 沖 沖 液 液					

즙 액
획수: 11
부수: 水(氵)
(さんずい)

음 エキ　　훈

예 血液(ケツエキ 혈액)

演	` ` ` 氵 氵 沪 沪 沪 沪 沪 沛 渖 渖 演 演					

펼 연
획수: 14
부수: 水(氵)
(さんずい)

음 エン　　훈

예 演奏(エンソウ 연주)

応	` 一 广 广 広 応 応 応　　　　　　　應					

응할 응
획수: 7
부수: 心
(こころ)

음 オウ　　훈 こたえる

예 応答(オウトウ 응답)
　　応える(こたえる 응하다, 반응하다)

往

丿 彳 彳 彳 彳 彳 往 往

往 往 往 往 往 往

갈 **왕**
획수: 8
부수: 彳
(ぎょうにんべん)

음 オウ　훈

예 往来(オウライ 왕래)

桜

一 十 オ 木 木' 木'' 木''' 杪 桜 桜　櫻

桜 桜 桜 桜 桜 桜

벚꽃 **앵**
획수: 10
부수: 木
(きへん)

음 オウ　훈 さくら

예 観桜会(カンオウカイ 벚꽃놀이를 하는 모임)
桜(さくら 벚나무, 벚꽃)

可

一 丁 下 可 可

可 可 可 可 可 可

옳을 **가**
획수: 5
부수: 口
(くち)

음 カ　훈

예 許可(キョカ 허가)

仮

丿 亻 亻 仮 仮 仮　假

仮 仮 仮 仮 仮 仮

거짓 **가**
획수: 6
부수: 人
(にんべん)

음 カ, ケ　훈 かり

예 仮面(カメン 가면), 仮病(ケビョウ 꾀병)
仮処分(かりしょぶん 가처분)

価

ノ 亻 仁 佇 佰 俩 価 価

價

価 価 価 価 価 価

값 가
획수: 8
부수: 人
(にんべん)

음 カ　훈 あたい

예 価格(カカク 가격)
値(あたい 가치)

河

丶 冫 氵 氵 汀 沪 沪 河

河 河 河 河 河 河

물 하
획수: 8
부수: 水(氵)
(さんずい)

음 カ　훈

예 河口(カコウ 하구, 강어귀)

過

丨 冂 冋 冋 冎 冎 冎 咼 咼 咼 渦 過

過 過 過 過 過 過

지날 과
획수: 12
부수: 辶
(しんにょう)

음 カ　훈 すぎる, すごす, あやまつ, あやまち

예 通過(ツウカ 통과)
過ぎる(すぎる 지나다, 끝나다), 過ごす(すごす 지내다), 過つ(あやまつ 실수하다, 과오를 범하다), 過ち(あやまち 실수, 과오)

快

丶 丷 忄 忄 忄 怏 快

快 快 快 快 快 快

유쾌할 쾌
획수: 7
부수: 心(忄)
(りっしんべん)

음 カイ　훈 こころよい

예 快感(カイカン 쾌감)
快い(こころよい 상쾌하다, 기분 좋다)

1. 気圧 _____

2. 囲う _____

3. 移転 _____

4. 因る _____

5. 永い _____

6. 営む _____

7. 衛生 _____

8. 貿易 _____

9. 御利益 _____

10. 血液 _____

11. 演奏 _____

12. 応える _____

13. 往来 _____

14. 観桜会 _____

15. 許可 _____

16. 仮処分 _____

17. 値 _____

18. 河口 _____

19. 過ち _____

20. 快い _____

Clip 02

초등학교 5학년 교육한자

☐ 초등학교 5학년 교육한자 193자 중 20자의 音, 訓 학습
☐ 해당한자와 관련된 단어학습과 쓰기연습

解 格 確 額 刊 幹 慣 眼 紀 基 寄 規 喜 技 義 逆 久 旧 救 居

☐ 초등학교 5학년 교육한자 193자 중 20자의 音, 訓을 학습하여 이해할 수 있다.
☐ 해당한자와 관련된 단어학습과 쓰기연습을 통해 일본에서의 실생활에 활용할 수 있다.

解

′ ′ ′ ′ 角 角 角 角 解 解 解 解 解

解 解 解 解 解 解

풀 해
획수: 13
부수: 角
(つのへん)

[음] カイ, ゲ　　[훈] とく, とかす, とける

[예] 理解(リカイ 이해), 解毒(ゲドク 해독)

解く(とく 풀다, 해제하다), 解かす(とかす 녹이다), 解ける(とける 풀리다, 해결
되다)

格

一 十 才 才 术 栌 枚 格 格 格

格 格 格 格 格 格

격식 격
획수: 10
부수: 木
(きへん)

[음] カク, コウ　　[훈]

[예] 格式(カクシキ 격식), 格子(コウシ 격자)

確

一 丆 丆 石 石 石 矿 矿 矿 矿 矿 砕 確 確 確

確 確 確 確 確 確

확실할 확
획수: 15
부수: 石
(いしへん)

[음] カク　　[훈] たしか, たしかめる

[예] 確定(カクテイ 확정)

確かだ(たしかだ 확실하다), 確かめる(たしかめる 확인하다, 확실히 하다)

額

′ ′ ′ 宀 灾 灾 安 客 客 客 客 額 額 額 額 額 額

額 額 額 額 額 額

이마 액
획수: 18
부수: 頁
(おおがい)

[음] ガク　　[훈] ひたい

[예] 額面(ガクメン 액면)

額(ひたい 이마)

刊

책 펴낼 **간**
획수: 5
부수: 刀(刂)
(りっとう)

一 二 干 刋 刊

刊　刊　刊　刊　刊　刊

[음] カン　[훈]
[예] 発刊(ハッカン 발간)

幹

줄기 **간**
획수: 13
부수: 干
(かん)

一 十 十 古 古 吉 直 卓 転 幹 幹 幹 幹

幹　幹　幹　幹　幹　幹

[음] カン　[훈] みき
[예] 根幹(コンカン 근간)
　　幹(みき 나무줄기, 중요한 부분)

慣

버릇 **관**
획수: 14
부수: 心(忄)
(りっしんべん)

丶 丷 忄 忙 忙 忙 悄 悄 悄 悄 悄 慣 慣 慣

慣　慣　慣　慣　慣　慣

[음] カン　[훈] なれる, ならす
[예] 慣性(カンセイ 관성)
　　慣れる(なれる 습관이 되다), 慣らす(ならす 길들이다, 익숙하게 하다)

眼

눈 **안**
획수: 11
부수: 目
(めへん)

丨 冂 冃 月 目 貝 貝 貝 貶 眼 眼

眼　眼　眼　眼　眼　眼

[음] ガン, ゲン　[훈] まなこ
[예] 眼球(ガンキュウ 안구), 慈眼(ジゲン 자안, 부처나 보살이 중생을 자비롭게 보는 눈)
　　眼(まなこ 눈, 눈알)

紀	ﾉ ㄥ ㄠ ㅅ ㅆ 糸 紀 紀 紀
벼리 기 획수: 9 부수: 糸 (いとへん)	紀 紀 紀　紀 紀 紀
	음 キ　훈 예 紀元(キゲン 기원)

基	一 十 卄 卄 卄 其 其 其 基 基
터 기 획수: 11 부수: 土 (つち)	基 基 基　基 基 基
	음 キ　훈 もと, もとい 예 基礎(キソ 기초) 　基(もと 근본, 토대, 기초), 基(もとい 토대, 기초, 근본)

寄	ﾂ 宀 宀 宀 宊 岌 岌 寄 寄 寄
부칠 기 획수: 11 부수: 宀 (うかんむり)	寄 寄 寄　寄 寄 寄
	음 キ　훈 よる, よせる 예 寄贈(キゾウ 기증) 　寄る(よる 접근하다, 들르다), 寄せる(よせる 밀려오다, 가까이 대다)

規	一 三 ヂ 夫 圠 圠 圠 担 担 担 規
법 규 획수: 11 부수: 見 (みる)	規 規 規　規 規 規
	음 キ　훈 예 規則(キソク 규칙)

316　　　　제9과 초등학교 5학년 교육한자

喜	一 十 吉 吉 吉 吉 吉 吉 壴 壴 喜 喜

喜 喜 喜 喜 喜 喜

기쁠 **희**
획수: 12
부수: 口
(くち)

음 キ　훈 よろこぶ
예 喜劇(キゲキ 희극)
喜ぶ(よろこぶ 기뻐하다, 축복하다)

技	一 十 扌 扌 扩 抟 技

技 技 技 技 技 技

재주 **기**
획수: 7
부수: 手(扌)
(てへん)

음 ギ　훈 わざ
예 特技(トクギ 특기)
技(わざ 기법, 기술, 재주)

義	丶 丷 屵 芏 差 差 羔 羔 義 義 義

義 義 義 義 義 義

의로울 **의**
획수: 13
부수: 羊
(ひつじ)

음 ギ　훈
예 義理(ギリ 의리)

逆	丶 丷 屵 芏 苩 �辨 逆 逆 逆

逆 逆 逆 逆 逆 逆

거스를 **역**
획수: 9
부수: 辶
(しんにょう)

음 ギャク　훈 さか, さからう
예 逆襲(ギャクシュウ 역습)
逆様(さかさま 거꾸로 됨, 반대로 됨), 逆らう(さからう 거역하다, 거스르다)

久	ノ 久 久						
오랠 구 획수: 3 부수: ノ (の)	久	久	久	久 久 久			
	음 キュウ, ク　훈 ひさしい						
	예 持久力(ジキュウリョク 지구력), 久遠(クオン 구원,영겁) 　久しい(ひさしい 오래 되다)						

旧	丨 丨 丨丨 丨日 旧						舊
옛 구 획수: 5 부수: 日 (ひ) 구자체부수: 臼 (うす)	旧	旧	旧	旧 旧 旧			
	음 キュウ　훈						
	예 旧暦(キュウレキ 구력, 음력)						

救	一 十 寸 求 求 求 求 求 求 救 救						
구원할 구 획수: 11 부수: 攵 (ぼくづくり)	救	救	救	救 救 救			
	음 キュウ　훈 すくう						
	예 救援(キュウエン 구원) 　救う(すくう 구하다)						

居	⁊ ⁊ 尸 尸 尸 居 居 居						
살 거 획수: 8 부수: 尸 (しかばね)	居	居	居	居 居 居			
	음 キョ　훈 いる						
	예 住居(ジュウキョ 주거) 　居る(いる 있다)						

1. 解毒　　　　　　　　　　_____

2. 格子　　　　　　　　　　_____

3. 確定　　　　　　　　　　_____

4. 額　　　　　　　　　　　_____

5. 発刊　　　　　　　　　　_____

6. 幹　　　　　　　　　　　_____

7. 慣らす　　　　　　　　　_____

8. 眼　　　　　　　　　　　_____

9. 紀元　　　　　　　　　　_____

10. 基礎　　　　　　　　　　_____

11. 寄せる   _____

12. 規則   _____

13. 喜劇   _____

14. 技   _____

15. 義理   _____

16. 逆様   _____

17. 持久力   _____

18. 旧暦   _____

19. 救う   _____

20. 住居   _____

Clip 03

초등학교 5학년 교육한자

☐ 초등학교 5학년 교육한자 193자 중 20자의 音, 訓 학습
☐ 해당한자와 관련된 단어학습과 쓰기연습

許境均禁句型経潔件険検限現減故個護効厚耕

학습목표

☐ 초등학교 5학년 교육한자 193자 중 20자의 音, 訓을 학습하여 이해할 수 있다.
☐ 해당한자와 관련된 단어학습과 쓰기연습을 통해 일본에서의 실생활에 활용할 수 있다.

許	一 一 一 言 言 言 言 許 許 許 許							
허락할 **허** 획수: 11 부수: 言 (ごんべん)	許	許	許	許	許	許		

음 キョ **훈** ゆるす
예 許諾(キョダク 허락)
　　許す(ゆるす 허락하다)

境	一 十 土 圵 圹 圹 圹 境 境 境 境 境 境 境							
경계 **경** 획수: 14 부수: 土 (つちへん)	境	境	境	境	境	境		

음 キョウ, ケイ **훈** さかい
예 境遇(キョウグウ 경우), 境内(ケイダイ 경내)
　　境(さかい 경계)

均	一 十 土 圵 圴 均 均							
고를 **균** 획수: 7 부수: 土 (つちへん)	均	均	均	均	均	均		

음 キン **훈**
예 均等(キントウ 균등)

禁	一 十 才 木 木 村 村 林 林 林 禁 禁 禁							
금할 **금** 획수: 13 부수: 示(ネ) (しめすへん)	禁	禁	禁	禁	禁	禁		

음 キン **훈**
예 禁煙(キンエン 금연)

句	ノ 勹 勹 句 句								
글귀 **구** 획수: 5 부수: 口 (くち)	句 句 句			句 句 句					
	음 ク 　 훈 예 句点(クテン 구점, 마침표)								

型	一 二 チ 开 刑 刑 刑 型 型								
모양 **형** 획수: 9 부수: 土 (つち)	型 型 型			型 型 型					
	음 ケイ 　 훈 かた 예 模型(モケイ 모형) 　型(かた 거푸집, 틀, 형)								

経	⺡ ⺡ 幺 幺 幺 糸 紀 紹 経 経 経								經
지낼 **경** 획수: 11 부수: 糸 (いとへん)	経 経 経			経 経 経					
	음 ケイ, キョウ 　 훈 へる 예 経済(ケイザイ 경제), 経典(キョウテン 경전) 　経る(へる 경과하다)								

潔	丶 丶 氵 氵 氵 汐 津 津 潔 潔 潔 潔 潔 潔 潔								
깨끗할 **결** 획수: 15 부수: 水(氵) (さんずい)	潔 潔 潔			潔 潔 潔					
	음 ケツ 　 훈 いさぎよい 예 清潔(セイケツ 청결) 　潔い(いさぎよい 깨끗하다, 떳떳하다)								

件	ノ イ イ 仁 仕 件							
	件	件	件	件	件	件		
사건 건 획수: 6 부수: 人 (にんべん)	음 ケン　훈 예 条件(ジョウケン 조건)							

險	⁊ ⁊ ⻖ ⻖' ⻖ˆ 阶 阶 阶 险 險 險							
	險	險	險	險	險	險		
험할 험 획수: 11 부수: 阝(阜) (こざとへん)	음 ケン　훈 けわしい 예 危険(キケン 위험) 　　険しい(けわしい 험상궂다, 위험하다)							

檢	一 十 才 木 术 杧 枠 枠 检 桧 榝 検　　　　　　　檢							
	検	検	検	検	検	検		
검사할 검 획수: 12 부수: 木 (きへん)	음 ケン　훈 예 検討(ケントウ 검토)							

限	⁊ ⁊ ⻖ ⻖ᐢ ⻖ᣱ ⻖ᣱ 阳 阴 限							
	限	限	限	限	限	限		
한계 한 획수: 9 부수: 阝(阜) (こざとへん)	음 ゲン　훈 かぎる 예 期限(キゲン 기한) 　　限る(かぎる 한하다)							

現	一 二 干 王 王 尹 玕 玥 珇 珇 現
現 現 現	現 現 現
나타날 **현** 획수: 11 부수: 王(玉) (たまへん)	음 ゲン　훈 あらわれる, あらわす 예 表現(ヒョウゲン 표현) 　現れる(あらわれる 나타나다), 現す(あらわす 나타내다)

減	丶 丶 氵 沪 沪 沪 沪 沪 減 減 減
減 減 減	減 減 減
줄어들 **감** 획수: 12 부수: 水(氵) (さんずい)	음 ゲン　훈 へる, へらす 예 増減(ゾウゲン 증감) 　減る(へる 줄다, 적어지다), 減らす(へらす 줄이다)

故	一 十 十 古 古 古 古 故 故
故 故 故	故 故 故
옛 **고** 획수: 9 부수: 攵(攴) (ぼくづくり)	음 コ　훈 ゆえ 예 事故(ジコ 사고) 　故(ゆえ 까닭, 내력)

個	丿 亻 亻 佣 佣 佣 佣 佣 個 個
個 個 個	個 個 個
낱 **개** 획수: 10 부수: 人 (にんべん)	음 コ　훈 예 個人(コジン 개인)

護	ㄱ ㄱ ㄱ ㄱ 言 言 言 言 計 計 許 許 詳 詳 詳 護 護 護					
護護護護護護						

보호할 호
획수: 20
부수: 言
(ごんべん)

음 ゴ　훈
예 保護(ホゴ 보호)

効	` ゛ ゛ ゛ ゛ 交 交 効 効　　効					
効効効効効効						

효험 효
획수: 8
부수: 力
(ちから)

음 コウ　훈 きく
예 効力(コウリョク 효력)
　　効く(きく 효력이 있다)

厚	一 厂 厂 厂 厚 厚 厚 厚 厚					
厚厚厚厚厚厚						

두터울 후
획수: 9
부수: 厂
(がんだれ)

음 コウ　훈 あつい
예 厚意(コウイ 후의)
　　厚い(あつい 두껍다)

耕	一 二 三 丰 未 未 耒 耒 耕 耕					
耕耕耕耕耕耕						

밭갈 경
획수: 10
부수: 耒
(すきへん)

음 コウ　훈 たがやす
예 耕作(コウサク 경작)
　　耕す(たがやす 경작하다)

1. 許諾 _____

2. 境内 _____

3. 均等 _____

4. 禁煙 _____

5. 句点 _____

6. 型 _____

7. 経典 _____

8. 潔い _____

9. 条件 _____

10. 険しい _____

11. 檢討 _____

12. 期限 _____

13. 表現 _____

14. 增減 _____

15. 故 _____

16. 個人 _____

17. 保護 _____

18. 効く _____

19. 厚意 _____

20. 耕す _____

胡向幸港号根祭皿仕死使始指歯詩次事持式実写者主守取酒受州拾終習集住重宿所署坊昭消商章
想息速族他打対待代第題炭短談着注柱丁帳調追定庭笛鉄転都度投豆島湯登等勤童農波配倍箱畑
部服福物平返勉放味命面問役薬由油有遊予羊洋葉陽様落流旅両緑礼列練路和愛案以衣位茨印英
�栄渇完官管関観願岐希季旗器機議求泣給挙漁共協鏡競極熊訓軍郡群径景芸欠結建健験固功好
産散残氏司試児治滋辞鹿失借種周祝順初松笑唱焼照城縄臣信井成省清静席積折節説浅戦選然争
倉巣束村仁伐求虹働特徳栃奈梨熱念敗梅博阪飯飛必票標不夫付府阜富副兵別辺変便包法望牧末
類令冷例連老労録圧囲移因永営衛易益液演応往桜可仮価河過快解格確額刊幹慣眼紀基寄規喜技
疑吸旧求泣救牛去挙漁共協鏡競極熊訓軍郡群径景芸欠結建健験固功好
常情織職制性政勢精製税責積技設絶祖素総造像増則測属率損貸態団断築貯張停提程適統堂銅導
得毒独任燃能破犯判版比肥非備俵評貧布婦武復複仏粉編弁保墓報豊防貿暴脈務夢迷綿輸余容略留領歴胃異遺域宇映延沿恩我灰拡
閣確額割株干巻看簡危机揮貴疑吸供胸郷勤筋系敬警劇激穴券絹権憲源厳己呼誤后孝皇紅降鋼刻穀骨困砂座済裁策冊蚕至私姿視詞誌
磁射捨尺若樹収宗就衆従縦縮熟純処署諸除将傷障城蒸針仁垂推寸盛聖誠舌宣専泉洗染銭善奏窓創装層操蔵臓存尊宅担探誕段暖値宙忠著庁頂腸潮賃痛展討党糖届難乳認納脳派拝背肺俳班晩否批秘

Clip 04

초등학교 5학년 교육한자

☐ 초등학교 5학년 교육한자 193자 중 20자의 音, 訓 학습
☐ 해당한자와 관련된 단어학습과 쓰기연습

航 鉱 構 興 講 告 混 査 再 災 妻 採 際 在 財 罪 殺 雑 酸 賛

☐ 초등학교 5학년 교육한자 193자 중 20자의 音, 訓을 학습하여 이해할 수 있다.
☐ 해당한자와 관련된 단어학습과 쓰기연습을 통해 일본에서의 실생활에 활용할 수 있다.

航

건널 **항**
획수: 10
부수: 舟
(ふねへん)

´ ノ 丿 月 舟 舟 舟' 舟' 舟 航

航 航 航 航 航 航

[음] コウ [훈]
[예] 航空(コウクウ 항공)

鉱

숫돌 **광**
획수: 13
부수: 金
(かねへん)

ノ ⺈ ⼇ ⺉ 牟 牟 金 金 釒 鉱 鉱 鉱 鉱 鑛

鉱 鉱 鉱 鉱 鉱 鉱

[음] コウ [훈]
[예] 鉱山(コウザン 광산)

構

얽을 **구**
획수: 14
부수: 木
(きへん)

一 十 才 木 朴 杧 杧 枡 榑 構 構 構 構 構

構 構 構 構 構 構

[음] コウ [훈] かまえる, かまう
[예] 構成(コウセイ 구성)
　　構える(かまえる 꾸미다, 준비하다), 構う(かまう 상관하다, 돌보다)

興

흥할 **흥**
획수: 16
부수: 臼
(うす)

´ ⺊ F F 甪 甪 用 用 用 用 用 甪 甪 興 興 興

興 興 興 興 興 興

[음] コウ, キョウ [훈] おこる, おこす
[예] 振興(シンコウ 진흥), 興趣(キョウシュ 흥취)
　　興る(おこる 흥하다), 興す(おこす 일으키다)

講

강의할 강
획수: 17
부수: 言
(ごんべん)

一 一 三 言 言 言 言 言 計 計 計 講 講 講 講 講 講

[음] コウ [훈]
[예] 講演(コウエン 강연)

告

고할 고
획수: 7
부수: 口
(くち)

丿 ト 牛 生 告 告 告

[음] コク [훈] つげる
[예] 告示(コクジ 고시)
告げる(つげる 고하다)

混

섞일 혼
획수: 11
부수: 水(氵)
(さんずい)

丶 丶 氵 氵 沪 沪 沪 沪 浞 浞 混

[음] コン [훈] まじる, まざる, まぜる, こむ
[예] 混雑(コンザツ 혼잡)
混じる(まじる 섞이다, 사귀다), 混ざる(まざる 섞이다), 混ぜる(まぜる 섞다),
混む(こむ 붐비다, 복잡하다)

査

조사할 사
획수: 9
부수: 木
(き)

一 十 才 木 木 杏 杏 杳 査

[음] サ [훈]
[예] 査察(ササツ 사찰)

再	一 丁 丌 币 再 再						
	再	再	再	再 再 再			

다시 **재**
획수: 6
부수: 冂
(けいがまえ)

음 サイ, サ　　훈 ふたたび
예 再選(サイセン 재선), 再来月(サライゲツ 다다음달)
　　再び(ふたたび 재차, 다시)

災	⟨ ⟨⟨ ⟨⟨⟨ 巛 𢁉 𤯇 災						
	災	災	災	災 災 災			

재앙 **재**
획수: 7
부수: 火
(ひ)

음 サイ　　훈 わざわい
예 災難(サイナン 재난)
　　災い(わざわい 재난, 화)

妻	一 丆 ヨ ヨ 彗 妻 妻 妻						
	妻	妻	妻	妻 妻 妻			

아내 **처**
획수: 8
부수: 女
(おんな)

음 サイ　　훈 つま
예 良妻(リョウサイ 좋은 아내)
　　妻(つま 아내)

採	一 扌 扌 扩 扩 扌 扩 採 採 採 採						
	採	採	採	採 採 採			

캘 **채**
획수: 11
부수: 手(扌)
(てへん)

음 サイ　　훈 とる
예 採集(サイシュウ 채집)
　　採る(とる 뽑다)

際	ア 3 ß ß` ß' ß'` ß'' ß'' ß'' ß'' ß'' 際 際 際 際

際 際 際 | 際 際 際 | | | | |

때 제
획수: 14
부수: ß(阜)
(こざとへん)

음 サイ 훈 きわ
예 際限(サイゲン 끝, 한도)
際(きわ 가장자리, 때)

在	一 ナ ナ ナ 在 在

在 在 在 | 在 在 在 | | | | |

있을 재
획수: 6
부수: 土
(つち)

음 ザイ 훈 ある
예 在留(ザイリュウ 재류)
在る(ある 있다)

財	I Π Ħ Ħ 目 貝 貝 貯 財 財

財 財 財 | 財 財 財 | | | | |

재물 재
획수: 10
부수: 貝
(かいへん)

음 ザイ, サイ 훈
예 文化財(ブンカザイ 문화재), 財布(サイフ 지갑)

罪	I Π Ħ Ħ Ħ Ħ Ħ Ħ 罪 罪 罪 罪 罪

罪 罪 罪 | 罪 罪 罪 | | | | |

죄지을 죄
획수: 13
부수: 罒
(あみがしら)

음 ザイ 훈 つみ
예 犯罪(ハンザイ 범죄)
罪(つみ 죄)

殺	ノ メ ㇌ 千 茶 杀 秂 刹 粉 殺 殺								
섞일 잡 획수: 10 부수: 殳 (ほこづくり)	殺	殺	殺	殺	殺	殺			

음 サツ, サイ, セッ　훈 ころす
예 殺人(サツジン 살인), 相殺(ソウサイ 상쇄), 殺生(セッショウ 살생)
　殺す(ころす 죽이다)

雜	ノ 九 九 卆 朵 杂 杂 衆 新 矛 雑 雑 雑 雑　　　雜								
섞일 잡 획수: 14 부수: 隹 (ふるとり)	雑	雑	雑	雑	雑	雑			

음 ザツ, ゾウ　훈
예 雑談(ザツダン 잡담), 雑炊(ゾウスイ 채소와 된장 따위를 넣고 끓인 죽)

酸	一 ㇉ ㇂ 丙 两 酉 酉 酢 酢 酚 酚 酚 酸								
신맛 산 획수: 14 부수: 酉 (とりへん)	酸	酸	酸	酸	酸	酸			

음 サン　훈 すい
예 酸味(サンミ 신 맛)
　酸い(すい 시다, 시름하다)

贊	一 ㇁ 丮 夫 夫一 夫二 夫扌 夫夫 替 替 替 替 贊 贊　　贊								
찬성할 찬 획수: 15 부수: 貝 (かい)	贊	贊	贊	贊	贊	贊			

음 サン　훈
예 称賛(ショウサン 칭찬)

1. 航空　　　　　　　　_____

2. 鉱山　　　　　　　　_____

3. 構える　　　　　　　_____

4. 興趣　　　　　　　　_____

5. 講演　　　　　　　　_____

6. 告示　　　　　　　　_____

7. 混雑　　　　　　　　_____

8. 査察　　　　　　　　_____

9. 再来月　　　　　　　_____

10. 災い　　　　　　　　_____

11. 良妻 　　　　　　　　_____

12. 採集 　　　　　　　　_____

13. 際 　　　　　　　　　_____

14. 在留 　　　　　　　　_____

15. 財布 　　　　　　　　_____

16. 犯罪 　　　　　　　　_____

17. 相殺 　　　　　　　　_____

18. 雑炊 　　　　　　　　_____

19. 酸い 　　　　　　　　_____

20. 称賛 　　　　　　　　_____

Clip 05

점검하기
초등학교 5학년 교육한자 Ⅰ

■ 다음의 한자표기어를 한국어 의미를 보고 알맞게 히라가나로 입력해 보세요.

1. 囲う(둘러싸다, 숨겨두다)　　　_____

2. 営む(경영하다)　　　_____

3. 観桜会(벚꽃놀이를 하는 모임)　　　_____

4. 過ち(실수, 과오)　　　_____

5. 快い(상쾌하다, 기분 좋다)　　　_____

6. 解毒(해독)　　　_____

7. 額(이마)　　　_____

8. 幹(나무줄기, 중요한 부분)　　　_____

9. 技(기법, 기술, 재주)　　　_____

10. 逆様(거꾸로 됨, 반대로 됨)　　　_____

11. 許諾(허락) _____

12. 境内(경내) _____

13. 句点(구점, 마침표) _____

14. 增減(증감) _____

15. 厚意(후의) _____

16. 鉱山(광산) _____

17. 興趣(흥취) _____

18. 告示(고시) _____

19. 相殺(상쇄) _____

20. 雜炊(채소와 된장 따위를 넣고 끓인 죽) _____

胡向辛港号根祭血仕死使始指歯詩次事持式笑写者主守取酒愛州拾終習集住重宿所署助昭消商章
想息速族他打対待代第題炭短談着注柱丁帳調追定庭笛鉄転都度投豆島湯登等動童農波配倍箱畑
那服福物平返勉放味命面問役薬由油有遊予羊洋葉陽様落流旅両緑礼列練路和愛案以衣位茨印英
完官管関観願岐希季旗器機議求泣給挙漁共協鏡競極熊訓軍郡群径景芸欠結建健験固功好
菜散残氏司試児治滋辞麗失借種周祝順初松笑唱焼照城縄臣信井成省清静席積折節説浅戦選然争
民底夫氏仁任刻付働特徳栃奈梨熱念敗梅博阪飯飛必票標不夫付府阜富副兵別辺変便包法望牧末
順令冷例連老労録圧囲移因永営衛易益液演応往桜可仮価河過快解格確額刊幹慣眼紀基寄規喜技
減故個護効厚耕航鉱構興講告混査再災妻採際在財罪殺雑酸賛士支史志枝師資飼示似識
常情織職制性政勢精製税責績接設絶祖素総造像増則測属率損貸態団断築貯張停提程適統堂銅導
得毒独武復複仏粉編弁保墓報豊防貿暴脈務夢迷綿輸余容略留領歴冐異遺域宇映延沿恩我灰拡
閣革系敬警劇激穴券絹権憲源厳己呼誤后孝皇紅降鋼刻穀骨困砂座済裁策冊蚕至私姿視詞誌

제10과
초등학교 5학년 교육한자

Clip 01
초등학교 5학년 교육한자

[학습내용]

☐ 초등학교 5학년 교육한자 193자 중 20자의 音, 訓 학습
☐ 해당한자와 관련된 단어학습과 쓰기연습

士 支 史 志 枝 師 資 飼 示 似 識 質 舎 謝 授 修 述 術 準 序

[학습목표]

☐ 초등학교 5학년 교육한자 193자 중 20자의 音, 訓을 학습하여 이해할 수 있다.
☐ 해당한자와 관련된 단어학습과 쓰기연습을 통해 일본에서의 실생활에 활용할 수 있다.

 士 선비 **사** 획수: 3 제부수: 士 (さむらい)	一 十 士
	士　士　士
	음 シ　훈 예 士官(シカン 사관, 장교)

支 가를 **지** 획수: 4 제부수: 支 (し)	一 十 ナ 支
	支　支　支
	음 シ　훈 ささえる 예 支持(シジ 지지) 　　支える(ささえる 떠받치다)

史 역사 **사** 획수: 5 부수: 口 (くち)	丨 ロ ロ 史 史
	史　史　史
	음 シ　훈 예 史学(シガク 사학)

 志 뜻 **지** 획수: 7 부수: 心 (こころ)	一 十 士 士 志 志 志 
	志　志　志
	음 シ　훈 こころざす, こころざし 예 志望(シボウ 지망) 　　志す(こころざす 뜻을 두다), 志(こころざし 뜻, 의지)

枝	一 十 才 木 村 村 杉 枝

枝 枝 枝　枝 枝 枝

가지 지
획수: 8
부수: 木
(きへん)

[음] シ　[훈] えだ
[예] 枝族(シゾク 지족)
　　枝(えだ 가지, 갈래)

師	´ イ ſ ſ' ſ' ſ' ſ' ſ' ſ' 師

師 師 師　師 師 師

스승 사
획수: 10
부수: 巾
(はば)

[음] シ　[훈]
[예] 師匠(シショウ 스승)

資	一 冫 ⺀ ⻊ ⺦ 次 次 咨 咨 咨 咨 資 資

資 資 資　資 資 資

재물 자
획수: 13
부수: 貝
(かい)

[음] シ　[훈]
[예] 資格(シカク 자격)

飼	ノ 𠆢 𠆢 乍 乍 乍 食 食 釘 釘 釦 飼 飼　飼

飼 飼 飼　飼 飼 飼

기를 사
획수: 13
부수: 食
(しょくへん)

[음] シ　[훈] かう
[예] 飼育(シイク 사육)
　　飼う(かう 기르다)

示	 一 二 亍 示 示
보일 **시** 획수: 5 제부수: 示(礻) (しめすへん)	음 ジ, シ　훈 しめす 예 指示(シジ 지시), 示唆(シサ 시사) 　示す(しめす 내보이다, 제시하다)

似	/ イ 化 化 似 似 似
닮을 **사** 획수: 7 부수: 人 (にんべん)	음 ジ　훈 にる 예 類似(ルイジ 유사) 　似る(にる 닮다)

識	 一 一 亖 亖 亖 言 言 言 言 言 訴 訴 訴 諳 諳 諳 識 識 識
알 **식**, 기록할 **지** 획수: 19 부수: 言 (ごんべん)	음 シキ　훈 예 識別(シキベツ 식별)

質	 一 厂 厈 厈 厈 厈 厈 所 所 所 質 質 質 質 質
바탕 **질** 획수: 15 부수: 貝 (かい)	음 シツ, シチ, チ　훈 예 本質(ホンシツ 본질), 質屋(シチヤ 전당포), 言質(ゲンチ 언질)

舍	ノ 人 ム 夳 本 全 全 舎 舍								舍
	舍	舍	舍	舍	舍	舍			

집 사
획수: 8
부수: 口
(くち)

음 シャ 훈
예 寄宿舍(キシュクシャ 기숙사)

謝	一 亠 亖 亖 言 言 言 訂 訏 訃 訃 謝 謝 謝 謝 謝 謝								
	謝	謝	謝	謝	謝	謝			

사례할 사
획수: 17
부수: 言
(ごんべん)

음 シャ 훈 あやまる
예 感謝(カンシャ 감사)
　 謝る(あやまる 빌다, 사과하다)

授	一 十 扌 扩 扩 扩 扩 扩 护 拶 授								
	授	授	授	授	授	授			

줄 수
획수: 11
부수: 手(扌)
(てへん)

음 ジュ 훈 さずける, さずかる
예 伝授(デンジュ 전수)
　 授ける(さずける 수여하다), 授かる(さずかる 내려주시다)

修	ノ 亻 亻 仃 侊 侊 修 修 修								
	修	修	修	修	修	修			

다스릴 수
획수: 10
부수: 人
(にんべん)

음 シュウ, シュ 훈 おさめる, おさまる
예 修飾(シュウショク 수식), 修行(シュギョウ 수행)
　 修める(おさめる 배우다, 익히다), 修まる(おさまる 좋아지다, 바르게되다)

述	一 十 才 木 术 朮 沭 述 述						
述 말할 **술** 획수: 8 부수: 辶 (しんにょう)	述 述 述 述 述 述						
	음 ジュツ　　훈 のべる 예 叙述(ジョジュツ 서술) 　　述べる(のべる 말하다, 진술하다)						

術	′ ′ ′ 彳 彳 彳 彳 彳 彳 術 術						
術 재주 **술** 획수: 11 부수: 行 (ぎょうがまえ)	術 術 術 術 術 術						
	음 ジュツ　　훈 예 芸術(ゲイジュツ 예술)						

準	′ ′ ′ ′ 沪 沪 汁 淮 淮 淮 淮 準 準						
準 준할 **준** 획수: 13 부수: 水 (みず)	準 準 準 準 準 準						
	음 ジュン　　훈 예 標準(ヒョウジュン 표준)						

序	′ 亠 广 广 序 序 序						
序 차례 **서** 획수: 7 부수: 广 (まだれ)	序 序 序 序 序 序						
	음 ジョ　　훈 예 秩序(チツジョ 질서)						

1. 士官　　　　　　　　＿＿＿＿＿＿＿＿＿＿

2. 支持　　　　　　　　＿＿＿＿＿＿＿＿＿＿

3. 史学　　　　　　　　＿＿＿＿＿＿＿＿＿＿

4. 志す　　　　　　　　＿＿＿＿＿＿＿＿＿＿

5. 枝　　　　　　　　　＿＿＿＿＿＿＿＿＿＿

6. 師匠　　　　　　　　＿＿＿＿＿＿＿＿＿＿

7. 資格　　　　　　　　＿＿＿＿＿＿＿＿＿＿

8. 飼育　　　　　　　　＿＿＿＿＿＿＿＿＿＿

9. 示唆　　　　　　　　＿＿＿＿＿＿＿＿＿＿

10. 類似　　　　　　　　＿＿＿＿＿＿＿＿＿＿

11. 識別 _____

12. 質屋 _____

13. 寄宿舎 _____

14. 謝る _____

15. 伝授 _____

16. 修行 _____

17. 叙述 _____

18. 芸術 _____

19. 標準 _____

20. 秩序 _____

湖向華港号根祭血仕死使始揩歯詩次事持式実写者主守取酒受州拾終習集住重宿所著紡昭消商章
想息速族他打対待代第題炭短談着注柱丁帳調追定庭笛鉄転都度投豆島湯登等動童農波配倍箱畑
部服福物平返勉放味命面問級菓由油有遊予羊洋葉陽様落流旅両緑礼列練路和愛案以衣位茨印英
多栄潟完官管関観願岐希季旗器機議求泣給季漁共協鏡競極熊訓軍郡群径景芸欠結建健験固功好
産散残氏司試児治滋辞鹿失借種周祝順初松笑唱焼照城縄臣信井成省清静席積折節説浅戦選然争
倉巣束側続卒孫帯隊達単置仲貯兆腸底停提程適統堂銅導
類令冷例連老労録圧囲移因永営衛易益液演応往桜可仮価河過快解格確額刊幹慣眼紀基寄規喜技
徳得期限減故個護効厚耕航鉱構興講告混査再災妻採際在財罪殺雑酸賛士支史志枝師資飼示似識
常情織職制性政勢精製税責積接
準序招証象賞条状常情織職制性政勢精製税責積接
招証象賞条状常情織職制性政勢精製税責績接

Clip 02

초등학교 5학년 교육한자

[학습내용]

☐ 초등학교 5학년 교육한자 193자 중 20자의 音, 訓 학습

☐ 해당한자와 관련된 단어학습과 쓰기연습

招 証 象 賞 条 状 常 情 織 職 制 性 政 勢 精 製 税 責 績 接

[학습목표]

☐ 초등학교 5학년 교육한자 193자 중 20자의 音, 訓을 학습하여 이해할 수 있다.

☐ 해당한자와 관련된 단어학습과 쓰기연습을 통해 일본에서의 실생활에 활용할 수 있다.

招	一 十 扌 扩 押 押 招 招

부를 초
획수: 8
부수: 手(扌)
(てへん)

음 ショウ　훈 まねく
예 招請(ショウセイ 초청)
　招く(まねく 초대하다)

証	一 亠 亖 言 言 言 訂 証 証 証	證

증거 증
획수: 12
부수: 言
(ごんべん)

음 ショウ　훈
예 証明(ショウメイ 증명)

象	ノ ハ ハ ハ 各 各 各 争 争 象 象

코끼리 상
획수: 12
부수: 豕
(いのこ)

음 ショウ, ゾウ　훈
예 象徴(ショウチョウ 상징), 巨象(キョゾウ 큰 코끼리)

賞	丨 丷 丷 丷 兴 芦 堂 堂 堂 堂 堂 賞 賞

상줄 상
획수: 15
부수: 貝
(かい)

음 ショウ　훈
예 賞罰(ショウバツ 상벌)

条

`ノ ク タ 冬 条 条 条`　　　　　　　　　　　　　　　　　條

조목 **조**
획수: 7
부수: 木
(き)

음 ジョウ　훈
예 条件(ジョウケン 조건)

状

`丶 冫 丬 丬 丬 状 状`　　　　　　　　　　　　　　　　　状

문서 **장**
획수: 7
부수: 犬
(いぬ)

음 ジョウ　훈
예 状態(ジョウタイ 상태)

常

`丨 丷 丷 尚 尚 常 常 常 常 常 常`

항상 **상**
획수: 11
부수: 巾
(はば)

음 ジョウ　훈 つね, とこ
예 日常(ニチジョウ 일상)
　　常に(つねに 늘, 항상), 常(とこ (접두어로)항상 변하지 않음, 영원)

情

`丶 丶 忄 忄 忄 忙 情 情 情 情 情`　　　　　　　　　　　情

정 **정**
획수: 11
부수: 心(忄)
(りっしんべん)

음 ジョウ, セイ　훈 なさけ
예 情熱(ジョウネツ 정열), 風情(フゼイ 풍치)
　　情け(なさけ 정, 기분, 성심, 사정, 애정)

織	⟨ ⟨ ⟨ ⟨ ⟨ ⟨ ⟨ ⟨ ⟨ ⟨ ⟨ ⟨ ⟨ ⟨ ⟨ ⟨ 織 織 織			織	織	織			
짤 직 획수: 18 부수: 糸 (いとへん)	음 シキ, ショク　훈 おる								
	예 組織(ソシキ 조직), 紡織(ボウショク 방직) 織る(おる 짜다, 엮다)								

職	一 丁 丌 丌 丰 耳 耵 耵 耵 耶 耶 職 職 職 職 職 職 職			職	職	職			
벼슬 직 획수: 18 부수: 耳 (みみへん)	음 ショク　훈								
	예 職務(ショクム 직무)								

制	ノ 仁 仁 仁 与 制 制 制			制	制	制			
제도 제 획수: 8 부수: 刀(刂) (りっとう)	음 セイ　훈								
	예 制裁(セイサイ 제재)								

性	⟨ ⟨ ⟨ 忄 忄 忄 性 性			性	性	性			
성품 성 획수: 8 부수: 心(忄) (りっしんべん)	음 セイ, ショウ　훈								
	예 理性(リセイ 이성), 性分(ショウブン 천성, 성품)								

政

一 T F F 正 正 政 政 政

政 政 政 政 政 政

다스릴 정
획수: 9
부수: 攵
(ぼくにょう)

[음] セイ, ショウ　[훈] まつりごと
[예] 行政(ギョウセイ 행정), 摂政(セッショウ 섭정)
政(まつりごと 정치)

勢

一 十 土 产 产 去 幸 幸 執 執 執 勢 勢

勢 勢 勢 勢 勢 勢

기세 세
획수: 13
부수: 力
(ちから)

[음] セイ　[훈] いきおい
[예] 優勢(ユウセイ 우세)
勢い(いきおい 기세, 세력)

精

ヽ ヽ ヽ 半 米 米 米 料 精 精 精 精 精 精

精 精 精 精 精 精

정밀할 정
획수: 14
부수: 米
(こめへん)

[음] セイ, ショウ　[훈]
[예] 精米(セイマイ 정미), 精霊(ショウリョウ 정령, 죽은 사람의 혼)

製

ノ 仁 与 午 午 帛 制 制 制 製 製 製 製

製 製 製 製 製 製

지을 제
획수: 14
부수: 衣
(ころも)

[음] セイ　[훈]
[예] 製本(セイホン 제본)

税	一 二 千 千 禾 禾 利 利 税 税 税 税
	税 税 税 税 税 税
세금 세	
획수: 12	**음** ゼイ　　**훈**
부수: 禾	**예** 免税(メンゼイ 면세)
(のぎへん)	

責	一 二 キ キ キ 青 青 青 青 責 責
	責 責 責 責 責 責
꾸짖을 책	
획수: 11	**음** セキ　　**훈** せめる
부수: 貝	**예** 責務(セキム 책무)
(かい)	責める(せめる 비난하다, 책망하다)

積	一 二 千 千 禾 禾 禾 禾 秆 秸 秸 積 積 積 積 積
	積 積 積 積 積 積
쌓을 적	
획수: 16	**음** セキ　　**훈** つむ, つもる
부수: 禾	**예** 蓄積(チクセキ 축적)
(のぎへん)	積む(つむ 쌓다), 積もる(つもる 쌓이다)

接	一 十 扌 扌 扩 扩 扩 挃 接 接 接
	接 接 接 接 接 接
이을 접	
획수: 11	**음** セツ　　**훈** つぐ
부수: 手(扌)	**예** 接合(セツゴウ 접합)
(てへん)	接ぐ(つぐ 잇다)

354

1. 招請 _____

2. 証明 _____

3. 巨象 _____

4. 賞罰 _____

5. 条件 _____

6. 状態 _____

7. 常に _____

8. 情け _____

9. 紡織 _____

10. 職務 _____

11. 制裁 _____

12. 性分 _____

13. 政 _____

14. 勢い _____

15. 精霊 _____

16. 製本 _____

17. 免税 _____

18. 責める _____

19. 蓄積 _____

20. 接ぐ _____

Clip 03

초등학교 5학년 교육한자

□ 초등학교 5학년 교육한자 193자 중 20자의 音, 訓 학습
□ 해당한자와 관련된 단어학습과 쓰기연습

設 絶 祖 素 総 造 像 増 則 測 属 率 損 貸 態 団 断 築 貯 張

□ 초등학교 5학년 교육한자 193자 중 20자의 音, 訓을 학습하여 이해할 수 있다.
□ 해당한자와 관련된 단어학습과 쓰기연습을 통해 일본에서의 실생활에 활용할 수 있다.

設	一 二 亍 亍 言 言 言 言 訳 設 設								
設	設	設	設	設	設				

세울 **설**
획수: 11
부수: 言
(ごんべん)

[음] セツ　[훈] もうける
[예] 建設(ケンセツ 건설)
　　設ける(もうける 마련하다, 베풀다)

絶	㇄ ㇄ ㅿ ㅿ ㅿ ㅿ 糸 紹 紹 絶 絶 絶								
絶	絶	絶	絶	絶	絶				

끊을 **절**
획수: 12
부수: 糸
(いとへん)

[음] ゼツ　[훈] たえる, たやす, たつ
[예] 絶妙(ゼツミョウ 절묘)
　　絶える(たえる 끊어지다, 중단되다), 絶やす(たやす 끊다, 없애다), 絶つ(たつ
　　끊다)

祖	㇏ ㇀ ㄆ ㄨ 礻 初 袒 袒 祖								祖
祖	祖	祖	祖	祖	祖				

할아버지 **조**
획수: 9
부수: 示(礻)
(しめすへん)

[음] ソ　[훈]
[예] 元祖(ガンソ 원조)

素	一 二 主 主 圭 丰 妻 妻 素 素								
素	素	素	素	素	素				

바탕 **소**
획수: 10
부수: 糸
(いと)

[음] ソ, ス　[훈]
[예] 素材(ソザイ 소재), 素性(スジョウ 혈통, 유래, 본성)

総	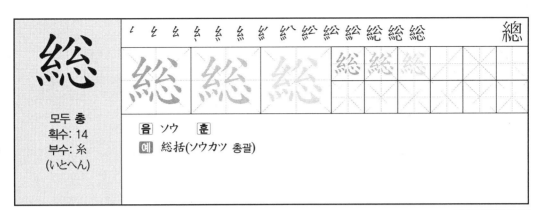

| | し し 幺 糸 糸 糸 糸 糸 糸 糸 総 総 総 | | | | | | | 總 |

모두 **총**
획수: 14
부수: 糸
(いとへん)

 ソウ　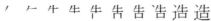
예 総括(ソウカツ 총괄)

造	

ノ ゟ 牛 牛 牛 告 告 告 浩 造

지을 **조**
획수: 10
부수: 辶
(しんにょう)

음 ゾウ　훈 つくる
예 構造(コウゾウ 구조)
　造る(つくる 짓다, 만들다)

像	

ノ イ イ 仲 伊 伊 伊 伊 傍 傍 像 像 像 像

본뜰 **상**
획수: 14
부수: 人
(にんべん)

음 ゾウ　훈
예 肖像(ショウゾウ 초상)

増	

一 十 土 圤 圤 圤 圹 埒 埒 増 増 増 増 增

더할 **증**
획수: 14
부수: 土
(つちへん)

 ゾウ　훈 ます, ふえる, ふやす
예 増加(ゾウカ 증가)
　増す(ます 많아지다, 늘다), 増える(ふえる 늘다, 증가하다), 増やす(ふやす
　늘리다)

則

法칙 칙
획수: 9
부수: 刀(刂)
(りっとう)

丨 冂 冂 冃 冃 目 貝 貝 則 則

| 則 | 則 | 則 | 則 | 則 | 則 | | |

[음] ソク　**[훈]**
[예] 法則(ホウソク 원칙)

測

헤아릴 측
획수: 12
부수: 水(氵)
(さんずい)

丶 丶 氵 汀 洌 汩 洌 洌 泪 湏 測 測

| 測 | 測 | 測 | 測 | 測 | 測 | | |

[음] ソク　**[훈]** はかる
[예] 推測(スイソク 추측)
　　測る(はかる 재다)

属

무리 속
획수: 12
부수: 尸
(しかばね)

一 コ コ ア ア ア 尸 尸 尿 属 属 属　　　　屬

| 属 | 属 | 属 | 属 | 属 | 属 | | |

[음] ゾク　**[훈]**
[예] 金属(キンゾク 금속)

率

비율 률, 거느릴 솔
획수: 11
부수: 玄
(げん)

丶 亠 亠 玄 玄 玄 玄 玄 玄 玄 玄 率

| 率 | 率 | 率 | 率 | 率 | 率 | | |

[음] リツ, ソツ　**[훈]** ひきいる
[예] 比率(ヒリツ 비율), 軽率(ケイソツ 경솔)
　　率いる(ひきいる 거느리다, 인솔하다)

損

잃을 **손**
획수: 13
부수: 手(扌)
(てへん)

一 十 扌 扌 扩 扩 护 捐 捐 捐 捐 損 損

음	ソン	훈	そこなう, そこねる

예 破損(ハソン 파손)

損なう(そこなう 손상하다, …하지 못하다), 損ねる(そこねる 상하게 하다)

貸

빌릴 **대**
획수: 12
부수: 貝
(かい)

ノ イ 仁 代 代 代 伫 侉 貸 貸 貸 貸

음	タイ	훈	かす

예 貸与(タイヨ 대여)

貸す(かす 빌려 주다, 도와 주다)

態

모양 **태**
획수: 14
부수: 心
(こころ)

一 厶 厃 台 台 育 育 能 能 能 能 態 態 態

음	タイ	훈	

예 態勢(タイセイ 태세)

団

모일 **단**
획수: 6
부수: 口
(くにがまえ)

｜ 冂 冃 団 団 団　　　　　　　　　　　　　　團

음	ダン, トン	훈	

예 団結(ダンケツ 단결), 布団(フトン 이불)

断

끊을 **단**
획수: 11
부수: 斤
(おのづくり)

丶 丶 ﾄ ﾄ 半 半 米 迷 迷 断 断 断

断 断 断 断 断 断

断

[음] ダン　[훈] ことわる, たつ
[예] 判断(ハンダン 판단)
　　断る(ことわる 거절하다), 断つ(たつ 끊다)

築

쌓을 **축**
획수: 16
부수: 竹
(たけかんむり)

ノ ｸ ｸ ﾌﾟ 竹 竹 竹 竹 竹 竺 筑 筑 筑 築 築 築

築 築 築 築 築 築

[음] チク　[훈] きずく
[예] 建築(ケンチク 건축)
　　築く(きずく 쌓다, 쌓아 올리다)

貯

쌓을 **저**
획수: 12
부수: 貝
(かいへん)

丨 冂 冂 冃 冃 目 貝 貝 貯 貯 貯 貯

貯 貯 貯 貯 貯 貯

[음] チョ　[훈]
[예] 貯蓄(チョチク 저축)

張

벌릴 **장**
획수: 11
부수: 弓
(ゆみへん)

ｧ ｱ 弓 引 弘 弘 弘 弦 弦 張 張

張 張 張 張 張 張

[음] チョウ　[훈] はる
[예] 拡張(カクチョウ 확장)
　　張る(はる 뻗어 나다, 벌이다)

---

1. 設ける   _____

2. 絶妙   _____

3. 元祖   _____

4. 素性   _____

5. 総括   _____

6. 構造   _____

7. 肖像   _____

8. 増す   _____

9. 法則   _____

10. 測る   _____

11. 金属　　　　　　　　　　_____

12. 率いる　　　　　　　　　_____

13. 破損　　　　　　　　　　_____

14. 貸与　　　　　　　　　　_____

15. 態勢　　　　　　　　　　_____

16. 布団　　　　　　　　　　_____

17. 断る　　　　　　　　　　_____

18. 築く　　　　　　　　　　_____

19. 貯蓄　　　　　　　　　　_____

20. 拡張　　　　　　　　　　_____

湖向幸港号根茶皿仕允使婿猶齒詩次事持式実写者主守取酒受州拾終習集住重宿所署坊昭消商章
想息速族他打対待代第題炭短談着注柱丁帳調追定庭笛鉄転都度投豆島湯登等動童農波配倍箱畑
部服福物平返勉放味命面問役薬由油有遊予羊洋葉陽様落流旅両緑礼列練路和愛案以衣位茨印英
名営瀉完官管関観願岐希季旗器機議求泣給季漁共協鏡競極能訓軍郡群径景芸欠結建健験固功始
産散残氏司試児治滋辞鹿失借種周祝順初松笑唱焼照城縄臣信井成省清静席積折節説浅戦選然争
倉巢束仲沖兆低底的典伝徒努灯働特徳栃奈梨熱念敗梅博阪飯飛必票標不夫付府阜富副兵別辺変便包法望牧末
類令冷例連老労録圧囲移因永営衛易益液演応往桜可仮価河過快解格確額刊幹慣眼紀基寄規喜接
境均禁句群型経潔件券険検限現減故個護効厚耕航鉱構興講告混査再災妻採際在財罪殺雑酸賛士支史志枝師資飼示似識
常情織職制性政勢精製税責積接設紀祖素総造像増則測属率損貸態団断築貯張停提程適統堂銅導
評平以式復複仏粉編弁保墓報豊防貿暴脈務夢迷綿輸余容略留領歴胃異遺域宇映延沿恩我灰拡
革割株幹看敬警劇激穴券絹権憲源厳己呼誤后孝皇紅降鋼刻穀骨困砂座済裁策冊蚕至私姿視詞誌
磁射捨尺若樹収宗就衆従縦縮熟純処署諸除将傷障城蒸針仁垂推寸盛聖誠舌宣専泉洗染銭善奏窓創装層操蔵臓存尊宅担探誕段暖値宙忠著庁頂潮賃痛展討党糖届難乳認納脳派拝背肺俳班晩否批秘俵腹奮並陛閉片補暮宝訪亡忘棒枚幕密盟模訳郵優預幼欲翌乱卵覧裏律臨朗論

Clip 04

초등학교 5학년 교육한자

☐ 초등학교 5학년 교육한자 193자 중 20자의 音, 訓 학습
☐ 해당한자와 관련된 단어학습과 쓰기연습

停提程適統堂銅導得毒独任燃能破犯判版比肥

☐ 초등학교 5학년 교육한자 193자 중 20자의 音, 訓을 학습하여 이해할 수 있다.
☐ 해당한자와 관련된 단어학습과 쓰기연습을 통해 일본에서의 실생활에 활용할 수 있다.

停	ノ イ イ´ 㐁 㐁 停 停 停 停 停							
머무를 **정** 획수: 11 부수: 人 (にんべん)	停	停	停	停	停	停		

음 テイ 훈

예 停車(テイシャ 정차)

提	一 ナ 才 扌 护 护 护 捍 捍 捍 提							
내놓을 **제** 획수: 12 부수: 手(扌) (てへん)	提	提	提	提	提	提		

음 テイ 훈 さげる

예 提供(テイキョウ 제공)

　提げる(さげる 들다)

程	一 二 千 千 禾 禾 秆 秆 秆 程 程 程							
정도 **정** 획수: 12 부수: 禾 (のぎへん)	程	程	程	程	程	程		

음 テイ 훈 ほど

예 過程(カテイ 과정)

　程(ほど 정도)

適	一 ナ 产 产 产 商 商 商 商 啇 啇 滴 適 適							
알맞을 **적** 획수: 14 부수: 辶 (しんにょう)	適	適	適	適	適	適		

음 テキ 훈

예 快適(カイテキ 쾌적)

統

거느릴 **통**
획수: 12
부수: 糸
(いとへん)

´ ㄠ ㄠ ㄠ 幺 糸 糸 糸' 紵 紵 紵 紵 統

統 統 統 統 統 統

음 トウ　훈 すべる

예 統計(トウケイ 통계)

統べる(すべる 총괄하다, 통솔・지배하다)

堂

집 **당**
획수: 11
부수: 土
(つち)

丨 丷 丷 丷 丷 㳇 丗 㠩 堂 堂 堂

堂 堂 堂 堂 堂 堂

음 ドウ　훈

예 殿堂(デンドウ 전당)

銅

구리 **동**
획수: 14
부수: 金
(かねへん)

ノ ∧ ∧ ≙ 牟 牟 金 金 釘 釘 釘 銅 銅 銅

銅 銅 銅 銅 銅 銅

음 ドウ　훈

예 青銅(セイドウ 청동)

導

인도할 **도**
획수: 15
부수: 寸
(すん)

丶 丷 丷 丷 产 首 首 首 首 道 道 道 導 導

導 導 導 導 導 導

음 ドウ　훈 みちびく

예 指導(シドウ 지도)

導く(みちびく 안내하다, 인도하다)

得	´ ´ ´ ´ ´ ´ ´ ´ ´ ´ ´ 得
얻을 **득** 획수: 11 부수: 彳 (ぎょうにんべん)	音 トク　　訓 える, うる 例 得失(トクシツ 득과 실) 　　得る(える 얻다, 알다), 有り得る(ありうる 있을 수 있다)

毒	一 二 主 主 圭 青 毒 毒
독 **독** 획수: 8 부수: 毋 (なかれ)	音 ドク　　訓 例 中毒(チュウドク 중독)

独	´ ´ ´ ´ ´ 犭 犯 犯 独 独 独 　　　　　　　　　　　　　　　　　獨
홀로 **독** 획수: 9 부수: 犬(犭) (けものへん)	音 ドク　　訓 ひとり 例 単独(タンドク 단독) 　　独り(ひとり 독신, 홀몸)

任	´ ´ ´ ´ ´ 任 任
맡길 **임** 획수: 6 부수: 人 (にんべん)	音 ニン　　訓 まかせる, まかす 例 責任(セキニン 책임) 　　任せる(まかせる 맡기다, 기화로 삼다), 任す(まかす 맡기다)

燃

불탈 **연**
획수: 16
부수: 火
(ひへん)

丶 丷 丩 火 灯 灯 灯 灯 灼 燃 燃 燃 燃 燃 燃

			燃	燃	燃		

燃 燃 燃

음 ネン　훈 もえる, もやす, もす

예 燃料(ネンリョウ 연료)

燃える(もえる 타다, 불타다), 燃やす(もやす 태우다, 불태우다), 燃す(もす 태우다)

能

능할 **능**
획수: 10
부수: 月(肉)
(にく)

乚 厶 厽 台 台 自 自 能 能 能

			能	能	能		

能 能 能

음 ノウ　훈

예 効能(コウノウ 효능)

破

깨질 **파**
획수: 10
부수: 石
(いしへん)

一 ア イ 石 石 矷 矴 矴 矴 破

			破	破	破		

破 破 破

음 ハ　훈 やぶる, やぶれる

예 破壊(ハカイ 파괴)

破る(やぶる 찢다, 깨다), 破れる(やぶれる 찢어지다, 깨지다)

犯

범할 **범**
획수: 5
부수: 犭
(けものへん)

丿 丮 犭 犯 犯

			犯	犯	犯		

犯 犯 犯

음 ハン　훈 おかす

예 共犯(キョウハン 공범)

犯す(おかす 범하다, 어기다)

判	` ´ ʼʼ ʼʼ ʼʼ ¥ 半 判 判			判 判 判		
판단할 판 획수: 7 부수: 刀(刂) (りっとう)	判 判 判					
	[음] ハン, バン　[훈] [예] 判明(ハンメイ 판명), 大判(オオバン 대판, 타원형의 큰 금화)					

版	ノ ｿ ｿ 片 片 斨 版 版			版 版 版		
인쇄할 판 획수: 8 부수: 片 (かたへん)	版 版 版					
	[음] ハン　[훈] [예] 版画(ハンガ 판화)					

比	一 ｝ ｝ 比			比 比 比		
견줄 비 획수: 4 제부수: 比 (くらべる)	比 比 比					
	[음] ヒ　[훈] くらべる [예] 比較(ヒカク 비교) 　　比べる(くらべる 대조하다)					

肥	ノ 刀 刀 月 肜 肌 刖 肥			肥 肥 肥		
살찔 비 획수: 8 부수: 月(肉) (にくづき)	肥 肥 肥					
	[음] ヒ　[훈] こえる, こえ, こやす, こやし [예] 肥料(ヒリョウ 비료) 　　肥える(こえる 살이 찌다, 비옥해지다), 肥(こえ 비료, 분뇨), 肥やす(こやす 살찌 　　우다, 기르다), 肥し(こやし 거름, 비료)					

1. 停車 _____

2. 提供 _____

3. 程 _____

4. 快適 _____

5. 統べる _____

6. 殿堂 _____

7. 青銅 _____

8. 導く _____

9. 得失 _____

10. 中毒 _____

11. 独り _____

12. 任せる _____

13. 燃料 _____

14. 効能 _____

15. 破れる _____

16. 共犯 _____

17. 判明 _____

18. 版画 _____

19. 比較 _____

20. 肥料 _____

Clip 05

점검하기
초등학교 5학년 교육한자 Ⅱ

■ 다음의 한자표기어를 한국어 의미를 보고 알맞게 히라가나로 입력해 보세요.

1. 志す(뜻을 두다)　　_____

2. 枝(가지, 갈래)　　_____

3. 質屋(전당포)　　_____

4. 謝る(빌다, 사과하다)　　_____

5. 修行(수행)　　_____

6. 巨象(큰 코끼리)　　_____

7. 紡織(방직)　　_____

8. 性分(천성, 성품)　　_____

9. 精霊(정령, 죽은 사람의 혼)　　_____

10. 蓄積(축적)　　_____

11. 設ける(마련하다, 베풀다) ＿＿＿＿＿＿＿＿＿＿

12. 素性(혈통, 유래, 본성) ＿＿＿＿＿＿＿＿＿＿

13. 増す(많아지다, 늘다) ＿＿＿＿＿＿＿＿＿＿

14. 率いる(거느리다, 인솔하다) ＿＿＿＿＿＿＿＿＿＿

15. 築く(쌓다, 쌓아 올리다) ＿＿＿＿＿＿＿＿＿＿

16. 統べる(총괄하다, 통솔・지배하다) ＿＿＿＿＿＿＿＿＿＿

17. 殿堂(전당) ＿＿＿＿＿＿＿＿＿＿

18. 任せる(맡기다, 기화로 삼다) ＿＿＿＿＿＿＿＿＿＿

19. 燃料(연료) ＿＿＿＿＿＿＿＿＿＿

20. 比較(비교) ＿＿＿＿＿＿＿＿＿＿

제11과
초등학교 5학년 교육한자 /
초등학교 6학년 교육한자

Clip 01
초등학교 5학년 교육한자

[학습내용]

☐ 초등학교 5학년 교육한자 193자 중 20자의 音, 訓 학습
☐ 해당한자와 관련된 단어학습과 쓰기연습

비용 非費備評貧布婦武復複仏粉編弁保墓報豊防貿

[학습목표]

☐ 초등학교 5학년 교육한자 193자 중 20자의 音, 訓을 학습하여 이해할 수 있다.
☐ 해당한자와 관련된 단어학습과 쓰기연습을 통해 일본에서의 실생활에 활용할 수 있다.

非	ノ ナ ヲ ヲ 非 非 非 非
아닐 **비** 획수: 8 제부수: 非 (あらず)	음 ヒ　훈 예 非売品(ヒバイヒン 비매품)

費	一 一 弓 弗 弗 弗 弗 弗 弗 弗 費 費
소비할 **비** 획수: 12 부수: 貝 (かい)	음 ヒ　훈 ついやす, ついえる 예 消費(ショウヒ 소비) 　費やす(ついやす 쓰다, 낭비하다), 費える(ついえる 줄다, 허비되다)

備	ノ イ イ 化 化 化 佐 佐 借 借 備 備
갖출 **비** 획수: 12 부수: 人 (にんべん)	음 ビ　훈 そなえる, そなわる 예 備考(ビコウ 비고) 　備える(そなえる 대비하다), 備わる(そなわる 갖춰지다, 가입되다)

評	丶 亠 亠 言 言 言 言 評 評 評 評 評
평할 **평** 획수: 12 부수: 言 (ごんべん)	음 ヒョウ　훈 예 評価(ヒョウカ 평가)

貧 가난할 **빈** 획수: 11 부수: 貝 (かい)	ノ 八 分 分 谷 谷 谷 貧 貧 貧 貧 貧　貧　貧　　貧　貧　貧 음 ヒン, ビン　　훈 まずしい 예 貧弱(ヒンジャク 빈약), 貧乏(ビンボウ 빈핍, 가난함) 　　貧しい(まずしい 가난하다)
布 펼 **포** 획수: 5 부수: 巾 (はば)	ノ ナ 才 右 布 布　布　布　　布　布　布 음 フ　　훈 ぬの 예 布陣(フジン 포진) 　　布(ぬの 포목)
婦 아내 **부** 획수: 11 부수: 女 (おんなへん)	く 女 女 妒 妒 妒 妒 婦 婦 婦 婦 婦　婦　婦　　婦　婦　婦 음 フ　　훈 예 婦人(フジン 부인)
武 군사 **무** 획수: 8 부수: 止 (とめる)	一 二 干 干 正 正 武 武 武　武　武　　武　武　武 음 ブ, ム　　훈 예 武装(ブソウ 무장), 武者(ムシャ 무사)

復	´ ㇒ ㇀ 彳 彳 彳 彳 彳 彳 復 復 復					
다시 **부**, 돌아올 **복** 획수: 12 부수: 彳 (ぎょうにんべん)	[음] フク　[훈] [예] 往復(オウフク 왕복)					

複	´ ㇀ ㇀ ネ ネ ネ ネ ネ ネ ネ ネ 褚 複 複					
겹칠 **복** 획수: 14 부수: 衣 (ころもへん)	[음] フク　[훈] [예] 複雑(フクザツ 복잡)					

仏	ノ イ 仏 仏　　　　　　　　　　佛					
부처 **불** 획수: 4 부수: 人 (にんべん)	[음] ブツ　[훈] ほとけ [예] 仏像(ブツゾウ 불상) 　　 仏(ほとけ 부처, 불상)					

粉	` ` ㇀ ㇀ ㇂ 半 米 米 米 粉 粉 粉					
가루 **분** 획수: 10 부수: 米 (こめへん)	[음] フン　[훈] こ, こな [예] 粉砕(フンサイ 분쇄) 　　 小麦粉(こむぎこ 밀가루), 粉雪(こなゆき 가루 눈)					

	﹂ ﹂ ﹂ ﹂ ﹂ ﹂ ﹂ ﹂ ﹂ 紁 紁 絹 絹 編 編

編

엮을 편
획수: 15
부수: 糸
(いとへん)

음 ヘン 훈 あむ
예 長編(チョウヘン 장편)
　　編む(あむ 엮다, 뜨다)

	﹂ ﹂ ﹂ 弁 弁　　　　　　　　辨

弁

고깔 변
획수: 5
부수: 廾
(にじゅうあし)
구자체부수: 辛
(しん)

음 ベン 훈
예 雄弁(ユウベン 웅변)

保

ノ イ 亻 仁 们 仍 仔 保 保

지킬 보
획수: 9
부수: 人
(にんべん)

음 ホ 훈 たもつ
예 保存(ホゾン 보존)
　　保つ(たもつ 지키다, 유지하다)

墓

一 十 艹 艹 艹 艹 苩 莫 莫 莫 莫 墓 墓

무덤 묘
획수: 13
부수: 土
(つち)

음 ボ 훈 はか
예 墓碑(ボヒ 묘비)
　　墓(はか 묘, 무덤)

報	一 十 土 キ キ 幸 幸 幸 幸 幸 報 報
갚을 보 획수: 12 부수: 土 (つち)	 음 ホウ　훈 むくいる 예 報酬(ホウシュウ 보수) 　報いる(むくいる 보답하다)

豊	1 门 FI 由 曲 曲 曲 曲 曲 曲 豊 豊 豊
풍성할 풍 획수: 13 부수: 豆 (まめ)	 음 ホウ　훈 ゆたか 예 豊満(ホウマン 풍만) 　豊かだ(ゆたかだ 풍부하다, 넉넉하다)

防	' 了 阝 阝' 阝゙ 防 防
막을 방 획수: 7 부수: 阝 (こざとへん)	防 防 防 음 ボウ　훈 ふせぐ 예 堤防(テイボウ 제방) 　防ぐ(ふせぐ 막다, 방어하다)

貿	一 ' 戶 戶 臼 臼 貿 貿 貿 貿 貿 貿
바꿀 무 획수: 12 부수: 貝 (かい)	 음 ボウ　훈 예 貿易商(ボウエキショウ 무역상)

평가하기

1. 非売品 _____

2. 費やす _____

3. 備考 _____

4. 評価 _____

5. 貧乏 _____

6. 布陣 _____

7. 婦人 _____

8. 武装 _____

9. 往復 _____

10. 複雑 _____

11. 仏像 　　　_____

12. 粉雪 　　　_____

13. 長編 　　　_____

14. 雄弁 　　　_____

15. 保つ 　　　_____

16. 墓碑 　　　_____

17. 報いる 　　　_____

18. 豊満 　　　_____

19. 堤防 　　　_____

20. 貿易商 　　　_____

Clip 02
초등학교 5학년 교육한자

학습내용

☐ 초등학교 5학년 교육한자 193자 중 13자의 音, 訓 학습
☐ 해당한자와 관련된 단어학습과 쓰기연습

暴脈務夢迷綿輸余容略留領歷

학습목표

☐ 초등학교 5학년 교육한자 193자 중 13자의 音, 訓을 학습하여 이해할 수 있다.
☐ 해당한자와 관련된 단어학습과 쓰기연습을 통해 일본에서의 실생활에 활용할 수 있다.

暴

사나울 폭
획수: 15
부수: 日
(ひ)

丨 冂 冂 曰 曰 早 昇 昇 昇 昇 昇 暴 暴 暴 暴

暴 暴 暴 暴 暴 暴

[음] ボウ, バク　[훈] あばく, あばれる

[예] 暴言(ボウゲン 폭언), 暴露(バクロ 폭로)

暴く(あばく 폭로하다, 들추어내다), 暴れる(あばれる 날뛰다, 난동부리다)

脈

맥 맥
획수: 10
부수: 月(肉)
(にくづき)

丿 几 月 月 肌 肌 肌 脈 脈 脈

脈 脈 脈 脈 脈 脈

[음] ミャク　[훈]

[예] 動脈(ドウミャク 동맥)

務

힘쓸 무
획수: 11
부수: 力
(ちから)

フ マ ヌ 予 矛 矛 矛 矛 孜 務 務

務 務 務 務 務 務

[음] ム　[훈] つとまる, つとめる

[예] 職務(ショクム 직무)

務まる(つとまる 감당해 내다), 務める(つとめる 역을 맡다, 역할을 다하다)

夢

꿈 몽
획수: 13
부수: 夕
(ゆうべ)

一 十 才 芒 芒 苎 苎 苎 苗 苗 萼 夢 夢 夢

夢 夢 夢 夢 夢 夢

[음] ム　[훈] ゆめ

[예] 夢幻(ムゲン 몽환)

夢(ゆめ 꿈)

| 迷 | ヽ ゙ ゙ ゙ ゙ 兰 半 半 米 米 米 迷 迷 | | | | | | | | | |

| 迷 | | | | | | | | | | |

迷 迷 迷 迷 迷 迷 迷

헷갈릴 **미**
획수: 9
부수: 辶
(しんにょう)

[음] メイ　[훈] まよう
[예] 迷惑(メイワク 귀찮음, 폐)
　　迷う(まよう 헤매다)

| 錦 | ノ 人 스 스 字 字 争 金 金' 釒' 鈩 鈩 鈩 錭 錦 | | | | | | | | | |

錦 錦 錦 錦 錦 錦 錦

비단 **금**
획수: 16
부수: 金
(かねへん)

[음] キン　[훈] にしき
[예] 錦衣(キンイ 비단 옷)
　　錦(にしき 비단)

| 輪 | 一 厂 币 币 百 亘 車 軒 軡 軡 軡 軡 輪 輪 | | | | | | | | | |

輪 輪 輪 輪 輪 輪 輪

바퀴 **륜**
획수: 15
부수: 車
(くるまへん)

[음] リン　[훈] わ
[예] 車輪(シャリン 차륜)
　　輪(わ 고리, 바퀴)

| 余 | ノ 人 스 스 宇 余 余　　　　　　　　　　　　餘 | | | | | | | | | |

余 余 余 余 余 余 余

남을 **여**
획수: 7
부수: 人
(ひと)

[음] ヨ　[훈] あまる, あます
[예] 余地(ヨチ 여지, 여유)
　　余る(あまる 남다), 余す(あます 남기다)

容	丶 宀 宀 宀 突 突 突 容 容
얼굴 용 획수: 10 부수: 宀 (うかんむり)	
	음 ヨウ　훈 예 容器(ヨウキ 용기)

略	丨 冂 冊 田 田 田 畊 晔 略 略 略
간략할 략 획수: 11 부수: 田 (たへん)	
	음 リャク　훈 예 侵略(シンリャク 침략)

留	丶 レ ㅌ 幻 幻 幻 図 留 留 留
머무를 류 획수: 10 부수: 田 (た)	
	음 リュウ, ル　훈 とめる, とまる 예 留学(リュウガク 유학), 留守(ルス 부재 중) 　　留める(とめる 멈추게 하다), 留まる(とまる 멎다, 서다)

領	丶 ノ 八 刍 今 今 今 矜 領 領 領 領 領 領
거느릴 령 획수: 14 부수: 頁 (おおがい)	
	음 リョウ　훈 예 要領(ヨウリョウ 요령)

歴

一 厂 厂 厃 厤 厤 厤 厤 厤 麻 歷 歷 歷 歷

歴 歴 歴 歴 歴 歴

지낼 **력**
획수: 14
부수: 止
(とめる)

음 レキ　　훈

예 経歴(ケイレキ 경력)

1. 暴言 　　　　　　　　　_____

2. 動脈 　　　　　　　　　_____

3. 務まる 　　　　　　　　_____

4. 夢幻 　　　　　　　　　_____

5. 迷う 　　　　　　　　　_____

6. 錦衣 　　　　　　　　　_____

7. 輪 　　　　　　　　　　_____

8. 余地 　　　　　　　　　_____

9. 容器 　　　　　　　　　_____

10. 侵略 　　　　　　　　　_____

11. 留守 _____

12. 要領 _____

13. 経歴 _____

Clip 03

초등학교 6학년 교육한자

[학습내용]

☐ 초등학교 6학년 교육한자 191자 중 20자의 音, 訓 학습
☐ 해당한자와 관련된 단어학습과 쓰기연습

胃異遺域宇映延沿恩我灰拡革閣割株干巻看簡

[학습목표]

☐ 초등학교 6학년 교육한자 191자 중 20자의 音, 訓을 학습하여 이해할 수 있다.
☐ 해당한자와 관련된 단어학습과 쓰기연습을 통해 일본에서의 실생활에 활용할 수 있다.

胃	丨 冂 冂 田 田 用 胃 胃 胃						
밥통 위 획수: 9 부수: 月(肉) (にく)	胃	胃	胃	胃 胃 胃			

음 イ **훈**
예 胃酸(イサン 위산)

異	丨 冂 冂 田 田 甲 里 里 異 異						
다를 이 획수: 11 부수: 田 (た)	異	異	異	異 異 異			

음 イ **훈** こと
예 異端(イタン 이단)
異にする(ことにする 달리하다, 구별하다)

遺	丨 冂 冃 虫 虫 串 貴 貴 貴 貴 貴 貴 遺 遺						
남길 유 획수: 15 부수: 辶 (しんにょう)	遺	遺	遺	遺 遺 遺			

음 イ, ユイ **훈**
예 遺産(イサン 유산), 遺言(ユイゴン 유언)

域	一 十 土 圹 圹 圹 圹 域 域 域						
지역 역 획수: 11 부수: 土 (つちへん)	域	域	域	域 域 域			

음 イキ **훈**
예 区域(クイキ 구역)

宇

집 우
획수: 6
부수: 宀
(うかんむり)

'　'　宀　宀　宁　宇

宇　宇　宇　｜　宇　宇　宇

음 ウ　**훈**

예 宇宙船(ウチュウセン 우주선)

映

비칠 영
획수: 9
부수: 日
(ひへん)

｜　冂　冃　日　日'　旫　旫　映　映

映　映　映　｜　映　映　映

음 エイ　**훈** うつる, うつす, はえる

예 上映(ジョウエイ 상영)

映る(うつる 비치다), 映す(うつす 비추다), 映える(はえる 빛나다)

延

늘일 연
획수: 8
부수: 廴
(えんにょう)

一　丁　千　正　正　延　延

延　延　延　｜　延　延　延

음 エン　**훈** のびる, のべる, のばす

예 遅延(チエン 지연)

延びる(のびる 길어지다, 연기되다, 늘어지다), 延べる(のべる 늘이다, 펴다, 늦추다), 延ばす(のばす 펴다, 늘이다)

沿

따를 연
획수: 8
부수: 水(氵)
(さんずい)

丶　丶　氵　汕　汭　沿　沿　沿

沿　沿　沿　｜　沿　沿　沿

음 エン　**훈** そう

예 沿革(エンカク 연혁)

沿う(そう 따르다)

恩	丨 冂 闩 闩 因 因 因 恩 恩 恩
은혜 **은** 획수: 10 부수: 心 (こころ)	恩 恩 恩 恩 恩 恩 음 オン 훈 예 恩人(オンジン 은인)

我	´ 一 于 干 我 我 我
나 **아** 획수: 7 부수: 戈 (ほこ)	我 我 我 我 我 我 음 ガ 훈 われ, わ 예 自我(ジガ 자아) 我(われ 나, 자네), 我が家(わがや 우리 집)

灰	一 厂 ナ 厂 灰 灰
재 **회** 획수: 6 부수: 火 (ひ)	灰 灰 灰 灰 灰 灰 음 カイ 훈 はい 예 灰分(カイブン 회분) 灰(はい 재)

拡	′ ⌐ ⠆ 扌 扩 扩 拡 拡 擴
넓힐 **확** 획수: 8 부수: 手(扌) (てへん)	拡 拡 拡 拡 拡 拡 음 カク 훈 예 拡大(カクダイ 확대)

革	一 十 + + + + + 草 草 革						
	革 革 革			革 革 革			

가죽 **혁**
획수: 9
제부수: 革
(つくりがわ)

음 カク 훈 かわ
예 改革(カイカク 개혁)
　　革(かわ 가죽)

閣	丨 冂 冂 冂 冂 門 門 門 門 閂 閇 閤 閤 閣						
	閣 閣 閣			閣 閣 閣			

내각 **각**
획수: 14
부수: 門
(もんがまえ)

음 カク 훈
예 閣僚(カクリョウ 각료)

割	' ' 宀 宀 宀 宀 宀 宔 害 害 割 割						
	割 割 割			割 割 割			

나눌 **할**
획수: 12
부수: 刀(刂)
(りっとう)

음 カツ 훈 わる, わり, われる, さく
예 割愛(カツアイ 할애)
　　割る(わる 나누다), 割り算(わりざん 나눗셈), 割れる(われる 깨지다)
　　割く(さく 가르다, 할애하다)

株	一 十 才 木 术 朴 柠 杵 株 株						
	株 株 株			株 株 株			

그루 **주**
획수: 10
부수: 木
(きへん)

음　　훈 かぶ
예 株(かぶ 그루, 포기)

一二干

| 干 | 干 | 干 | 干 | 干 | 干 | | |

방패 **간**
획수: 3
제부수: 干
(かん)

音 カン　訓 ほす, ひる
예 干拓地(カンタクチ 간척지)
干す(ほす 말리다, 굶기다), 干る(ひる 마르다, 바닥나다)

 卷　　　　　　　　　　　　　　　　卷

| 卷 | 卷 | 卷 | 卷 | 卷 | 卷 | | |

책 **권**
획수: 9
부수: 己
(おのれ)

音 カン　訓 まく, まき
예 巻頭(カントウ 권두)
巻く(まく 말다, 감다), 巻貝(まきがい 고둥)

看

一二三チ禾看看看看

| 看 | 看 | 看 | 看 | 看 | 看 | | |

볼 **간**
획수: 9
부수: 目
(め)

音 カン　訓
예 看病(カンビョウ 간병)

簡

 竹竹竹竹箭箭箭箭箭箭箭箭箭箭

| 簡 | 簡 | 簡 | 簡 | 簡 | 簡 | | |

편지 **간**
획수: 18
부수: 竹
(たけかんむり)

音 カン　訓
예 書簡(ショカン 서간)

1. 胃酸   _____

2. 異にする   _____

3. 遺言   _____

4. 区域   _____

5. 宇宙船   _____

6. 映える   _____

7. 遅延   _____

8. 沿革   _____

9. 恩人   _____

10. 我が家   _____

11. 灰分 _____

12. 拡大 _____

13. 改革 _____

14. 閣僚 _____

15. 割く _____

16. 株 _____

17. 干拓地 _____

18. 巻貝 _____

19. 看病 _____

20. 書簡 _____

Clip 04

초등학교 6학년 교육한자

학습내용

☐ 초등학교 6학년 교육한자 191자 중 20자의 音, 訓 학습

☐ 해당한자와 관련된 단어학습과 쓰기연습

危机揮貴疑吸供胸郷勤筋系敬警劇激穴券絹権

학습목표

☐ 초등학교 6학년 교육한자 191자 중 20자의 音, 訓을 학습하여 이해할 수 있다.

☐ 해당한자와 관련된 단어학습과 쓰기연습을 통해 일본에서의 실생활에 활용할 수 있다.

危	ノ ク ケ ゲ 产 危 危 危 危 危	
危ない(あぶない 위험하다), 危うい(あやうい 위태롭다, 위험하다)		
危ぶむ(あやぶむ 의심하다)		

위험할 위
획수: 6
부수: 卩
(まげわりふ)

[음] キ　[훈] あぶない, あやうい, あやぶむ
[예] 危険(キケン 위험)
　危ない(あぶない 위험하다), 危うい(あやうい 위태롭다, 위험하다)
　危ぶむ(あやぶむ 의심하다)

机	一 十 才 木 机 机 机 机 机	

책상 궤
획수: 6
부수: 木
(きへん)

[음] キ　[훈] つくえ
[예] 机上(キジョウ 탁상)
　机(つくえ 책상)

揮	一 十 扌 扌 扩 护 押 挦 挦 挦 揮 揮 揮 揮	

지휘할 휘
획수: 12
부수: 手(扌)
(てへん)

[음] キ　[훈]
[예] 発揮(ハッキ 발휘)

貴	一 口 日 虫 虫 虫 虫 虫 貴 貴 貴 貴 貴 貴	

귀할 귀
획수: 12
부수: 貝
(かい)

[음] キ　[훈] たっとい, とうとい, たっとぶ, とうとぶ
[예] 貴下(キカ 귀하)
　貴い(たっとい 고귀하다, 귀하다), 貴い(とうとい 고귀하다, 귀하다), 貴ぶ(たっとぶ
　숭상하다, 공경하다), 貴ぶ(とうとぶ 숭상하다, 공경하다)

疑

ノ ヒ ヒ ヒ ヒ ヒ 矣 矣 矣 辥 辥 辥 疑 疑

疑 疑 疑 | 疑 疑 疑

의심할 **의**
획수: 14
부수: 疋
(ひき)

[음] ギ　[훈] うたがう
[예] 疑問(ギモン 의문)
　　疑う(うたがう 의심하다)

吸

丨 丨 口 叨 吸 吸 吸

吸 吸 吸 | 吸 吸 吸

마실 **흡**
획수: 6
부수: 口
(くちへん)

[음] キュウ　[훈] すう
[예] 吸収(キュウシュウ 흡수)
　　吸う(すう 들이쉬다, 호흡하다)

供

ノ 亻 仁 什 供 供 供 供

供 供 供 | 供 供 供

줄 **공**
획수: 8
부수: 人
(にんべん)

[음] キョウ, ク　[훈] そなえる, とも
[예] 供給(キョウキュウ 공급), 供養(クヨウ 공양)
　　供える(そなえる 신불에 올리다), 供(とも 수행원, 반려)

胸

丨 丿 刀 月 肝 肋 肭 胸 胸 胸

胸 胸 胸 | 胸 胸 胸

가슴 **흉**
획수: 10
부수: 月(肉)
(にくづき)

[음] キョウ　[훈] むね, むな
[예] 胸囲(キョウイ 흉위, 가슴둘레)
　　胸(むね 가슴), 胸騒ぎ(むなさわぎ 설렘)

鄉

고향 **향**
획수: 11
부수: ⻏(邑)
(おおざと)

`ノ ⺀ ⺊ ⺕ ⺕ ⺕ 纟 鄉 鄉 鄉 鄉'鄉 鄉`　　　　鄉

鄉　鄉　鄉　鄉 鄉 鄉

[음] キョウ, ゴウ　[훈]

[예] 郷土(キョウド 향토), 本郷(ホンゴウ 본향, 고향)

勤

부지런할 **근**
획수: 12
부수: 力
(ちから)

`一 十 卅 芹 芹 昔 昔 昔 堇 堇 勤 勤`　　　　勤

勤　勤　勤　勤 勤 勤

[음] キン, ゴン　[훈] つとめる, つとまる

[예] 勤勉(キンベン 근면), 勤行(ゴンギョウ 근행)
　　勤める(つとめる 종사하다, 근행하다), 勤まる(つとまる 감당해내다)

筋

힘줄 **근**
획수: 12
부수: 竹
(たけかんむり)

`ノ ⺀ ⺊ ⺮ ⺮ 符 符 符 筍 筋 筋 筋`

筋　筋　筋　筋 筋 筋

[음] キン　[훈] すじ

[예] 筋肉(キンニク 근육)
　　筋(すじ 줄거리, 근육)

系

이을 **계**
획수: 7
부수: 糸
(いと)

`一 ⺀ 亾 互 乎 系 系`

系　系　系　系 系 系

[음] ケイ　[훈]

[예] 体系(タイケイ 체계)

敬	一 十 廿 芍 芍 芍 苟 苟 苟 苟 苟 敬 敬

敬 敬 敬 敬 敬 敬

공경할 **경**
획수: 12
부수: 攵
(ぼくづくり)

음 ケイ 훈 うやまう
예 敬意(ケイイ 경의)
敬う(うやまう 공경하다)

警	一 十 廿 芍 芍 芍 苟 苟 苟 苟 苟 敬 敬 警 警 警 警 警 警

警 警 警 警 警 警

경계할 **경**
획수: 19
부수: 言
(げん)

음 ケイ 훈
예 警告(ケイコク 경고)

劇	丶 十 卢 广 卢 卢 卢 虏 虏 虏 虏 虏 豦 劇 劇

劇 劇 劇 劇 劇 劇

연극 **극**
획수: 15
부수: 刀(刂)
(りっとう)

음 ゲキ 훈
예 演劇(エンゲキ 연극)

激	丶 丶 氵 汀 汀 沪 沪 沪 泊 渲 激 激 激 激 激 激

激 激 激 激 激 激

부딪칠 **격**
획수: 16
부수: 水(氵)
(さんずい)

음 ゲキ 훈 はげしい
예 激動(ゲキドウ 격동)
激しい(はげしい 심하다, 격심하다)

穴	` ` 宀 宀 穴						
구멍 **혈** 획수: 5 제부수: 穴 (あな)	穴	穴	穴	穴 穴 穴			
	음 ケツ　**훈** あな **예** 墓穴(ボケツ 묘혈, 무덤) 　　穴(あな 구멍)						

券	ノ ハ ム ム 半 失 券 券						
문서 **권** 획수: 8 부수: 刀 (かたな)	券	券	券	券 券 券			
	음 ケン　**훈** **예** 乗車券(ジョウシャケン 승차권)						

絹	` ` ` ` ` ` ` ` ` ` ` 絹 絹 絹						
비단 **견** 획수: 13 부수: 糸 (いとへん)	絹	絹	絹	絹 絹 絹			
	음 ケン　**훈** きぬ **예** 絹布(ケンプ 견포, 명주, 비단) 　　絹(きぬ 비단)						

権	一 十 才 木 村 杧 枦 柿 栌 栌 桠 楕 権 権　権						
권세 **권** 획수: 15 부수: 木 (きへん)	権	権	権	権 権 権			
	음 ケン, ゴン　**훈** **예** 人権(ジンケン 인권), 権化(ゴンゲ 화신)						

1. 危うい

2. 机上

3. 発揮

4. 貴下

5. 疑う

6. 吸収

7. 供える

8. 胸騒ぎ

9. 本郷

10. 勤行

11. 筋 　　　　　　　　_____

12. 体系 　　　　　　　_____

13. 敬う 　　　　　　　_____

14. 警告 　　　　　　　_____

15. 演劇 　　　　　　　_____

16. 激動 　　　　　　　_____

17. 墓穴 　　　　　　　_____

18. 乗車券 　　　　　　_____

19. 絹布 　　　　　　　_____

20. 権化 　　　　　　　_____

Clip 05

점검하기
초등학교 5학년 교육한자 Ⅲ /
초등학교 6학년 교육한자 Ⅰ

■ 다음의 한자표기어를 한국어 의미를 보고 알맞게 히라가나로 입력해 보세요.

1. 貧乏(빈핍, 가난함)　　　　　　＿＿＿＿＿＿＿＿＿＿＿

2. 布陣(포진)　　　　　　＿＿＿＿＿＿＿＿＿＿＿

3. 粉雪(가루 눈)　　　　　　＿＿＿＿＿＿＿＿＿＿＿

4. 墓碑(묘비)　　　　　　＿＿＿＿＿＿＿＿＿＿＿

5. 堤防(제방)　　　　　　＿＿＿＿＿＿＿＿＿＿＿

6. 動脈(동맥)　　　　　　＿＿＿＿＿＿＿＿＿＿＿

7. 夢幻(몽환)　　　　　　＿＿＿＿＿＿＿＿＿＿＿

8. 錦衣(비단 옷)　　　　　　＿＿＿＿＿＿＿＿＿＿＿

9. 留守(부재 중)　　　　　　＿＿＿＿＿＿＿＿＿＿＿

10. 要領(요령)　　　　　　＿＿＿＿＿＿＿＿＿＿＿

11. 胃酸(위산) _____

12. 遺言(유언) _____

13. 灰分(회분) _____

14. 株(그루, 포기) _____

15. 卷貝(고둥) _____

16. 机上(탁상) _____

17. 吸収(흡수) _____

18. 胸騒ぎ(설렘) _____

19. 墓穴(묘혈, 무덤) _____

20. 絹布(견포, 명주, 비단) _____

제12과

초등학교 6학년 교육한자

Clip 01

초등학교 6학년 교육한자

학습내용

☐ 초등학교 6학년 교육한자 191자 중 20자의 音, 訓 학습

☐ 해당한자와 관련된 단어학습과 쓰기연습

憲 源 嚴 己 呼 誤 后 孝 皇 紅 降 鋼 刻 穀 骨 困 砂 座 済 裁

학습목표

☐ 초등학교 6학년 교육한자 191자 중 20자의 音, 訓을 학습하여 이해할 수 있다.

☐ 해당한자와 관련된 단어학습과 쓰기연습을 통해 일본에서의 실생활에 활용할 수 있다.

憲	` ´ ┌ 宀 宀 宇 害 害 害 害 害 害 害 憲 憲 憲						
	憲	憲	憲	憲	憲	憲	

법 헌
획수: 16
부수: 心
(こころ)

[음] ケン　[훈]
[예] 憲章(ケンショウ 헌장)

源	` ` ` 氵 汀 沪 沪 沪 沪 沪 沪 源 源 源						
	源	源	源	源	源	源	

근원 **원**
획수: 13
부수: 水(氵)
(さんずい)

[음] ゲン　[훈] みなもと
[예] 源泉(ゲンセン 원천)
　　源(みなもと 근원)

嚴	` ` ` ` 䒑 厂 严 严 严 严 严 厳 厳 厳 厳 厳 厳　　厳						
	厳	厳	厳	厳	厳	厳	

엄할 **엄**
획수: 17
부수: 攵(攴)
(ぼくづくり)
구자체부수: 口
　　(くち)

[음] ゲン, ゴン　[훈] きびしい, おごそか
[예] 嚴重(ゲンジュウ 엄중), 莊嚴(ソウゴン 장엄)
　　厳しい(きびしい 엄하다, 엄격하다), 厳か(おごそか 엄숙함)

己	` ` 己						
	己	己	己	己	己	己	

몸 **기**
획수: 3
부수: 己
(おのれ)

[음] コ, キ　[훈] おのれ
[예] 利己(リコ 이기), 克己心(コッキシン 극기심)
　　己(おのれ 자기)

| | | | 丨 | 口 | 叮 | 旷 | 呔 | 呼 |

呼

부를 호
획수: 8
부수: 口
(くちへん)

呼 呼 呼 呼 呼 呼

음 コ　훈 よぶ
예 呼応(コオウ 호응)
　 呼ぶ(よぶ 부르다)

一 ニ 三 言 言 言 言 訂 訳 誤 誤 誤 誤　　誤

誤

그르칠 오
획수: 14
부수: 言
(ごんべん)

誤 誤 誤 誤 誤 誤

음 ゴ　훈 あやまる
예 正誤(セイゴ 정오)
　 誤る(あやまる 잘못하다)

一 厂 厂 斤 后 后

后

왕후 후
획수: 6
부수: 口
(くち)

后 后 后 后 后 后

음 コウ　훈
예 太后(タイコウ 태후)

一 十 土 耂 考 孝 孝

孝

효도 효
획수: 7
부수: 子
(こ)

孝 孝 孝 孝 孝 孝

음 コウ　훈
예 不孝(フコウ 불효)

皇

황제 **황**
획수: 9
부수: 白
(しろ)

`' ' 冂 白 白 自 皇 皇 皇`

皇 皇 皇

皇 皇 皇

음 コウ, オウ　훈

예 皇帝(コウテイ 황제), 法皇(ホウオウ 법황)

紅

붉을 **홍**
획수: 9
부수: 糸
(いとへん)

`ㄥ ㄠ ㄠ 幺 糸 糸 糸 紅 紅`

紅 紅 紅

紅 紅 紅

음 コウ, ク　훈 べに, くれない

예 紅白(コウハク 홍백), 深紅(シンク 진홍색)
　口紅(くちべに 립스틱), 紅(くれない 다홍)

降

내릴 **강**, 항복할 **항**
획수: 10
부수: 阝(阜)
(こざとへん)

`ㄱ ㄣ 阝 阝 阝 阝 降 降 降 降`

降 降 降

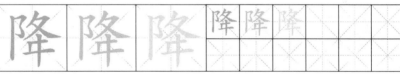

降 降 降

음 コウ　훈 おりる, おろす, ふる

예 降雨(コウウ 강우)
　降りる(おりる 내려 오다), 降ろす(おろす 내리다), 降る(ふる 내리다, 오다)

鋼

강철 **강**
획수: 16
부수: 金
(かねへん)

`ノ ト ム 人 牟 牟 金 金 釒 釘 釘 釦 鋼 鋼 鋼 鋼`

鋼 鋼 鋼

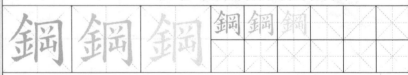

鋼 鋼 鋼

음 コウ　훈 はがね

예 鋼管(コウカン 강관)
　鋼(はがね 강철)

刻	` ㄊ ㄊ ㄊ 亥 亥 刻 刻							
새길 각 획수: 8 부수: 刀(刂) (りっとう)	刻	刻	刻	刻	刻	刻		

음 コク　훈 きざむ
예 時刻(ジコク 시각)
　刻む(きざむ 잘게 썰다)

穀	一 十 古 声 声 查 昙 青 重 彭 彭 毂 穀 穀 　穀							
곡식 곡 획수: 14 부수: 禾 (のぎ)	穀	穀	穀	穀	穀	穀		

음 コク　훈
예 雜穀(ザッコク 잡곡)

骨	丨 冂 咼 咼 咼 咼 骨 骨 骨 骨							
뼈 골 획수: 10 제부수: 骨 (ほね)	骨	骨	骨	骨	骨	骨		

음 コツ　훈 ほね
예 骨盤(コツバン 골반)
　骨折り(ほねおり 노력, 수고)

困	丨 冂 冂 用 用 困 困							
곤란할 곤 획수: 7 부수: 囗 (くにがまえ)	困	困	困	困	困	困		

음 コン　훈 こまる
예 貧困(ヒンコン 빈곤)
　困る(こまる 곤란하다)

砂	一 丆 丆 石 石 石 砂 砂 砂								
모래 **사** 획수: 9 부수: 石 (いしへん)	砂	砂	砂	砂 砂 砂					

음 サ, シャ　**훈** すな

예 砂糖(サトウ 설탕), 土砂(ドシャ 토사)
　　砂場(すなば 모래밭, 모래채취장)

座	一 广 广 广 庐 庐 庐 庄 座 座								
자리 **좌** 획수: 10 부수: 广 (まだれ)	座	座	座	座 座 座					

음 ザ　**훈** すわる

예 座席(ザセキ 좌석)
　　座る(すわる 앉다)

済	丶 丶 冫 汀 汀 汀 沒 済 済 済								濟
구제할 **제** 획수: 11 부수: 水(氵) (さんずい)	済	済	済	済 済 済					

음 サイ　**훈** すむ, すます

예 返済(ヘンサイ 반제)
　　済む(すむ 끝나다, 해결되다), 済ます(すます 끝내다, 해결하다)

裁	一 十 士 圭 圭 丰 丯 丯 表 裁 裁 裁								
재단할 **재** 획수: 12 부수: 衣 (ころも)	裁	裁	裁	裁 裁 裁					

음 サイ　**훈** たつ, さばく

예 裁縫(サイホウ 재봉)
　　裁つ(たつ 마르다, 재단하다), 裁く(さばく 심판하다)

1. 憲章   _____

2. 源   _____

3. 莊嚴   _____

4. 克己心   _____

5. 呼応   _____

6. 誤る   _____

7. 太后   _____

8. 不孝   _____

9. 皇帝   _____

10. 紅   _____

11.　降雨　　　　　　　　　_____

12.　鋼　　　　　　　　　　_____

13.　刻む　　　　　　　　　_____

14.　雑穀　　　　　　　　　_____

15.　骨折り　　　　　　　　_____

16.　貧困　　　　　　　　　_____

17.　土砂　　　　　　　　　_____

18.　座席　　　　　　　　　_____

19.　返済　　　　　　　　　_____

20.　裁縫　　　　　　　　　_____

Clip 02

초등학교 6학년 교육한자

학습내용

☐ 초등학교 6학년 교육한자 191자 중 20자의 音, 訓 학습

☐ 해당한자와 관련된 단어학습과 쓰기연습

策冊蚕至私姿視詞誌磁射捨尺若樹収宗就衆従

학습목표

☐ 초등학교 6학년 교육한자 191자 중 20자의 音, 訓을 학습하여 이해할 수 있다.

☐ 해당한자와 관련된 단어학습과 쓰기연습을 통해 일본에서의 실생활에 활용할 수 있다.

策	ノ ト ト ト ゲ ゲ ゲ ゲ ゲ 节 筆 策								

策

꾀 **책**
획수: 12
부수: 竹
(たけかんむり)

[음] サク　[훈]
[예] 対策(タイサク 대책)

冊

책 **책**
획수: 5
부수: 冂
(けいがまえ)

丨 冂 冂 冊 冊

冊　冊　冊

[음] サツ, サク　[훈]
[예] 別冊(ベッサツ 별책), 冊立(サクリツ 책립, 책봉)

蚕

누에 **잠**
획수: 10
부수: 虫
(むし)

一 二 デ 天 天 吞 吞 吞 蚕 蚕

[음] サン　[훈] かいこ
[예] 養蚕(ヨウサン 양잠)
　　蚕(かいこ 누에)

至

이를 **지**
획수: 6
제부수: 至
(いたる)

一 亠 云 至 至 至

 至　至　至

[음] シ　[훈] いたる
[예] 至当(シトウ 지당)
　　至る(いたる 이르다)

私	一 二 千 禾 禾 私 私
나 **사** 획수: 7 부수: 禾 (のぎへん)	私 私 私　私 私 私
	음 シ　　**훈** わたくし, わたし **예** 公私(コウシ 공사) 　私(わたくし 저), 私(わたし 나)

姿	一 二 ゝ ゝ 次 次 姿 姿 姿
모습 **자** 획수: 9 부수: 女 (おんな)	姿 姿 姿　姿 姿 姿
	음 シ　　**훈** すがた **예** 容姿(ヨウシ 얼굴 모양과 몸매) 　姿(すがた 모양, 모습)

視	' ﾗ ｲ ｵ ｵ 初 神 神 相 視 視　視
볼 **시** 획수: 11 부수: 見 (みる)	視 視 視　視 視 視
	음 シ　　**훈** **예** 注視(チュウシ 주시)

詞	一 二 ゠ ゠ ゠ 言 言 訂 詞 詞 詞 詞
말 **사** 획수: 12 부수: 言 (ごんべん)	詞 詞 詞　詞 詞 詞
	음 シ　　**훈** **예** 作詞(サクシ 작사)

誌	一 十 亠 亖 言 言 言 言 計 誌 誌 誌 誌 誌
기록할 **지** 획수: 14 부수: 言 (ごんべん)	誌 誌 誌 誌 誌 誌
	음 シ　훈 예 誌面(シメン 지면)

磁	一 ア イ 石 石 石 矿 矿 矿 磁 磁 磁 磁 磁
자석 **자** 획수: 14 부수: 石 (いしへん)	磁 磁 磁 磁 磁 磁
	음 ジ　훈 예 磁気(ジキ 자기)

射	´ イ 冂 冃 身 身 身 射 射
쏠 **사** 획수: 10 부수: 寸 (すん)	射 射 射 射 射 射
	음 シャ　훈 いる 예 射撃(シャゲキ 사격) 射る(いる 쏘다)

捨	一 十 扌 扩 护 护 捨 捨 捨 捨 捨
버릴 **사** 획수: 11 부수: 手(扌) (てへん)	捨 捨 捨 捨 捨 捨
	음 シャ　훈 すてる 예 四捨五入(シシャゴニュウ 사사오입) 捨てる(すてる 버리다)

尺 자 척 획수: 4 부수: 尸 (しかばね)	ㄱ ㄱ 尸 尺 尺 尺 尺 　尺 尺 尺 음 シャク　훈 예 尺度(シャクド 척도, 치수)

若 만약 약 획수: 8 부수: 艸 (くさかんむり)	一 ナ 艹 艹 艾 若 若 若 若 若 　若 若 若 음 ジャク, ニャク　훈 わかい, もしくは 예 若年(ジャクネン 약년, 약관), 老若(ロウニャク 노소) 　若い(わかい 젊다, 어리다), 若しくは(もしくは 혹은, 또는)

樹 나무 수 획수: 16 부수: 木 (きへん)	一 十 オ 木 朾 村 桔 桔 桔 桔 桔 桔 椗 樹 樹 樹 樹 樹 　樹 樹 樹 음 ジュ　훈 예 街路樹(ガイロジュ 가로수)

収 거둘 수 획수: 4 부수: 又 (また)	l 니 収 収　　　　　　　　收 収 収 収 　収 収 収 음 シュウ　훈 おさめる, おさまる 예 収穫(シュウカク 수확) 　収める(おさめる 넣다, 납부하다), 収まる(おさまる 수습되다, 걷히다)

宗

종가 종
획수: 8
부수: 宀
(うかんむり)

丶丶宀宀宀宇宗宗

宗 宗 宗 宗 宗 宗

[음] シュウ, ソウ   [훈]
[예] 宗派(シュウハ 종파), 宗家(ソウケ 종가)

就

이룰 취
획수: 12
부수: 尢
(だいのまげあし)

丶亠亠宁宁亨亨京京尤就就

就 就 就 就 就 就

[음] シュウ, ジュ   [훈] つく, つける
[예] 就任(シュウニン 취임), 成就(ジョウジュ 성취)
就く(つく 취임하다), 就ける(つける 취임시키다, 종사시키다)

衆

무리 중
획수: 12
부수: 血
(ち)

丶丶宀宀血血血甲甲身身衆衆

衆 衆 衆 衆 衆 衆

[음] シュウ, シュ   [훈]
[예] 民衆(ミンシュウ 민중), 衆生(シュジョウ 중생)

從

따를 종
획수: 10
부수: 彳
(ぎょうにんべん)

丿ク彳彳彳彳伴伴從從   從

從 從 從 從 從 從

[음] ジュウ, ショウ, ジュ   [훈] したがう, したがえる
[예] 従順(ジュウジュン 순종, 다소곳함), 従容(ショウヨウ 종용, 침착한 모양)
従三位(ジュサンミ 종삼품)
従う(したがう 따라가다, 뒤따르다), 従える(したがえる 복종시키다, 거느리다)

1. 対策　　　　　　　　_____

2. 冊立　　　　　　　　_____

3. 養蚕　　　　　　　　_____

4. 至当　　　　　　　　_____

5. 公私　　　　　　　　_____

6. 容姿　　　　　　　　_____

7. 注視　　　　　　　　_____

8. 作詞　　　　　　　　_____

9. 誌面　　　　　　　　_____

10. 磁気　　　　　　　　_____

11. 射擊 　　　　　_____

12. 四捨五入 　　　_____

13. 尺度 　　　　　_____

14. 若年 　　　　　_____

15. 街路樹 　　　　_____

16. 収まる 　　　　_____

17. 宗家 　　　　　_____

18. 成就 　　　　　_____

19. 衆生 　　　　　_____

20. 從容 　　　　　_____

Clip 03

초등학교 6학년 교육한자

학습내용

☐ 초등학교 6학년 교육한자 191자 중 20자의 音, 訓 학습

☐ 해당한자와 관련된 단어학습과 쓰기연습

縦縮熟純処署諸除承将傷障蒸針仁垂推寸盛聖

학습목표

☐ 초등학교 6학년 교육한자 191자 중 20자의 音, 訓을 학습하여 이해할 수 있다.

☐ 해당한자와 관련된 단어학습과 쓰기연습을 통해 일본에서의 실생활에 활용할 수 있다.

縦

세로 **종**
획수: 16
부수: 糸
(いとへん)

乚 幺 幺 幺 糸 糸 糸 糸 紨 紨 紨 紨 紨 縦 縦 縦

縦 縦 縦 縦 縦 縦

[음] ジュウ　[훈] たて
[예] 縦横(ジュウオウ 종횡)
　　縦(たて 세로)

縮

줄어들 **축**
획수: 17
부수: 糸
(いとへん)

乚 幺 幺 幺 糸 糸 糸 紨 紨 紨 紨 紨 紵 縮 縮 縮

縮 縮 縮 縮 縮 縮

[음] シュク　[훈] ちぢむ, ちぢまる, ちぢめる, ちぢれる, ちぢらす
[예] 短縮(タンシュク 단축)
　　縮む(ちぢむ 오그라들다), 縮まる(ちぢまる 오르라들다), 縮める(ちぢめる 줄이다,
　　단축하다), 縮れる(ちぢれる 주름이 지다), 縮らす(ちぢらす 오그라들게 하다, 곱슬
　　곱슬하게 만들다)

熟

익을 **숙**
획수: 15
부수: 火(灬)
(れっか)

亠 亠 亠 亠 亨 亨 享 享 郭 孰 孰 孰 孰 熟 熟

熟 熟 熟 熟 熟 熟

[음] ジュク　[훈] うれる
[예] 熟練(ジュクレン 숙련)
　　熟れる(うれる 익다)

純

순수할 **순**
획수: 10
부수: 糸
(いとへん)

乚 幺 幺 幺 糸 糸 紅 紅 紓 純

純 純 純 純 純 純

[음] ジュン　[훈]
[예] 純粋(ジュンスイ 순수)

処 곳 **처** 획수: 5 부수: 几 (つくえ) 구자체부수: 虍 (とらかんむり)	ノ ク 夂 夂 処 處 음 ショ 훈 예 処罰(ショバツ 처벌)
署 관청 **서** 획수: 13 부수: 罒 (あみがしら)	署 음 ショ 훈 예 署長(ショチョウ 서장)
諸 여러 **제** 획수: 15 부수: 言 (ごんべん)	諸 음 ショ 훈 예 諸国(ショコク 제국)
除 제거할 **제** 획수: 10 부수: 阝(阜) (こざとへん)	除 음 ジョ, ジ 훈 のぞく 예 解除(カイジョ 해제), 掃除(ソウジ 청소) 除く(のぞく 제거하다)

承	⼀ 了 了 ⼿ ⼿ 承 承 承						
	承	承	承	承 承 承			

이을 **승**
획수: 8
부수: 手
(て)

[음] ショウ　　[훈] うけたまわる
[예] 承諾(ショウダク 승낙)

将		丨 丬 丬 丬 丬 丬 将 将						将
	将	将	将	将 将 将				

장수 **장**
획수: 10
부수: 寸
(すん)

[음] ショウ　　[훈]
[예] 将棋(ショウギ 장기)

傷	ノ イ イ 亻 亻 作 作 佰 信 信 傷 傷 傷						
	傷	傷	傷	傷 傷 傷			

상할 **상**
획수: 13
부수: 人
(にんべん)

[음] ショウ　　[훈] きず, いたむ, いためる
[예] 傷害(ショウガイ 상해)
傷(きず 상처), 傷む(いたむ 고통스럽다), 傷める(いためる 고통을 주다)

障	⼀ ⼽ ⻖ ⻖ ⻖ ⻖ ⻖ ⻖ 障 障 障 障 障 障						
	障	障	障	障 障 障			

막을 **장**
획수: 14
부수: 阝(阜)
(こざとへん)

[음] ショウ　　[훈] さわる
[예] 障子(ショウジ 장지, 미닫이)
障る(さわる 지장이 있다)

제12과 초등학교 6학년 교육한자

一 十 扩 芋 茏 芋 芽 茅 莁 荥 荥 荥 蒸

찔 증
획수: 13
부수: 艸
(くさかんむり)

[음] ジョウ　[훈] むす, むれる, むらす
[예] 蒸発(ジョウハツ 증발)
蒸す(むす 찌다), 蒸れる(むれる 뜸들다), 蒸らす(むらす 뜸들이다)

ノ 人 스 스 쇼 숲 金 金 金 針

바늘 침
획수: 10
부수: 金
(かねへん)

[음] シン　[훈] はり
[예] 針術(シンジュツ 침술)
針(はり 바늘, 침)

ノ イ 仁 仁

어질 인
획수: 4
부수: 人
(にんべん)

[음] ジン, ニ　[훈]
[예] 仁徳(ジントク 인덕), 仁王(ニオウ 인왕)

一 一 二 三 手 垂 垂 垂 垂

드리울 수
획수: 8
부수: 土
(つち)

[음] スイ　[훈] たれる, たらす
[예] 懸垂(ケンスイ 매달림.턱걸이)
垂れる(たれる 늘어지다, 처지다), 垂らす(たらす 늘어뜨리다, 드리우다)

推	一 𠂇 扌 扩 扑 扩 扩 抃 抃 推 推
밀 추 획수: 11 부수: 手(扌) (てへん)	 **음** スイ **훈** おす **예** 推薦(スイセン 추천) 推す(おす 추천하다)

寸	一 十 寸
마디 촌 획수: 3 제부수: 寸 (すん)	**음** スン **훈** **예** 寸前(スンゼン 바로 앞, 직전)

盛	丿 厂 厂 成 成 成 成 成 盛 盛 盛
성할 성 획수: 11 부수: 皿 (さら)	**음** セイ, ジョウ **훈** もる, さかる, さかん **예** 隆盛(リュウセイ 융성), 繁盛(ハンジョウ 번성) 盛る(もる 수북이 담다), 盛る(さかる 번창하다), 盛ん(さかん 성함, 한창임, 열심임, 훌륭함)

聖	一 丆 Т Т 耳 耳 耶 耵 聖 聖 聖 聖
성인 성 획수: 13 부수: 耳 (みみ)	**음** セイ **훈** **예** 聖人(セイジン 성인)

1. 縦横   _____

2. 縮らす   _____

3. 熟練   _____

4. 純粋   _____

5. 処罰   _____

6. 署長   _____

7. 諸国   _____

8. 掃除   _____

9. 承諾   _____

10. 将棋   _____

11. 傷む   _____

12. 障子   _____

13. 蒸発   _____

14. 針術   _____

15. 仁王   _____

16. 懸垂   _____

17. 推薦   _____

18. 寸前   _____

19. 繁盛   _____

20. 聖人   _____

Clip 04

초등학교 6학년 교육한자

☐ 초등학교 6학년 교육한자 191자 중 20자의 音, 訓 학습

☐ 해당한자와 관련된 단어학습과 쓰기연습

誠舌宣專泉洗染錢善奏窓創裝層操蔵臓存尊退

☐ 초등학교 6학년 교육한자 191자 중 20자의 音, 訓을 학습하여 이해할 수 있다.

☐ 해당한자와 관련된 단어학습과 쓰기연습을 통해 일본에서의 실생활에 활용할 수 있다.

誠	一 二 三 言 言 言 言 訂 訂 訪 訪 誠 誠 誠

정성 성
획수: 13
부수: 言
(ごんべん)

音 セイ 訓 まこと
例 誠意(セイイ 성의)
　誠(まこと 진실, 진심, 실로, 정말로)

舌	一 二 千 千 舌 舌

혀 설
획수: 6
제부수: 舌
(した)

音 ゼツ 訓 した
例 舌音(ゼツオン 설음)
　舌(した 혀)

宣	丶 丶 宀 宀 宁 宁 盲 盲 宣

펼 선
획수: 9
부수: 宀
(うかんむり)

音 セン 訓
例 宣誓(センセイ 선서)

專	一 ナ ナ 戸 戸 亩 車 車 專 專	専

오로지 전
획수: 9
부수: 寸
(すん)

音 セン 訓 もっぱら
例 専用(センヨウ 전용)
　専ら(もっぱら 오로지, 한결같이)

제12과 초등학교 6학년 교육한자

泉	´ ⌐ 冖 白 白 白 宁 皐 泉 泉						

泉
샘 천
획수: 9
부수: 水
(みず)

음 セン 훈 いずみ
예 源泉(ゲンセン 원천)
　泉(いずみ 샘, 샘물)

洗
씻을 세
획수: 9
부수: 水(氵)
(さんずい)

음 セン 훈 あらう
예 洗剤(センザイ 세제)
　洗う(あらう 씻다)

染
물들일 염
획수: 9
부수: 木
(き)

음 セン 훈 そめる, そまる, しみる, しみ
예 汚染(オセン 오염)
　染める(そめる 물들이다), 染まる(そまる 물들다), 染みる(しみる 스며들다, 물들다),
　染み(しみ 얼룩, 기미)

銭
돈 전
획수: 14
부수: 金
(かねへん)

음 セン 훈 ぜに
예 金銭(キンセン 금전)
　銭(ぜに 엽전, 돈)

善	` ` 一 羊 羊 羊 羊 羊 善 善 善

善 善 善 善 善 善

착할 **선**
획수: 12
부수: 口
(くち)

음 ゼン　**훈** よい
예 慈善(ジゼン 자선)
　　善い(よい 좋다)

奏	一 二 三 丰 夫 表 表 奏 奏

奏 奏 奏 奏 奏 奏

아뢸 **주**
획수: 9
부수: 大
(だい)

음 ソウ　**훈** かなでる
예 合奏(ガッソウ 합주)
　　奏でる(かなでる 연주하다)

窓	` ` 宀 宀 宀 空 空 空 空 窓 窓

窓 窓 窓 窓 窓 窓

창문 **창**
획수: 11
부수: 穴
(あなかんむり)

음 ソウ　**훈** まど
예 同窓(ドウソウ 동창)
　　窓口(まどぐち 창구)

創	ノ 八 今 今 今 今 合 合 倉 倉 倉 創 創

創 創 創 創 創 創

비롯할 **창**
획수: 12
부수: 刀(刂)
(りっとう)

음 ソウ　**훈** つくる
예 独創(ドクソウ 독창)

装

丶 丶 丬 爿 爿 爿 爿 莊 莊 裝 裝 裝 | 裝

꾸밀 **장**
획수: 12
부수: 衣
(ころも)

- 음 ソウ, ショウ　훈 よそおう
- 예 変装(ヘンソウ 변장), 衣装(イショウ 의상)
  装う(よそおう 치장하다, 가장하다)

層

丿 厂 尸 尸 尸 屛 屛 屛 屛 屛 層 層 層 | 層

층 **층**
획수: 14
부수: 尸
(しかばね)

- 음 ソウ　훈
- 예 高層(コウソウ 고층)

操

一 十 扌 扌 扩 护 护 护 护 押 捛 捛 撨 揬 操 操 | 操

다룰 **조**
획수: 16
부수: 手(扌)
(てへん)

- 음 ソウ　훈 あやつる, みさお
- 예 操縦(ソウジュウ 조종)
  操る(あやつる 다루다, 조정하다), 操(みさお 지조, 정조)

蔵

一 艹 艹 芹 芦 芦 芦 芦 芦 芦 蔵 蔵 蔵 蔵 | 蔵

곳간 **장**
획수: 15
부수: 艹
(くさかんむり)

- 음 ゾウ　훈 くら
- 예 貯蔵(チョゾウ 저장)
  蔵(くら 곳간)

| 臓 | | | | | | | | | | | | | | | | | | | | 臓 |

臓

장기 **장**
획수: 19
부수: 月(肉)
(にくづき)

음 ゾウ　**훈**
예 臓器(ゾウキ 장기)

一 ナ 才 存 存 存

存

있을 **존**
획수: 6
부수: 子
(こ)

음 ソン, ゾン　**훈**
예 既存(キソン 기존), 保存(ホゾン 보존)

尊

높을 **존**
획수: 12
부수: 寸
(すん)

음 ソン　**훈** たっとい, とうとい, たっとぶ, とうとぶ
예 尊重(ソンチョウ 존중)
尊い(たっとい 고귀하다), 尊い(とうとい 고귀하다), 尊ぶ(たっとぶ 숭상하다, 공경하다), 尊ぶ(とうとぶ 숭상하다, 공경하다)

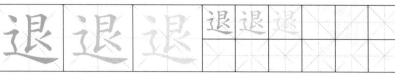

退

물러날 **퇴**
획수: 9
부수: 辶
(しんにょう)

음 タイ　**훈** しりぞく, しりぞける
예 退学(タイガク 퇴학)
退く(しりぞく 물러서다, 후퇴하다), 退ける(しりぞける 물리치다, 격퇴하다)

442

평가하기

1. 誠意 _____

2. 舌音 _____

3. 宣誓 _____

4. 専ら _____

5. 泉 _____

6. 洗剤 _____

7. 染み _____

8. 銭 _____

9. 慈善 _____

10. 奏でる _____

11. 窓口 _____

12. 独創 _____

13. 衣装 _____

14. 高層 _____

15. 操る _____

16. 貯蔵 _____

17. 臓器 _____

18. 既存 _____

19. 尊重 _____

20. 退く _____

湖向幸港号根茶皿仕元使始指歯詩次事持式実写者主守取酒愛州拾終習集住重宿所署助昭消商草
想息速族他打対待代第題炭短談着注柱丁帳調追定庭笛鉄転都度投豆島湯登等動童農波配倍箱畑
部服福物平返勉放味命面問役墓由油有遊予羊洋葉陽様落流旅両緑礼列練路和愛案以衣位茨印英
名栄渇完官管関観願岐希季旗器機議求泣給芽漁其協鏡梅極熊訓軍郡群径景芸欠結建健験固功好
産散残氏司試児治滋辞鹿失借種周枕順初松笑唱焼照城縄臣信井成省清静席積折節説浅戦選然争
低派側佐士好灯働特徳栃奈梨熱念敗梅博阪飯飛必票標不夫付府阜富副兵別辺変便包法望牧末
類令冷例連老労録圧囲護効厚耕航鉱構興講告混査再災妻採際在財罪殺雑酸賛士支史志枝師資飼示似誠
常情織職制性政勢精製税責績接設池祖宗総造像増則測橋平損貸態団断築庁張停提程道統堂銅導
守貧羊式復複仏粉編弁保墓報豊防貿暴脈務夢迷錦輪余容略留領歴胃異遺域宇映延沿恩我灰拡
姉幹秀敬警劇激穴券絹権憲源厳己呼誤后孝皇紅降鋼刻穀骨困砂座済裁策冊蚕至私姿視詞誌
誠舌宣卓泉洗染銭善奏窓創装脳揆蒸片補奏

Clip 05

점검하기
초등학교 6학년 교육한자 Ⅱ

■ 다음의 한자표기어를 한국어 의미를 보고 알맞게 히라가나로 입력해 보세요.

1. 莊嚴(장엄) _____

2. 誤る(잘못하다) _____

3. 紅(다홍) _____

4. 鋼(강철) _____

5. 骨折り(노력, 수고) _____

6. 冊立(책립, 책봉) _____

7. 養蚕(양잠) _____

8. 四捨五入(사사오입) _____

9. 街路樹(가로수) _____

10. 從容(종용, 침착한 모양) _____

11. 縱橫(종횡) _____

12. 掃除(청소) _____

13. 障子(장지, 미닫이) _____

14. 仁王(인왕) _____

15. 懸垂(매달림, 턱걸이) _____

16. 宣誓(선서) _____

17. 泉(샘, 샘물) _____

18. 錢(엽전, 돈) _____

19. 奏でる(연주하다) _____

20. 退く(물러서다, 후퇴하다) _____

Clip 01
초등학교 6학년 교육한자

[학습내용]

☐ 초등학교 6학년 교육한자 191자 중 20자의 音, 訓 학습

☐ 해당한자와 관련된 단어학습과 쓰기연습

宅担探誕段暖値宙忠著庁頂腸潮賃痛敵展討党

[학습목표]

☐ 초등학교 6학년 교육한자 191자 중 20자의 音, 訓을 학습하여 이해할 수 있다.

☐ 해당한자와 관련된 단어학습과 쓰기연습을 통해 일본에서의 실생활에 활용할 수 있다.

宅		´ ゙ ゙゙゙ 宀 宁 宅 宅			宅	宅	宅			
		宅	宅	宅						

집 **택**
획수: 6
부수: 宀
(うかんむり)

음 タク　훈
예 自宅(ジタク 자택)

担		´ 扌 扌 扣 扣 扣 扣 担								擔
		担	担	担	担	担	担			

멜 **담**
획수: 8
부수: 手(扌)
(てへん)

음 タン　훈 かつぐ, になう
예 担架(タンカ 들 것)
担ぐ(かつぐ 지다, 메다), 担う(になう 담당하다)

探		´ 扌 扌 扌 扩 扩 扲 扲 抨 探 探								
		探	探	探	探	探	探			

찾을 **탐**
획수: 11
부수: 手(扌)
(てへん)

음 タン　훈 さぐる, さがす
예 探求(タンキュウ 탐구)
探る(さぐる 더듬다, 찾다), 探す(さがす 찾다)

誕		´ ゙ ゙ ゙ 言 言 言 言 計 計 計 誕 誕 誕 誕								
		誕	誕	誕	誕	誕	誕			

태어날 **탄**
획수: 15
부수: 言
(ごんべん)

음 タン　훈
예 誕生日(タンジョウビ 생일, 탄생일)

段

차례 **단**
획수: 9
부수: 殳
(ほこづくり)

˺ ˻ ˼ ˽ ˾ ˿ 段 段

段 段 段　段 段 段

音 ダン　訓
例 手段(シュダン 수단)

暖

따뜻할 **난**
획수: 13
부수: 日
(ひへん)

丨 冂 日 日 旷 旷 旷 旷 旷 旷 旷 暖 暖

暖 暖 暖　暖 暖 暖

音 ダン　訓 あたたか, あたたかい, あたたまる, あたためる
例 暖房(ダンボウ 난방)
暖か(あたたか 따뜻함), 暖かい(あたたかい 따뜻하다, 포근하다), 暖まる(あたたまる
따뜻해지다, 훈훈해지다), 暖める(あたためる 따뜻하게 하다)

値

값 **치**
획수: 10
부수: 人
(にんべん)

ノ イ 仁 佇 佇 估 估 値 値 値

値 値 値　値 値 値

音 チ　訓 ね, あたい
例 絶対値(ゼッタイチ 절대치)
値段(ねだん 가격), 値(あたい 값, 값어치)

宙

집 **주**
획수: 8
부수: 宀
(うかんむり)

丶 宀 宀 宀 宀 宙 宙 宙

宙 宙 宙　宙 宙 宙

音 チュウ　訓
例 宙釣り(チュウヅリ 공중에 매달림)

忠

충성 **충**
획수: 8
부수: 心
(こころ)

丨 冂 口 中 中 忠 忠 忠

忠 忠 忠 　忠 忠 忠

音 チュウ　　訓
예 忠臣(チュウシン 충신)

著

글지을 **저**
획수: 11
부수: 艹
(くさかんむり)

一 十 芾 芾 芾 芏 荖 荖 著 著 著　　　　著

著 著 著 　著 著 著

音 チョ　　訓 あらわす, いちじるしい
예 著作(チョサク 저작)
　　著す(あらわす 쓰다, 저술하다), 著しい(いちじるしい 현저하다, 두드러지다)

庁

관청 **청**
획수: 5
부수: 广
(まだれ)

丶 一 广 庁 庁　　　　　　　　　　　　　廳

庁 庁 庁 　庁 庁 庁

音 チョウ　　訓
예 庁舎(チョウシャ 청사)

頂

정수리 **정**
획수: 11
부수: 頁
(おおがい)

一 丁 厂 厂 广 庁 頂 頂 頂 頂 頂

頂 頂 頂 　頂 頂 頂

音 チョウ　　訓 いただく, いただき
예 頂点(チョウテン 정점)
　　頂く(いただく 이다, 모시다), 頂き(いただき 꼭대기, 정상)

腸

창자 **장**
획수: 13
부수: 月(肉)
(にくづき)

丿 几 月 月 月 月′ 胛 胛 胛 肥 胛 腸 腸

腸 腸 腸 | 腸 腸 腸

음 チョウ 훈
예 大腸(ダイチョウ 대장)

潮

조수 **조**
획수: 15
부수: 水(氵)
(さんずい)

丶 丶 氵 汀 汁 汁 泸 泸 泸 渣 淖 潮 潮 潮 潮

潮 潮 潮 | 潮 潮 潮

음 チョウ 훈 しお
예 風潮(フウチョウ 풍조)
　 潮(しお 바닷물, 조수)

賃

빌릴 **임**
획수: 13
부수: 貝
(かい)

丿 亻 亻 仁 仁 任 任 侟 侟 貨 賃 賃 賃

賃 賃 賃 | 賃 賃 賃

음 チン 훈
예 運賃(ウンチン 운임, 삯)

痛

아플 **통**
획수: 12
부수: 疒
(やまいだれ)

丶 亠 广 广 疒 疒 疒 疒 病 痛 痛 痛

痛 痛 痛 | 痛 痛 痛

음 ツウ 훈 いたい, いたむ, いためる
예 苦痛(クツウ 고통)
　 痛い(いたい 아프다), 痛む(いたむ 아프다), 痛める(いためる 아프게 하다)

敵	宀宀富 □□□□□□□□□□□
적 적 획수: 15 부수: 攵(攴) (ぼくづくり)	敵 敵 敵 敵 敵 敵 음 テキ　훈 かたき 예 匹敵(ヒッテキ 필적) 　　敵(かたき 적, 원수, 경쟁 상대자)

展	一 ユ 尸 尸 尸 尿 屏 屏 屏 展
펼 전 획수: 10 부수: 尸 (しかばね)	展 展 展 展 展 展 음 テン　훈 예 展開(テンカイ 전개)

討	一 ニ ≒ ≡ ≡ 言 言 言 討 討
칠 토 획수: 10 부수: 言 (ごんべん)	討 討 討 討 討 討 음 トウ　훈 うつ 예 討伐(トウバツ 토벌) 　　討つ(うつ 치다)

党	丶 丶 丷 丷 丷 尚 尚 尚 党 党　　　　黨
무리 당 획수: 10 부수: 儿 (ひとあし) 구자체부수: 黒 (くろ)	党 党 党 党 党 党 음 トウ　훈 예 党派(トウハ 당파)

평가하기

1. 自宅　　　　　　　　_____

2. 担架　　　　　　　　_____

3. 探る　　　　　　　　_____

4. 誕生日　　　　　　　_____

5. 手段　　　　　　　　_____

6. 暖房　　　　　　　　_____

7. 値　　　　　　　　　_____

8. 宙釣り　　　　　　　_____

9. 忠臣　　　　　　　　_____

10. 著しい　　　　　　　_____

11. 庁舎 _____

12. 頂き _____

13. 大腸 _____

14. 潮 _____

15. 運賃 _____

16. 痛む _____

17. 敵 _____

18. 展開 _____

19. 討伐 _____

20. 党派 _____

Clip 02

초등학교 6학년 교육한자

학습내용

☐ 초등학교 6학년 교육한자 191자 중 20자의 音, 訓 학습

☐ 해당한자와 관련된 단어학습과 쓰기연습

糖 届 難 乳 認 納 脳 派 拝 背 肺 俳 班 晩 否 批 秘 俵 腹 奮

학습목표

☐ 초등학교 6학년 교육한자 191자 중 20자의 音, 訓을 학습하여 이해할 수 있다.

☐ 해당한자와 관련된 단어학습과 쓰기연습을 통해 일본에서의 실생활에 활용할 수 있다.

糖

丶 丷 丷 半 半 半 米' 米广 米广 粐 粐 粡 糖 糖 糖

糖 糖 糖 糖 糖 糖

사탕 당
획수: 16
부수: 米
(こめへん)

음 トウ　훈
예 製糖(セイトウ 제당)

届

一 一 尸 尸 屈 屈 届 届　　　　　　　届

届 届 届 届 届 届

이를 계
획수: 8
부수: 尸
(しかばね)

음　　훈 とどける, とどく
예 届ける(とどける 전하다, 신고하다), 届く(とどく 닿다, 이르다)

難

一 十 卄 甘 芇 甘 苗 莗 莫 莫' 黃' 黃' 軪' 艱 艱 難　　難

難 難 難 難 難 難

어려울 난
획수: 18
부수: 隹
(ふるとり)

음 ナン　훈 かたい, むずかしい
예 非難(ヒナン 비난)
　　難い(かたい 어렵다, 힘들다), 難しい(むずかしい 어렵다)

乳

一 一 一 一 一 一 一 一 乳

乳 乳 乳 乳 乳 乳

젖 유
획수: 8
부수: 乚
(おつ)

음 ニュウ　훈 ちち, ち
예 乳液(ニュウエキ 유액)
　　乳(ちち 젖, 유방), 乳首(ちくび 젖꼭지)

認

인정할 **인**
획수: 14
부수: 言
(ごんべん)

一 ニ ゴ 言 言 言 言 訂 訒 訒 訒 訒 認 認

認 認 認 認 認 認

음 ニン 훈 みとめる
예 承認(ショウニン 승인)
認める(みとめる 인정하다)

納

바칠 **납**
획수: 10
부수: 糸
(いとへん)

� 纟 纟 糸 糸 糸 糸 紎 納 納

納 納 納 納 納 納

음 ノウ, ナッ, ナ, ナン, トウ 훈 おさめる, おさまる
예 納入(ノウニュウ 납입), 納得(ナットク 납득), 納屋(ナヤ 곳간), 納戸(ナンド
가재도구를 두는 곳), 出納(スイトウ 출납)
納める(おさめる 납부하다), 納まる(おさまる 납입되다)

脳

뇌 **뇌**
획수: 11
부수: 月(肉)
(にくづき)

丿 冂 冃 月 月' 月'' 月''' 肦 胭 脳 脳   脳

脳 脳 脳 脳 脳 脳

음 ノウ 훈
예 頭脳(ズノウ 두뇌)

派

파벌 **파**
획수: 9
부수: 水(氵)
(さんずい)

丶 丶 氵 氵 汇 汇 沠 派 派

派 派 派 派 派 派

음 ハ 훈
예 派遣(ハケン 파견)

拝	一 十 扌 扩 扩 拝 拝 拝
절 **배** 획수: 8 부수: 手(扌) (てへん)	拝 拝 拝 拝 拝 拝
	음 ハイ　훈 おがむ 예 崇拝(スウハイ 숭배) 　　拝む(おがむ 합장배례하다)

背	⺊ ⺊ ⺌ ⺌ 北 背 背 背 背
등 **배** 획수: 9 부수: 月(肉) (にく)	背 背 背 背 背 背
	음 ハイ　훈 せい、せ、そむく、そむける 예 背景(ハイケイ 배경) 　　背(せい 신장, 키), 背中(せなか 등), 背く(そむく 등지다, 거역하다) 　　背ける(そむける 외면하다, 돌리다)

肺	⺀ ⺁ 月 月 肝 肝 肝 肺
허파 **폐** 획수: 9 부수: 月(肉) (にくづき)	肺 肺 肺 肺 肺 肺
	음 ハイ　훈 예 肺炎(ハイエン 폐렴)

俳	⺀ イ 仆 仆 仆 伊 俳 俳 俳 俳
배우 **배** 획수: 10 부수: 人 (にんべん)	俳 俳 俳 俳 俳 俳
	음 ハイ　훈 예 俳句(ハイク 하이쿠, 일본 고유의 짧은 시)

班	一 三 干 王 王 刬 圹 玑 班 班								

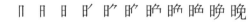

班	班	班	班	班	班		

반 반
획수: 10
부수: 王(玉)
(たま)

음 ハン　훈

예 班点(ハンテン 반점)

晩	丨 冂 冃 日 日' 旷 旷 晬 晬 晩 晩										

晩	晩	晩	晩	晩	晩		

늦을 만
획수: 12
부수: 日
(ひへん)

음 バン　훈

예 今晩(コンバン 오늘 밤)

否	一 ナ オ 不 不 否 否						

否	否	否	否	否	否		

아닐 부
획수: 7
부수: 口
(くち)

음 ヒ　훈 いな

예 否決(ヒケツ 부결)
　　否(いな 불찬성, 동의하지 않음)

批	一 十 扌 扌 批 批 批						

批	批	批	批	批	批		

비평할 비
획수: 7
부수: 手(扌)
(てへん)

음 ヒ　훈

예 批准(ヒジュン 비준)

秘 숨길 **비** 획수: 10 부수: 禾 (のぎへん)	一 二 千 禾 禾 禾 秋 秘 秘 秘
	秘 秘 秘 　秘 秘 秘
	[음] ヒ　　[훈] ひめる [예] 秘書(ヒショ 비서) 　　 秘める(ひめる 숨기다, 감추다)

俵 나누어줄 **표** 획수: 10 부수: 人 (にんべん)	ノ イ 仁 仨 仹 佳 佳 佳 俵 俵
	俵 俵 俵 　俵 俵 俵
	[음] ヒョウ　　[훈] たわら [예] 土俵(ドヒョウ 씨름판) 　　 俵(たわら (쌀・숯 등을 담는)섬)

腹 배 **복** 획수: 13 부수: 月(肉) (にくづき)	) 月 月 月 厂 厂 胪 胪 胪 胪 腹 腹
	腹 腹 腹 　腹 腹 腹
	[음] フク　　[훈] はら [예] 腹部(フクブ 복부) 　　 腹(はら 배)

奮 힘쓸 **분** 획수: 16 부수: 大 (だい)	一 ナ ナ 太 本 产 产 奮 奞 奞 奮 奮 奮 奮 奮
	奮 奮 奮 　奮 奮 奮
	[음] フン　　[훈] ふるう [예] 奮起(フンキ 분기) 　　 奮う(ふるう 분발하다)

1. 製糖 _____

2. 届ける _____

3. 非難 _____

4. 乳液 _____

5. 承認 _____

6. 出納 _____

7. 頭脳 _____

8. 派遣 _____

9. 崇拝 _____

10. 背く _____

11. 肺炎　　　　　　　　　_____

12. 俳句　　　　　　　　　_____

13. 班点　　　　　　　　　_____

14. 今晩　　　　　　　　　_____

15. 否決　　　　　　　　　_____

16. 批准　　　　　　　　　_____

17. 秘める　　　　　　　　_____

18. 土俵　　　　　　　　　_____

19. 腹部　　　　　　　　　_____

20. 奮起　　　　　　　　　_____

Clip 03

초등학교 6학년 교육한자

학습내용

☐ 초등학교 6학년 교육한자 191자 중 20자의 音, 訓 학습
☐ 해당한자와 관련된 단어학습과 쓰기연습

並陛閉片補暮宝訪亡忘棒枚幕密盟模訳郵優預

학습목표

☐ 초등학교 6학년 교육한자 191자 중 20자의 音, 訓을 학습하여 이해할 수 있다.
☐ 해당한자와 관련된 단어학습과 쓰기연습을 통해 일본에서의 실생활에 활용할 수 있다.

並

아우를 **병**
획수: 8
부수: 一
(いち)
구자체부수: 立
(たつ)

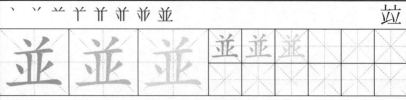

`丶丶丷丷丷並並並`

並 並 並

음 ヘイ **훈** なみ, ならべる, ならぶ, ならびに

예 並立(ヘイリツ 병립)

並(なみ 보통, ~와 같은 수준), 並べる(ならべる 늘어놓다),

並ぶ(ならぶ 늘어서다), 並びに(ならびに ~ 및)

陛

섬돌 **폐**
획수: 10
부수: 阝(阜)
(こざとへん)

`丿乛阝阝¯阡阡阯阰陛陛`

陛 陛 陛

음 ヘイ **훈**

예 陛下(ヘイカ 폐하)

閉

닫을 **폐**
획수: 11
부수: 門
(もんがまえ)

`丨冂冂冂冂冂門門門門閉閉`

閉 閉 閉

음 ヘイ **훈** とじる, とざす, しめる, しまる

예 閉店(ヘイテン 폐점)

閉じる(とじる 닫히다, 닫다), 閉ざす(とざす 닫다, 잠그다), 閉める(しめる 닫다),

閉まる(しまる 닫히다)

片

조각 **편**
획수: 4
제부수: 片
(かた)

`丿丿片片`

片 片 片

음 ヘン **훈** かた

예 片雲(ヘンウン 편운, 조각구름)

片足(かたあし 한쪽 발, 한 발)

補	
기울 **보** 획수: 12 부수: 衣 (ころもへん)	' ラ ラ ラ ネ ネ 衤 衤 補 補 補 補 **음** ホ **훈** おぎなう **예** 補充(ホジュウ 보충) 補う(おぎなう 보충하다)

暮	
저물 **모** 획수: 14 부수: 日 (ひ)	一 十 艹 艹 芦 芦 苜 莫 莫 莫 莫 暮 暮 暮 **음** ボ **훈** くれる, くらす **예** 暮春(ボシュン 모춘, 늦봄) 暮れる(くれる 저물다), 暮らす(くらす 살다, 생활하다)

宝	
보배 **보** 획수: 8 부수: 宀 (うかんむり)	` ` 宀 宀 宀 宇 宝 宝　　　　　　　　　　　寶 **음** ホウ **훈** たから **예** 宝位(ホウイ 보위, 임금의 자리) 宝(たから 보물, 보배)

訪	
찾을 **방** 획수: 11 부수: 言 (ごんべん)	' 亠 亖 言 言 言 言 言' 訪 訪 訪 **음** ホウ **훈** たずねる, おとずれる **예** 訪日(ホウニチ 방일) 訪ねる(たずねる 방문하다), 訪れる(おとずれる 방문하다)

亡 망할 **망** 획수: 3 부수: 亠 (なべぶた)	' 亠 亡
	<table><tr><td>亡</td><td>亡</td><td>亡</td><td>亡</td><td>亡</td><td>亡</td></tr></table>
	음 ボウ, モウ　훈 ない 예 亡霊(ボウレイ 망령, 유령), 亡者(モウジャ 망자) 　　亡い(ない 죽었다, 죽고 없다), 亡き人(なきひと 고인, 죽은 사람)

忘 잊을 **망** 획수: 7 부수: 心 (こころ)	' 亠 亡 亡 忘 忘 忘
	<table><tr><td>忘</td><td>忘</td><td>忘</td><td>忘</td><td>忘</td><td>忘</td></tr></table>
	음 ボウ　훈 わすれる 예 忘年会(ボウネンカイ 망년회) 　　忘れる(わすれる 잊다)

棒 몽둥이 **봉** 획수: 12 부수: 木 (きへん)	一 十 十 才 木 柞 柞 栌 捧 棒 棒 棒
	<table><tr><td>棒</td><td>棒</td><td>棒</td><td>棒</td><td>棒</td><td>棒</td></tr></table>
	음 ボウ　훈 예 鉄棒(テツボウ 철봉)

枚 낱 **매** 획수: 8 부수: 木 (きへん)	一 十 十 才 木 札 枚 枚
	<table><tr><td>枚</td><td>枚</td><td>枚</td><td>枚</td><td>枚</td><td>枚</td></tr></table>
	음 マイ　훈 예 枚挙(マイキョ 매거, 일일이 셈)

一 十 古 古 芦 芦 芦 苫 草 草 莫 莫 莫 幕 幕						

장막 막
획수: 13
부수: 巾
(はば)

음 マク, バク　훈
예 暗幕(アンマク 암막), 幕舎(バクシャ 막사)

丶 宀 宀 宀 少 宓 宓 宓 宓 密 密						

빽빽할 밀
획수: 11
부수: 宀
(うかんむり)

음 ミツ　훈
예 秘密(ヒミツ 비밀)

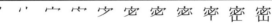

丨 冂 日 日 日 明 明 明 明 盟 盟 盟 盟						

맹세할 맹
획수: 13
부수: 皿
(さら)

음 メイ　훈
예 加盟(カメイ 가맹)

一 十 才 木 杧 杧 杧 杧 枦 梻 模 模 模 模						

모호할 모
획수: 14
부수: 木
(きへん)

음 モ, ボ　훈
예 模倣(モホウ 모방), 規模(キボ 규모)

| 訳 | `丶　ン　亠　言　言　言　訓　訶　訳　訳`　　　　　　　　譯 |
| 訳 訳 訳　　訳 訳 訳 |
| 번역할 **역**
획수: 11
부수: 言
(ごんべん) | 음 ヤク　　훈 わけ
예 訳文(ヤクブン 역문)
　　訳(わけ 뜻, 이유) |

| 郵 | `一　二　三　三　丢　垂　垂　垂　垂'　郵　郵` |
| 郵 郵 郵　　郵 郵 郵 |
| 우편 **우**
획수: 11
부수: 阝(邑)
(おおざと) | 음 ユウ　　훈
예 郵送(ユウソウ 우송) |

| 優 | `丿　亻　仁　仁　仁　仃　侢　侢　侢　侢　傷　傷　傷　優　優　優　優` |
| 優 優 優　　優 優 優 |
| 우수할 **우**
획수: 17
부수: 人
(にんべん) | 음 ユウ　　훈 やさしい, すぐれる
예 優越(ユウエツ 우월)
　　優しい(やさしい 상냥하다), 優れる(すぐれる 뛰어나다) |

| 預 | `マ　マ　ヌ　予　予　予　預　預　預　預　預　預　預` |
| 預 預 預　　預 預 預 |
| 맡길 **예**
획수: 13
부수: 頁
(おおがい) | 음 ヨ　　훈 あずける, あずかる
예 預託(ヨタク 예탁)
　　預ける(あずける 맡기다), 預かる(あずかる 맡다, 보류해 두다) |

평가하기

1. 並立 _____

2. 陛下 _____

3. 閉ざす _____

4. 片足 _____

5. 補う _____

6. 暮春 _____

7. 宝位 _____

8. 訪れる _____

9. 亡者 _____

10. 忘年会 _____

11.　鉄棒　　　　　　　　　_____

12.　枚挙　　　　　　　　　_____

13.　暗幕　　　　　　　　　_____

14.　秘密　　　　　　　　　_____

15.　加盟　　　　　　　　　_____

16.　模倣　　　　　　　　　_____

17.　訳文　　　　　　　　　_____

18.　郵送　　　　　　　　　_____

19.　優越　　　　　　　　　_____

20.　預託　　　　　　　　　_____

Clip 04

초등학교 6학년 교육한자

☐ 초등학교 6학년 교육한자 191자 중 11자의 音, 訓 학습

☐ 해당한자와 관련된 단어학습과 쓰기연습

幼 欲 翌 乱 卵 覧 裏 律 臨 朗 論

- 초등학교 6학년 교육한자 191자 중 11자의 音, 訓을 학습하여 이해할 수 있다.

- 해당한자와 관련된 단어학습과 쓰기연습을 통해 일본에서의 실생활에 활용할 수 있다.

幼	＜ 幺 幺 幻 幼								

幼

어릴 **유**
획수: 5
부수: 幺
(よう)

幼 幼 幼 *幼 幼 幼*

음 ヨウ 훈 おさない
예 幼虫(ヨウチュウ 유충)
　 幼い(おさない 어리다)

欲

바랄 **욕**
획수: 11
부수: 欠
(けんづくり)

｀ ﾉ ｸ 公 公 谷 谷 谷 谷 欲 欲

欲 欲 欲 *欲 欲 欲*

음 ヨク 훈 ほしい, ほっする
예 食欲(ショクヨク 식욕)
　 欲しい(ほしい 탐나다, 바라다), 欲する(ほっする 바라다, 갖고 싶다)

翌

다음날 **익**
획수: 11
부수: 羽
(はね)

フ ヲ ヲ ヲヲ ヲヲ ヨヨ ヨヨ 羽羽 羽羽 翌 翌

翌 翌 翌 *翌 翌 翌*

음 ヨク 훈
예 翌日(ヨクジツ 다음 날)

乱

어지러울 **란**
획수: 7
부수: 乚
(おつ)

一 二 千 千 舌 舌 乱  亂

乱 乱 乱 *乱 乱 乱*

음 ラン 훈 みだれる, みだす
예 混乱(コンラン 혼란)
　 乱れる(みだれる 흐트러지다), 乱す(みだす 어지럽히다)

卵	` 丨 丨 丨 丨 丨 丨 丨 卵`							
알 란 획수: 7 부수: 卩 (わりふ)	卵 卵 卵			卵	卵	卵		

음 ラン　훈 たまご
예 卵黄(ランオウ 노른자위)
　卵(たまご 계란, 알)

覧	` 一 丨 丨 丨 丨 臣 臣 臥 臤 臨 臨 臨 臨 臨 覧　覧`							
볼 람 획수: 17 부수: 見 (みる)	覧 覧 覧			覧	覧	覧		

음 ラン　훈
예 観覧(カンラン 관람)

裏	` 一 亠 宀 宀 声 亩 亩 車 車 裏 裏 裏 裏`							
속 리 획수: 13 부수: 衣 (ころも)	裏 裏 裏			裏	裏	裏		

음 リ　훈 うら
예 脳裏(ノウリ 뇌리)
　裏(うら 속, 뒤)

律	` 丿 彳 彳 彳 彳 律 律 律 律`							
법률 률 획수: 9 부수: 彳 (ぎょうにんべん)	律 律 律			律	律	律		

음 リツ, リチ　훈
예 法律(ホウリツ 법률), 律儀(リチギ 의리가 두터움)

臨	` 「 下 F 手 手 臣 臣 臣 臣 臣 臣 臣 臣 臣

臨 臨 臨 臨 臨 臨

임할 림
획수: 18
부수: 臣
(しん)

음 リン　훈 のぞむ

예 臨床(リンショウ 임상)

臨む(のぞむ 향하다, 임하다, 당면하다)

朗	' 「 丬 丬 自 自 朗 朗 朗 朗　　　　　　　　　朗

朗 朗 朗 朗 朗 朗

밝을 랑
획수: 10
부수: 月
(つき)

음 ロウ　훈 ほがらか

예 朗読(ロウドク 낭독), 朗らか(ほがらか 명랑함, 쾌청함)

論	` 二 亖 亖 言 言 言 言 訟 訟 訟 論 論 論 論

論 論 論 論 論 論

논할 론
획수: 15
부수: 言
(ごんべん)

음 ロン　훈

예 論理(ロンリ 논리)

1. 幼虫 　　　　　_____

2. 欲する 　　　　_____

3. 翌日 　　　　　_____

4. 乱れる 　　　　_____

5. 卵黄 　　　　　_____

6. 観覧 　　　　　_____

7. 脳裏 　　　　　_____

8. 律儀 　　　　　_____

9. 臨床 　　　　　_____

10. 朗らか 　　　　_____

11. 論理 　　　　　_____

湖向辛港号根茶血仕死使始指歯詩次事持式実男者主守取酒愛州捨終習集住重宿所署坊昭消商章
想息遠族他打対待代第題炭短談着注柱丁帳調追定庭笛鉄転都度投豆島湯登等動童農波配倍箱畑
部服福物平返勉放味命面問役葉由油有遊予羊洋葉陽様落流旅両緑礼列練路和愛案以衣位茨印英
多潟潟完官管関視願岐希季旗器機議求泣給挙漁共協鏡競極熊訓軍郡群径景芸欠結建健験固功好
産散残氏司試児治滋辞鹿失借種周祝順初松笑唱焼照城縄臣信井成省清静席積折節説浅戦選然争
低底的典伝灯働特徳栃奈梨熱念敗梅博阪飯飛必票標不夫付府阜富副兵別辺変便包法望牧末
類令冷例連老労録圧囲移因永営衛易益液演応往桜可仮価河過快解格確額刊幹慣眼紀基寄規喜技
際技告限減故個護効厚耕航鉱構興講告混査再災妻採際在財罪殺雑酸賛士支史志枝師資飼示似識
常情織職制性政勢精製税責積接設舌祖素総造像増則測属率損貸態団断築貯張停提程適統堂銅導
得得式復複仏粉編弁保墓報豊防貿暴脈務夢迷綿輸余容略留領歴胃異遺域宇映延沿恩我灰拡
革閣干巻看簡危机貴敬警劇激穴券絹権憲源厳己呼誤后孝皇紅降鋼刻穀骨困砂座済裁策冊蚕至私姿視詞誌
磁射捨尺若樹収宗就衆従縦縮熟純処署諸除承将傷障蒸針仁垂推寸盛聖誠宣専泉洗染銭善奏窓創装層操蔵臓存尊宅担探誕段暖值宙忠著庁頂潮賃痛展討党糖届難乳認納脳派拝背肺俳班晩否批秘俵腹奮並陛閉片補暮宝訪亡忘棒枚幕密盟模訳郵優預幼欲翌乱卵覧裏律臨朗論

Clip 05

점검하기
초등학교 6학년 교육한자 Ⅲ

■ 다음의 한자표기어를 한국어 의미를 보고 알맞게 히라가나로 입력해 보세요.

1.　担架(들 것)　　　　　　　　　　_____

2.　暖房(난방)　　　　　　　　　　_____

3.　宙釣り(공중에 매달림)　　　　_____

4.　潮(바닷물, 조수)　　　　　　　_____

5.　敵(적, 원수, 경쟁 상대자)　　　_____

6.　乳液(유액)　　　　　　　　　　_____

7.　出納(출납)　　　　　　　　　　_____

8.　崇拝(숭배)　　　　　　　　　　_____

9.　批准(비준)　　　　　　　　　　_____

10.　奮起(분기)　　　　　　　　　　_____

11. 片足(한쪽 발, 한 발)　　　　＿＿＿＿＿＿＿＿＿＿＿

12. 暮春(모춘, 늦봄)　　　　＿＿＿＿＿＿＿＿＿＿＿

13. 亡者(망자)　　　　＿＿＿＿＿＿＿＿＿＿＿

14. 模倣(모방)　　　　＿＿＿＿＿＿＿＿＿＿＿

15. 預託(예탁)　　　　＿＿＿＿＿＿＿＿＿＿＿

16. 欲する(바라다, 갖고 싶다)　　　　＿＿＿＿＿＿＿＿＿＿＿

17. 翌日(다음 날)　　　　＿＿＿＿＿＿＿＿＿＿＿

18. 卵黄(노른자위)　　　　＿＿＿＿＿＿＿＿＿＿＿

19. 律儀(의리가 두터움)　　　　＿＿＿＿＿＿＿＿＿＿＿

20. 朗らか(명랑함, 쾌청함)　　　　＿＿＿＿＿＿＿＿＿＿＿

부록

평가하기, 점검하기 정답

제1과

Clip 01 평가하기

1. ひとばん 하룻 밤
2. サユウ 좌우
3. ウキ 우기, 비가 많이 오는 시기
4. エンタク 원탁
5. テイオウ 제왕
6. ねいろ 음색
7. ゲシャ 하차
8. ほかげ 불빛, 등불에 비치는 그림자
9. カビン 화병, 꽃병
10. かい 조개
11. ガクモン 학문
12. ケハイ 기색
13. クク 구구(법)
14. キュウケイ 휴게
15. ギョクタイ 옥체
16. かなぐ 쇠 장식물
17. からばこ 빈상자
18. ショウガツ 정월
19. アイケン 애견
20. イケン 의견

Clip 02 평가하기

1. いつか 오 일
2. コウジュツ 구술
3. コウエツ 교열
4. サセツ 좌회전
5. みすじ 세 가닥
6. サンミャク 산맥
7. ヨウス 모양, 상태
8. よにん 네 명
9. ゲンシ 원사
10. カツジ 활자
11. ジビカ 이비인후과
12. なないろ 일곱 가지 빛깔
13. シャコ 차고
14. たづな 고삐
15. とえはたえ 이중 삼중, 겹겹
16. スイトウ 출납
17. ニョウボウ 마누라, 아내
18. こぎって 수표
19. うわばき 실내화
20. シンリン 삼림

Clip 03 평가하기

1. ジンカク 인격
2. スイブン 수분
3. ショウジキ 정직
4. おいたち 성장한 내력
5. ロクショウ 녹색의 유독성 녹
6. イッチョウイッセキ 일조일석
7. コクダカ 곡식의 수확량
8. あかご 젖먹이, 갓난아기
9. センジモン 천자문
10. かわばた 냇가, 강가
11. センニュウカン 선입관
12. サッソク 곧, 빨리
13. くさぶえ 풀잎피리
14. たす 더하다
15. ノウソン 농촌
16. ダイク 목수, 목수일
17. ダンユウ 남자배우
18. バクチク 폭죽
19. イチネンジュウ 1년동안
20. ヨウチュウ 요충

Clip 04 평가하기

1. まちかど 길모퉁이, 길목
2. あまのがわ 은하수
3. たうえ 모내기
4. トチ 토지
5. ふたごころ 두 마음, 딴 마음
6. ヨクジツ 익일
7. シュウニュウ 수입
8. ネンダイ 연대
9. ハクマイ 백미
10. やおや 야채 장수, 야채 가게
11. ヒャクブンリツ 백분율
12. ふみづかい 편지를 전하는 심부름꾼, 파발꾼
13. こかげ 나무 그늘
14. ホンシツ 본질
15. ホンミョウ 본명
16. まぶち 눈언저리, 눈가
17. コンリュウ 건립
18. ドリョク 노력
19. サンリン 산림
20. むいろ 여섯 가지 색깔

Clip 05 점검하기

1. きゅう
2. ねいろ
3. ほかげ
4. くく
5. かなぐ
6. みすじ
7. じびか
8. たづな
9. とえはたえ
10. うわばき
11. おいたち
12. せんじもん
13. かわばた
14. くさぶえ
15. だいく
16. あまのがわ
17. よくじつ
18. やおや
19. ふみづかい
20. こかげ

제2과

Clip 01 평가하기

1. インソツ 인솔
2. はおり 일본 옷의 위에 입는 짧은 겉옷
3. セキランウン 적란운
4. その 동산, 장소
5. オンル 멀리 귀향을 보냄
6. キカガク 기하학
7. カガク 과학
8. ゲシ 하지
9. やちん 집세
10. カシ 가사
11. ケイカク 계획
12. エコウ 불공을 드려 죽은 사람의 명복을 빔
13. ホウジョウエ 방생회
14. カイガン 해안
15. エハガキ 그림엽서
16. そとがわ 외측, 바깥쪽, 외면
17. かどばん 승패의 기로, 인생의 기로
18. ゴラク 오락
19. セイカツ 생활
20. まどり 방의 배치

Clip 02 평가하기

1. まるもうけ 고스란히 이득 봄
2. ガンバン 암반
3. ドウガン 동안
4. キテキ 기적
5. しるす 적다, 기록하다
6. キセイ 귀성
7. キュウドウ 궁도
8. ギュウニク 소고기
9. うおのめ 티눈
10. ケイハン 京都와 大阪
11. しいる 강요하다
12. キョウクン 교훈
13. キンダイ 근대
14. ケイシ 형과 누이
15. かたぎ 무늬를 새긴 판자, 판목, 거푸집
16. ケイサン 계산
17. ガンソ 원조
18. ことづけ 전갈, 전언
19. ゲンイン 원인
20. とじまり 문단속

Clip 03 평가하기

1. コテン 고전
2. ショウゴ 정오
3. あとあじ 뒷맛
4. かたる 말하다
5. クメン 돈 마련, 돈의 유통
6. おおやけ 정부, 공중
7. コウダイ 광대
8. すじかう 비스듬이 교차하다
9. コウケイ 광경
10. サンコウ 참고
11. アンガ 휴대용 화로
12. たかだい 약간 높고 평평한 땅
13. オウダン 황달
14. ガッシュク 합숙
15. キョウコク 협곡
16. コクサイ 국제
17. アンコク 암흑
18. コンゴ 금후
19. サイノウ 재능
20. ほそる 가늘어지다, 여위다

Clip 04 평가하기

1. ドウサ 동작
2. ヨサン 예산
3. シケツザイ 지혈제
4. いち 장
5. やじるし 화살표
6. シマイ 자매
7. シサク 사색
8. シヘイ 지폐
9. ジトウ 사탑
10. シゼン 자연
11. トウジ 당시
12. むろ 방, 곳간, 암굴
13. やしろ 신사
14. よわる 약해지다, 난처해지다
15. シュセキ 수석
16. シュウキ 추계
17. シュウマツ 주말
18. セイシュン 청춘
19. ドクショ 독서
20. ゲンショウ 감소

Clip 05 점검하기

1. はおり
2. おんる
3. げし
4. えこう
5. かどばん
6. どうがん
7. きせい
8. うおのめ
9. しいる
10. がんそ
11. しょうご
12. くめん
13. あんか
14. がっしゅく
15. ほそる
16. どうき
17. しけつざい
18. やじるし
19. むろ
20. しゅうき

Clip 01 평가하기

1. ニュウジョウ 입장
2. シキチョウ 색조
3. ダンジキ 단식
4. シンシン 심신
5. にいづま 새댁
6. シンコウ 친교
7. はかる 도모하다, 꾀하다
8. かず 수
9. サイカイ 서해
10. こわづかい 말투, 어조
11. エイセイ 위성
12. セイテン 청천
13. イッサイ 일체
14. セツジョク 설욕
15. ふなづみ 선적, 배에 짐을 실음
16. テンセン 점선
17. イゼン 이전
18. くみたて 조립, 구성
19. ソウコウ 주행
20. タスウ 다수

Clip 02 평가하기

1. タイコ 북
2. フウテイ 풍채, 외관, 옷차림
3. トウダイ 등대
4. ジメン 지면
5. チョスイチ 저수지
6. チジン 지인
7. サハンジ 다반사, 예사로운 일
8. ひるね 낮잠
9. セイチョウ 성장
10. チョウジュウ 조총
11. チョウショク 조식
12. ショウジキ 정직
13. ツヤ 죽은 사람의 유해를 지키기 위해 밤샘
14. デシ 제자
15. カイテン 개점
16. サイテン 채점
17. デンパ 전파
18. トウケン 도검
19. トウミン 동면
20. ダトウ 타당

Clip 03 평가하기

1. トウホク 동북, 동쪽과 북쪽
2. トウベン 답변
3. かしらもじ 머리글자
4. ドウジョウ 동정
5. みちばた 길
6. トウテン 독점
7. ダイリ 천황이 사는 대궐
8. ナンタン 남단
9. ニクルイ 육류
10. ケイバ 경마
11. バイテン 매점
12. バイバイ 매매
13. むぎ 보리
14. なかば 반, 중순
15. ジュンバン 순번, 순서
16. フボ 부모
17. かざあし 바람의 속도, 풍속
18. ゴブゴブ 비등함
19. チョウモンカイ 청문회
20. セイマイ 정미

Clip 04 평가하기

1. ブアイ 비율
2. ボタイ 모태
3. チホウ 지방
4. ホクタン 북단
5. マイニチ 매일
6. シマイ 자매
7. バンザイ 만세
8. コウミョウ 광명
9. ならす 울리다, 소리를 내다
10. モウハツ 모발
11. かどで 집을 나섬, 여행을 떠남
12. シンヤ 심야
13. のかぜ 들에서 부는 바람
14. ユウコウ 우호
15. もちいる 쓰다, 사용하다
16. ヨウビ 요일
17. オウライ 왕래
18. センリガン 천리안
19. リソウ 이상
20. ドウワ 동화

Clip 05 점검하기

1. だんじき
2. にいづま
3. こわづかい
4. せつじょく
5. ふなづみ
6. ふうてい
7. さはんじ
8. ひるね
9. つや
10. とうみん
11. かしらもじ
12. とうてん
13. なんたん
14. かざあし
15. ちょうもんかい
16. ぶあい
17. ばんざい
18. かどで
19. のかぜ
20. せんりがん

제4과

Clip 01 평가하기

1. ゾウオ 증오
2. フアン 불안
3. メイアン 명암
4. イリョウ 의료
5. ゆだねる 맡기다, 바치다
6. ケツイ 결의
7. はぐくむ 기르다, 키우다
8. テイイン 정원
9. インチョウ 원장
10. インショク 음식
11. はこぶ 옮기다
12. エイホウ 영법
13. エキチョウ 역장
14. チュウオウ 중앙
15. オウリョウ 횡령
16. やね 지붕
17. オンセン 온천
18. ばかす 호리다, 속이다
19. にづくり 짐을 쌈, 짐 꾸리기
20. キョウカイ 경계

Clip 02 평가하기

1. カイシ 개시
2. カイキュウ 계급
3. カンレイ 한령
4. カンセン 감염
5. カンシ 한시
6. リョカン 여관
7. きし 언덕
8. おこす 세우다, 깨우다
9. サイゴ 최후, 임종
10. カクチ 객지
11. きわめる 규명하다, 터득하다
12. いそぐ 서두르다
13. ドウキュウセイ 동급생
14. ジングウ 신궁
15. たま 공, 알, 전구
16. カコ 과거
17. キョウキャク 교각
18. わざごと 특별한 연습이 필요한 동작이나 기술
19. まがる 구부러지다
20. ケッキョク 결국

Clip 03 평가하기

1. ギンパツ 은발
2. クカン 구간
3. にがい 쓰다
4. グアイ 형편, 짜임새
5. クンシン 군신
6. かかりいん 계원, 담당자
7. ケイソツ 경솔
8. ケツアツ 혈압
9. きまる 정해지다, 결정되다
10. とぐ 갈다
11. ケンチョウ 현청(도청에 상당)
12. クリ 절의 부엌이나 승려의 거처
13. コハン 호반
14. シュコウ 취향
15. フコウ 불행
16. コウワン 항만
17. ゴウガイ 호외
18. コンジョウ 근성
19. まつる 제사 지내다, 모시다
20. さら 접시

Clip 04 평가하기

1. シヨウ 할 도리, 하는 방법
2. シボウ 사망
3. クシ 구사
4. カイシ 개시
5. ゆび 손가락
6. シツウ 치통
7. シジン 시인
8. シダイ 순서, 절차
9. ことはじめ 일에 착수함, 일의 시작
10. ジゾク 지속
11. ケイシキ 형식
12. みのる 열매를 맺다
13. ビョウシャ 묘사
14. わるもの 나쁜 사람
15. おもに 주로
16. こもり 아기 보기
17. チョウシュ 청취
18. シュゼイ 주세
19. うかる 붙다, 합격하다
20. シュウギカイ 주의회

Clip 05 점검하기

1. ぞうお
2. ゆだねる
3. はぐくむ
4. おうりょう
5. にづくり
6. かんれい
7. きし
8. かくち
9. じんぐう
10. わざごと
11. ぎんぱつ
12. にがい
13. とぐ
14. くり
15. こんじょう
16. くし
17. しだい
18. ことはじめ
19. わるもの
20. こもり

Clip 01 평가하기

1. シュウシュウ 수습
2. シュウリョウ 종료
3. ならう 배우다, 연습하다
4. つどう 모이다, 회합하다
5. イショクジュウ 의식주
6. キチョウ 귀중
7. やど 숙소
8. ショゾク 소속
9. ショキ 서기, 여름더위
10. すけ 도움, 보조
11. ショウダイ 태평세대
12. けす 끄다, 지우다, 감추다
13. あきなう 장사하다
14. クンショウ 훈장
15. まさる 낫다, 우수하다
16. ジョウバ 승마
17. ショクジュ 식수
18. もうす 아뢰다
19. シンタイ 신체
20. かんなづき 음력 10월

Clip 02 평가하기

1. シンギ 진위
2. ふかまる 깊어지다
3. ゼンシン 전진
4. よわたり 세상살이, 처세
5. ととのえる 정돈하다
6. セキネン 석년, 옛날, 왕년
7. まったく 완전히, 전혀
8. シュショウ 수상
9. ソウゲイ 송영
10. アイソ 붙임성, 정나미
11. いき 호흡, 숨
12. すみやか 빠름, 신속, 조속
13. ブゾク 부족
14. タコク 타국
15. ダゲキ 타격
16. ツイク 대구
17. タイキ 대기
18. しろもの 물건, 대금
19. ダイイッセン 제일선
20. ダイザイ 제재

Clip 03 평가하기

1. タンコウ 탄광
2. タンショ 단점, 결점
3. ダンワ 담화
4. チャクヨウ 착용
5. そそぐ 따르다, 붓다
6. デンチュウ 전주
7. テイジロ 삼거리
8. チョウボ 장부
9. ととのう 성립되다, 마련되다
10. ツイボ 추모
11. ジョウセキ 정석
12. カテイ 가정
13. ケイテキ 경적
14. コウテツ 강철
15. ころぶ 넘어지다, 자빠지다
16. ツゴウ 형편, 사정
17. ドキョウ 담력, 배짱
18. トウコウ 투고
19. ダイズ 대두, 콩
20. ムジントウ 무인도

Clip 04 평가하기

1. ネットウ 열탕
2. トザン 등산
3. ひとしい 같다, 흡사하다
4. うごかす 움직이게 하다
5. ドウシン 동심
6. ラクノウ 낙농
7. ハキュウ 파급
8. くばる 배부하다
9. バイリツ 배율
10. はこ 상자
11. たはた 논밭
12. ホッタン 발단
13. タンモノ 옷감, 포목
14. ハンロ 고개 길, 가파른 길
15. ゴウハン 합판
16. ヒソウ 피상, 겉
17. かなしむ 슬퍼하다
18. サンビ 찬미
19. ビコウ 비강
20. ヒツメイ 필명

Clip 05 점검하기

1. しゅうしゅう
2. つどう
3. やど
4. すけ
5. かんなづき
6. よわたり
7. そうげい
8. ついく
9. しろもの
10. だいざい
11. たんしょ
12. そそぐ
13. ていじろ
14. ととのう
15. じょうせき
16. とざん
17. ひとしい
18. たはた
19. たんもの
20. びこう

제6과

Clip 01 평가하기

1. ひさめ 우박, 진눈깨비
2. おもて 겉
3. ビョウシン 초침
4. やむ 앓다, 병들다
5. しなもの 물건, 물품
6. フショウ 부상
7. ゼンブ 전부
8. フクソウ 복장
9. コウフク 행복
10. キンモツ 금물
11. ひらおよぎ 평영
12. ヘンジ 대답, 답장
13. キンベン 근면
14. はなつ 놓다, 내쫓다, 치우다
15. キョウミ 흥미
16. ジュミョウ 수명
17. おもだち 용모, 얼굴 생김새
18. とんや 도매상
19. ヘイエキ 병역
20. カヤク 화약

Clip 02 평가하기

1. ユイショ 유서
2. ユデン 유전
3. ウム 유무
4. ユサン 산이나 들에 놀러 나감
5. ヨビ 예비
6. ヨウスイ 양수
7. ヨウシキ 양식
8. ヨウリョクソ 엽록소
9. インヨウ 음양
10. モヨウ 모양
11. ラクダイ 낙제
12. ルフ 유포
13. リョカン 여관
14. リョウシン 양친
15. リョクチャ 녹차
16. ライサン 예찬
17. チンレツ 진열
18. ねる 누이다, 반죽하다, 단련하다
19. たびじ 여로, 여행길
20. なごやか 부드러움, 온화함

Clip 03 평가하기

1. レンアイ 연애
2. アンガイ 의외로, 뜻밖의
3. イゴ 이후
4. ころも 옷
5. イハイ 위패
6. いばらきけん 이바라키현
7. インショウ 인상
8. エイサイ 영재
9. はえ 영광, 명예
10. えひめけん 에히메현
11. ショクエン 식염
12. おかやまけん 오카야마현
13. オクマンチョウジャ 억만장자
14. くわわる 더해지다, 가담하다, 미치다
15. はて 끝, 종말
16. カヘイ 화폐
17. カチョウ 과장
18. バクガ 맥아, 엿기름
19. ガジョウ 축하의 편지, 연하장
20. あらたまる 고쳐지다, 격식을 차리다

Clip 04 평가하기

1. キカイ 기계
2. ヒガイ 피해
3. カイドウ 가도
4. カクジ 각자
5. さます 깨우다, 깨다
6. にいがたけん 니이가타현
7. カンセイ 완성
8. キョウカン 교관
9. くだ 관, 대롱
10. せき 관문, 가로막는 것
11. カンサツ 관찰
12. キガン 기원
13. キロ 기로
14. キハク 희박
15. シキ 사계
16. キカン 기함, 함대 사령관이 타는 군함
17. うつわ 그릇, 용기
18. はた 베틀
19. ギロン 의논
20. キュウショク 구직

Clip 05 점검하기

1. ひきめ
2. やむ
3. ひらおよぎ
4. おもだち
5. とんや
6. うむ
7. ゆきん
8. ようりょくそ
9. るふ
10. なごやか
11. ころも
12. いばらきけん
13. はえ
14. はて
15. がじょう
16. かいどう
17. にいがたけん
18. くだ
19. きろ
20. はた

Clip 01 평가하기

1. キュウソ 읍소
2. ハイキュウ 배급
3. キョシュ 거수
4. タイリョウ 대어, 풍어
5. キョウツウ 공통
6. キョウカイ 협회
7. かがみ 거울
8. きそう 겨루다, 힘쓰다
9. きわみ 극도, 극점, 끝
10. くまもとけん 구마모또현
11. クンレン 훈련
12. クウグン 공군
13. グンブ 군부, 군에 속하는 지역
14. むらがらす 까마귀 떼
15. ハンケイ 반경
16. ケイキ 경기
17. ゲイノウ 예능
18. ホケツ 보결
19. ケツロン 결론
20. コンリュウ 절 등을 세움

Clip 02 평가하기

1. すこやか 건강함, 튼튼함
2. レイゲン 영험
3. かためる 굳히다, 다지다
4. クドク 공덕
5. リョウコウ 양호
6. かおる 향기가 나다
7. いそうろう 남의 집에서 얻어먹고 있는 사람, 식객
8. コウケン 강건
9. ホサカン 보좌관
10. ゴサ 오차
11. な 야채, 푸성귀
12. もっとも 가장
13. さいたまけん 사이타마현
14. ジンザイ 인재
15. さき 갑, 산부리
16. サクネン 작년
17. ヒョウサツ 표찰, 문패
18. する 인쇄하다, 찍다
19. カンサツ 관찰
20. コウサン 항복, 질림

Clip 03 평가하기

1. うぶぎ 갓난 아이에게 처음으로 입히는 옷
2. ちらかす 어지르다, 흩어뜨리다
3. ザンリュウ 잔류
4. シメイ 성명
5. シカイ 사회
6. ためす 시험하다
7. ショウニカ 소아과
8. シュジイ 주치의
9. ジヨウブン 자양분
10. ジショク 사직
11. かごしまけん 가고시마현
12. ショウシツ 소실
13. シャクマ 셋방
14. たね 씨앗
15. シュウイ 주위
16. シュウゲン 축하의 말, 경사
17. ジュウジュン 순종
18. ういまご 첫 손자
19. まつたけ 송이버섯
20. ビショウ 미소

Clip 04 평가하기

1. となえる 주창하다
2. ネンショウ 연소
3. てれる 쑥스러워하다, 수줍어하다
4. ジョウヘキ 성벽
5. ジジョウジバク 자승자박
6. ダイジン 장관
7. シンライ 신뢰
8. セイモク 바둑판에 표시된 9개의 흑점
9. ジョウブツ 성불
10. はぶく 생략하다, 없애다
11. ショウジョウ 맑고 깨끗함
12. ジョウミャク 정맥
13. ケッセキ 결석
14. つむ 쌓다
15. おり 꺾음, 나무상자, 때
16. ふし 마디, 옹이, 매듭, 때, 가락
17. ユウゼイ 유세
18. センガク 천학, 학문이 깊지 못함
19. いくさ 전쟁, 싸움
20. センタク 선택

Clip 05 점검하기

1. きゅうそ
2. たいりょう
3. きわみ
4. むらがらす
5. こんりゅう
6. すこやか
7. くどく
8. いそうろう
9. さき
10. ひょうさつ
11. うぶぎ
12. しょうにか
13. しゅじい
14. しゃくま
15. ういまご
16. てれる
17. じじょうじばく
18. はぶく
19. ふし
20. ゆうぜい

제8과

Clip 01 평가하기

1. テンネン 천연
2. ソウダツ 쟁탈
3. くら 창고
4. ランソウ 난소
5. たば 다발, 뭉치, 단
6. ソクメン 측면
7. レンゾク 연속
8. ヘイソツ 병졸
9. シソン 자손
10. おびる 차다, 띠다
11. ブタイ 부대
12. チョウタツ 조달
13. カンタン 간단
14. ホウチ 방치
15. なか 사이
16. おき 먼 바다
17. きざし 조짐, 징조
18. テイキアツ 저기압
19. そこ 밑바닥
20. まと 과녁, 공격 대상물

Clip 02 평가하기

1. テンキョ 전거
2. つたう 이동하다
3. シント 신도
4. つとめる 애쓰다, 진력하다
5. テントウ 점등
6. カドウ 가동
7. トクシュ 특수
8. トクヨウ 덕용, 써서 이익이 많음
9. とちぎけん 도치기현
10. ナラク 나락, 밑바닥
11. なし 배
12. ネツビョウ 열병
13. ネンガン 염원
14. フハイ 부패
15. バイエン 매연
16. トバク 도박
17. ハンシン 한신
18. セキハン 찰밥
19. とばす 날리다
20. ヒツゼン 필연

Clip 03 평가하기

1. ヒョウケツ 표결
2. ヒョウジュン 표준
3. ブサホウ 버릇없음
4. フウフ 부부
5. コウフ 교부
6. セイフ 정부
7. ギフケン 기후현
8. フキョウ 부강
9. フクサンブツ 부산물
10. ゾウヒョウ 졸병, 지위가 낮은 부하
11. わかれる 헤어지다
12. きしべ 물가, 강가
13. イヘン 이변
14. ビンセン 편지지
15. つつむ 싸다
16. ハット 법도
17. ホンモウ 숙원
18. まき 목장
19. すえ 끝
20. みたす 채우다, 만족시키다

Clip 04 평가하기

1. ミマン 미만
2. たみ 국민, 백성
3. ブレイ 무례
4. セツヤク 절약
5. いさむ 힘이 솟다
6. かなめ 부채의 사북, 요점
7. やしなう 기르다, 양육하다
8. あびる 뒤집어쓰다
9. きく 듣다, 효력이 있다
10. チャクリク 착륙
11. リョウコウ 양호
12. リョウリ 요리
13. ソクリョウ 측량
14. リンカク 윤곽
15. シュルイ 종류
16. ホウレイ 법령
17. レイキャク 냉각
18. たとえる 예로 들다
19. つれる 동반하다, 데리고 가다
20. おいる 늙다
21. ヒロウ 피로
22. ロクオン 녹음

Clip 05 점검하기

1. くら
2. たば
3. なか
4. おき
5. きざし
6. てんきょ
7. かどう
8. とくよう
9. とばく
10. せきはん
11. ひょうけつ
12. ぶさほう
13. ふくさんぶつ
14. ぞうひょう
15. ほんもう
16. たみ
17. いさむ
18. かなめ
19. あびる
20. おいる

제9과

Clip 01 평가하기

1. キアツ 기압
2. かこう 둘러싸다, 숨겨두다
3. イテン 이전
4. よる 의하다, 기인하다
5. ながい 영원하다
6. いとなむ 경영하다
7. エイセイ 위생
8. ボウエキ 무역
9. ゴリヤク 부처의 은혜
10. ケツエキ 혈액
11. エンソウ 연주
12. こたえる 응하다, 반응하다
13. オウライ 왕래
14. カンオウカイ 벚꽃놀이를 하는 모임
15. キョカ 허가
16. かりしょぶん 가처분
17. あたい 가치
18. カコウ 하구, 강어귀
19. あやまち 실수, 과오
20. こころよい 상쾌하다, 기분 좋다

Clip 02 평가하기

1. ゲドク 해독
2. コウシ 격자
3. カクテイ 확정
4. ひたい 이마
5. ハッカン 발간
6. みき 나무줄기, 중요한 부분
7. ならす 길들이다, 익숙하게 하다
8. まなこ 눈, 눈알
9. キゲン 기원
10. キソ 기초
11. よせる 밀려오다, 가까이 대다
12. キソク 규칙
13. キゲキ 희극
14. わざ 기법, 기술, 재주
15. ギリ 의리
16. さかさま 거꾸로 됨, 반대로 됨
17. ジキュウリョク 지구력
18. キュウレキ 구력, 음력
19. すくう 구하다
20. ジュウキョ 주거

Clip 03 평가하기

1. キョダク 허락
2. ケイダイ 경내
3. キントウ 균등
4. キンエン 금연
5. クテン 구점, 마침표
6. かた 거푸집, 틀, 형
7. キョウテン 경전
8. いさぎよい 깨끗하다, 떳떳하다
9. ジョウケン 조건
10. けわしい 험상궂다, 위험하다
11. ケントウ 검토
12. キゲン 기한
13. ヒョウゲン 표현
14. ゾウゲン 증감
15. ゆえ 까닭, 내력
16. コジン 개인
17. ホゴ 보호
18. きく 효력이 있다
19. コウイ 후의
20. たがやす 경작하다

Clip 04 평가하기

1. コウクウ 항공
2. コウザン 광산
3. かまえる 꾸미다, 준비하다
4. キョウシュ 흥취
5. コウエン 강연
6. コクジ 고시
7. コンザツ 혼잡
8. ササツ 사찰
9. サライゲツ 다다음달
10. わざわい 재난, 화
11. リョウサイ 좋은 아내
12. サイシュウ 채집
13. きわ 가장자리, 때
14. ザイリュウ 재류
15. サイフ 지갑
16. ハンザイ 범죄
17. ソウサイ 상쇄
18. ゾウスイ 채소와 된장 따위를 넣고 끓인 죽
19. すい 시다, 시큼하다
20. ショウサン 칭찬

부록 평가하기, 점검하기 정답

Clip 05 점검하기

1. かこう
2. いとなむ
3. かんおうかい
4. あやまち
5. こころよい
6. げどく
7. ひたい
8. みき
9. わざ
10. さかさま
11. きょだく
12. けいだい
13. くてん
14. ぞうげん
15. こうい
16. こうざん
17. きょうじゅ
18. こくじ
19. そうさい
20. ぞうすい

제10과

Clip 01 평가하기

1. シカン 사관, 장교
2. シジ 지지
3. シガク 사학
4. こころざす 뜻을 두다
5. えだ 가지, 갈래
6. シショウ 스승
7. シカク 자격
8. シイク 사육
9. シサ 시사
10. ルイジ 유사
11. シキベツ 식별
12. シチヤ 전당포
13. キシュクシャ 기숙사
14. あやまる 빌다, 사과하다
15. デンジュ 전수
16. シュギョウ 수행
17. ジョジュツ 서술
18. ゲイジュツ 예술
19. ヒョウジュン 표준
20. チツジョ 질서

Clip 02 평가하기

1. ショウセイ 초청
2. ショウメイ 증명
3. キョゾウ 큰 코끼리
4. ショウバツ 상벌
5. ジョウケン 조건
6. ジョウタイ 상태
7. つねに 늘, 항상
8. なさけ 정, 기분, 성심, 사정, 애정
9. ボウショク 방직
10. ショクム 직무
11. セイサイ 제재
12. ショウブン 천성, 성품
13. まつりごと 정치
14. いきおい 기세, 세력
15. ショウリョウ 정령, 죽은 사람의 혼
16. セイホン 제본
17. メンゼイ 면세
18. せめる 비난하다, 책망하다
19. チクセキ 축적
20. つぐ 잇다

Clip 03 평가하기

1. もうける 마련하다, 베풀다
2. ゼツミョウ 절묘
3. ガンソ 원조
4. スジョウ 혈통, 유래, 본성
5. ソウカツ 총괄
6. コウゾウ 구조
7. ショウゾウ 초상
8. ます 많아지다, 늘다
9. ホウソク 원칙
10. はかる 재다
11. キンゾク 금속
12. ひきいる 거느리다, 인솔하다
13. ハソン 파손
14. タイヨ 대여
15. タイセイ 태세
16. フトン 이불
17. ことわる 거절하다
18. きずく 쌓다, 쌓아 올리다
19. チョチク 저축
20. カクチョウ 확장

Clip 04 평가하기

1. テイシャ 정차
2. テイキョウ 제공
3. ほど 정도
4. カイテキ 쾌적
5. すべる 총괄하다, 통솔·지배하다
6. デンドウ 전당
7. セイドウ 청동
8. みちびく 안내하다, 인도하다
9. トクシツ 득과 실
10. チュウドク 중독
11. ひとり 독신, 홀몸
12. まかせる 맡기다, 기회로 삼다
13. ネンリョウ 연료
14. コウノウ 효능
15. やぶれる 찢어지다, 깨지다
16. キョウハン 공범
17. ハンメイ 판명
18. ハンガ 판화
19. ヒカク 비교
20. ヒリョウ 비료

Clip 05 점검하기

1. こころざす
2. えだ
3. しつや
4. あやまる
5. しゅぎょう
6. きょぞう
7. ぼうしょく
8. しょうぶん
9. しょうりょう
10. ちくせき
11. もうける
12. すじょう
13. ます
14. ひきいる
15. きずく
16. すべる
17. でんどう
18. まかせる
19. ねんりょう
20. ひかく

Clip 01 평가하기

1. ヒバイヒン 비매품
2. ついやす 쓰다, 낭비하다
3. ビコウ 비고
4. ヒョウカ 평가
5. ビンボウ 빈핍, 가난함
6. フジン 포진
7. フジン 부인
8. ブソウ 무장
9. オウフク 왕복
10. フクザツ 복잡
11. ブツゾウ 불상
12. こなゆき 가루 눈
13. チョウヘン 장편
14. ユウベン 웅변
15. たもつ 지키다, 유지하다
16. ボヒ 묘비
17. むくいる 보답하다
18. ホウマン 풍만
19. テイボウ 제방
20. ボウエキショウ 무역상

Clip 02 평가하기

1. ボウゲン 폭언
2. ドウミャク 동맥
3. つとまる 감당해 내다
4. ムゲン 몽환
5. まよう 헤매다
6. キンイ 비단 옷
7. わ 고리, 바퀴
8. ヨチ 여지, 여유
9. ヨウキ 용기
10. シンリャク 침략
11. ルス 부재 중
12. ヨウリョウ 요령
13. ケイレキ 경력

Clip 03 평가하기

1. イサン 위산
2. ことにする 달리하다, 구별하다
3. ユイゴン 유언
4. クイキ 구역
5. ウチュウセン 우주선
6. はえる 빛나다
7. チエン 지연
8. エンカク 연혁
9. オンジン 은인
10. わがや 우리 집
11. カイブン 회분
12. カクダイ 확대
13. カイカク 개혁
14. カクリョウ 각료
15. さく 가르다, 할애하다
16. かぶ 그루, 포기
17. カンタクチ 간척지
18. まきがい 고동
19. カンビョウ 간병
20. ショカン 서간

Clip 04 평가하기

1. あやうい 위태롭다, 위험하다
2. キジョウ 탁상
3. ハッキ 발휘
4. キカ 귀하
5. うたがう 의심하다
6. キュウシュウ 흡수
7. そなえる 신불에 올리다
8. むなさわぎ 설렘
9. ホンゴウ 본향, 고향
10. ゴンギョウ 근행
11. すじ 줄거리, 근육
12. タイケイ 체계
13. うやまう 공경하다
14. ケイコク 경고
15. エンゲキ 연극
16. ゲキドウ 격동
17. ボケツ 묘혈, 무덤
18. ジョウシャケン 승차권
19. ケンプ 견포, 명주, 비단
20. ゴンゲ 화신

Clip 05 점검하기

1. びんぼう
2. ふじん
3. こなゆき
4. ぼひ
5. ていぼう
6. どうみゃく
7. むげん
8. きんい
9. るす
10. ようりょう
11. いさん
12. ゆいごん
13. かいぶん
14. かぶ
15. まきがい
16. きじょう
17. きゅうしゅう
18. むなさわぎ
19. ぼけつ
20. けんぷ

제12과

Clip 01 평가하기

1. ケンショウ 헌장
2. みなもと 근원
3. ソウゴン 장엄
4. コッキシン 극기심
5. コオウ 호응
6. あやまる 잘못하다
7. タイコウ 태후
8. フコウ 불효
9. コウテイ 황제
10. くれない 다홍
11. コウウ 강우
12. はがね 강철
13. きざむ 잘게 썰다
14. ザッコク 잡곡
15. ほねおり 노력, 수고
16. ヒンコン 빈곤
17. ドシャ 토사
18. ザセキ 좌석
19. ヘンサイ 반제
20. サイホウ 재봉

Clip 02 평가하기

1. タイサク 대책
2. サクリツ 책립, 책봉
3. ヨウサン 양잠
4. シトウ 지당
5. コウシ 공사
6. ヨウシ 얼굴 모양과 몸매
7. チュウシ 주시
8. サクシ 작사
9. シメン 지면
10. ジキ 자기
11. シャゲキ 사격
12. シシャゴニュウ 사사오입
13. シャクド 척도, 치수
14. ジャクネン 약년, 약관
15. ガイロジュ 가로수
16. おさまる 수습되다, 걷히다
17. ソウケ 종가
18. ジョウジュ 성취
19. シュジョウ 중생
20. ショウキョウ 종용, 침착한 모양

Clip 03 평가하기

1. ジュウオウ 종횡
2. ちぢらす 오그라들게 하다, 곱슬곱슬하게 만들다
3. ジュクレン 숙련
4. ジュンスイ 순수
5. ショバツ 처벌
6. ショチョウ 서장
7. ショコク 제국
8. ソウジ 청소
9. ショウダク 승낙
10. ショウギ 장기
11. いたむ 고통스럽다
12. ショウジ 장지, 미닫이
13. ジョウハツ 증발
14. シンジュツ 침술
15. ニオウ 인왕
16. ケンスイ 매달림, 턱걸이
17. スイセン 추천
18. スンゼン 바로 앞, 직전
19. ハンジョウ 번성
20. セイジン 성인

Clip 04 평가하기

1. セイイ 성의
2. ゼツオン 설음
3. センセイ 선서
4. もっぱら 오로지, 한결같이
5. いずみ 샘, 샘물
6. センザイ 세제
7. しみ 얼룩, 기미
8. ぜに 엽전, 돈
9. ジゼン 자선
10. かなでる 연주하다
11. まどぐち 창구
12. ドクソウ 독창
13. イショウ 의상
14. コウソウ 고층
15. あやつる 다루다, 조정하다
16. チョゾウ 저장
17. ゾウキ 장기
18. キソン 기존
19. ソンチョウ 존중
20. しりぞく 물러서다, 후퇴하다

Clip 05 점검하기

1. そうごん
2. あやまる
3. くれない
4. はがね
5. ほねおり
6. さくりつ
7. ようさん
8. ししゃごにゅう
9. がいろじゅ
10. しょうよう
11. じゅうおう
12. そうじ
13. しょうじ
14. におう
15. けんすい
16. せんせい
17. いずみ
18. ぜに
19. かなでる
20. しりぞく

제13과

Clip 01 평가하기

1. ジタク 자택
2. タンカ 들 것
3. さぐる 더듬다, 찾다
4. タンジョウビ 생일, 탄생일
5. シュダン 수단
6. ダンボウ 난방
7. あたい 값, 값어치
8. チュウヅリ 공중에 매달림
9. チュウシン 충신
10. いちじるしい 현저하다, 두드러지다
11. チョウシャ 청사
12. いただき 꼭대기, 정상
13. ダイチョウ 대장
14. しお 바닷물, 조수
15. ウンチン 운임, 삯
16. いたむ 아프다
17. かたき 적, 원수, 경쟁 상대자
18. テンカイ 전개
19. トウバツ 토벌
20. トウハ 당파

Clip 02 평가하기

1. セイトウ 제당
2. とどける 전하다, 신고하다
3. ヒナン 비난
4. ニュウエキ 유액
5. ショウニン 승인
6. スイトウ 출납
7. ズノウ 두뇌
8. ハケン 파견
9. スウハイ 숭배
10. そむく 등지다, 거역하다
11. ハイエン 폐렴
12. ハイク 하이쿠, 일본 고유의 짧은 시
13. ハンテン 반점
14. コンバン 오늘 밤
15. ヒケツ 부결
16. ヒジュン 비준
17. ひめる 숨기다, 감추다
18. ドヒョウ 씨름판
19. フクブ 복부
20. フンキ 분기

Clip 03 평가하기

1. ヘイリツ 병립
2. ヘイカ 폐하
3. とざす 닫다, 잠그다
4. かたあし 한쪽 발, 한 발
5. おぎなう 보충하다
6. ボシュン 모춘, 늦봄
7. ホウイ 보위, 임금의 자리
8. おとずれる 방문하다
9. モウジャ 망자
10. ボウネンカイ 망년회
11. テツボウ 철봉
12. マイキョ 매거, 일일이 셈
13. アンマク 암막
14. ヒミツ 비밀
15. カメイ 가맹
16. モホウ 모방
17. ヤクブン 역문
18. ユウソウ 우송
19. ユウエツ 우월
20. ヨタク 예탁

Clip 04 평가하기

1. ヨウチュウ 유충
2. ほっする 바라다, 갖고 싶다
3. ヨクジツ 다음 날
4. みだれる 흐트러지다
5. ランオウ 노른자위
6. カンラン 관람
7. ノウリ 뇌리
8. リチギ 의리가 두터움
9. リンショウ 임상
10. ほがらか 명랑함, 쾌청함
11. ロンリ 논리

Clip 05 점검하기

1. たんか
2. だんぼう
3. ちゅうづり
4. しお
5. かたき
6. にゅうえき
7. すいとう
8. すうはい

9. ひじゅん
10. ふんき
11. かたあし
12. ぼしゅん
13. もうじゃ
14. もほう
15. よたく
16. ほっする
17. よくじつ
18. らんおう
19. りちぎ
20. ほがらか

부록 평가하기, 점검하기 정답

저 자 약 력

▍정 현 혁 (鄭炫赫)

1993년 한국외국어대학교 일본어과 졸업
1995년 한국외국어대학교대학원 일어일문학과 졸업(문학석사)
2007년 와세다(早稻田)대학대학원 문학연구과 졸업(문학박사)

현 재 사이버한국외국어대학교 일본어학부 교수
　　　　일본어학(일본어사) 전공

논문 및 저서
「キリシタン版国字本の文字・表記に関する研究」
「吉利支丹心得書の仮名遣い―和語を中心に―」
「慶応義塾図書館蔵『狭衣の中将』の使用仮名」
「キリシタン版『ぎやどぺかどる』の仮名の用字法」
「定訓漢字の観点からみる常用漢字」
「『落葉集』の漢語の連濁」
『스마트 일본어』
『한국인이 틀리기 쉬운 일본어 발음』
『일본어학의 이해』
『일본어 첫걸음』
『일본어 한자기초 1006자』
『일본 상용한자 2136자 읽기』
『한권 완벽대비 일본어 능력시험 N2』
『일본어악센트 습득법칙』(역)
『미디어 일본어』(개정판)
『일본어 발음연습』
등 다수

일본어 한자 기초 1026자

초 판 인 쇄	2023년 02월 22일
초 판 발 행	2023년 03월 03일
저　　　자	정현혁
발 행 인	윤석현
발 행 처	제이앤씨
책 임 편 집	최인노
등 록 번 호	제7-220호
우 편 주 소	서울시 도봉구 우이천로 353 성주빌딩
대 표 전 화	02) 992 / 3253
전　　　송	02) 991 / 1285
전 자 우 편	jncbook@hanmail.net

ⓒ 정현혁 2023 Printed in KOREA.

ISBN 979-11-5917-233-5　　13730　　　　　　　　　　정가 29,000원